Sabine Maschke · Ludwig Stecher

In der Schule

Sabine Maschke
Ludwig Stecher

# In der Schule

Vom Leben, Leiden
und Lernen in der Schule

**VS VERLAG**

Bibliografische Information der Deutschen Nationalbibliothek
Die Deutsche Nationalbibliothek verzeichnet diese Publikation in der
Deutschen Nationalbibliografie; detaillierte bibliografische Daten sind im Internet über
<http://dnb.d-nb.de> abrufbar.

1. Auflage 2010

Alle Rechte vorbehalten
© VS Verlag für Sozialwissenschaften | Springer Fachmedien Wiesbaden GmbH 2010

Lektorat: Stefanie Laux

VS Verlag für Sozialwissenschaften ist eine Marke von Springer Fachmedien.
Springer Fachmedien ist Teil der Fachverlagsgruppe Springer Science+Business Media.
www.vs-verlag.de

Das Werk einschließlich aller seiner Teile ist urheberrechtlich geschützt. Jede
Verwertung außerhalb der engen Grenzen des Urheberrechtsgesetzes ist
ohne Zustimmung des Verlags unzulässig und strafbar. Das gilt insbesondere
für Vervielfältigungen, Übersetzungen, Mikroverfilmungen und die Einspei-
cherung und Verarbeitung in elektronischen Systemen.

Die Wiedergabe von Gebrauchsnamen, Handelsnamen, Warenbezeichnungen usw. in diesem
Werk berechtigt auch ohne besondere Kennzeichnung nicht zu der Annahme, dass solche
Namen im Sinne der Warenzeichen- und Markenschutz-Gesetzgebung als frei zu betrachten
wären und daher von jedermann benutzt werden dürften.

Umschlaggestaltung: KünkelLopka Medienentwicklung, Heidelberg
Gedruckt auf säurefreiem und chlorfrei gebleichtem Papier
Printed in Germany

ISBN 978-3-8100-3740-4

Für Imbke Behnken und Jürgen Zinnecker

# Inhalt

# Vorwort

Dieses Buch bezieht sich auf die beiden Studien „NRW-Kids" und „LERN$_{en}$ und BILD$_{ung}$ (LernBild)" des Siegener Zentrums für Kindheits-, Jugend- und Biografieforschung der Universität Siegen. Im Mittelpunkt steht, aus der Perspektive von SchülerInnen der 4. bis 12. Jahrgangsstufe, das Leben, Leiden und Lernen in der Schule.

Beide Studien sind multimethodisch angelegt. Sie zeichnet aus, dass sie sowohl quantitative standardisierte Befragungen als auch qualitative Erhebungen, unter anderem Gruppendiskussionen, Aufsätze etc., miteinander verknüpfen.

Die Datensammlung innerhalb dieser Studien wurde 2001 bzw. 2003 abgeschlossen. Die Analysen halten wir jedoch nach wie vor für aktuell, insbesondere in Anbetracht einer Forschungslandschaft, in der umfassende Analysen des schulischen Lebens aus der Perspektive der SchülerInnen, und zwar in einem möglichst weiten Altersrange (wie im vorliegenden Fall vom Ende der Grundschule bis kurz vor das Abitur bzw. in die Berufsschule), nach wie vor selten sind.

Die Themen und Ergebnisse, die in diesem Buch vorgestellt werden, schließen sich in Teilbereichen an verschiedene (Vor-)Arbeiten und Analysen der AutorInnen an. Wir zielen mit dem vorliegenden Buch auf eine verbindende und kompakte Gesamtdarstellung der Analysen, die das schulische Leben aus SchülerInnen-Sicht thematisieren.

Im Text sind wir bemüht, beide Geschlechter in entsprechenden sprachlichen Formulierungen, in der Regel durch das große „I", zu berücksichtigen.

Unseren besonderen Dank möchten wir Marie-Luise Dietz aussprechen für ihre unermüdliche Unterstützung bei der Umsetzung und Überarbeitung des Manuskripts. Wir danken außerdem Stephan Kielblock und Frauke Niebl für ihre engagierte Hilfe bei den Korrekturen.

Widmen möchten wir dieses Buch – vor dem Hintergrund unserer langjährigen wissenschaftlichen Zusammenarbeit in gemeinsamen Forschungsprojekten des Siegener Zentrums – Imbke Behnken und Jürgen Zinnecker.

*Sabine Maschke und Ludwig Stecher,*
Gießen, im Februar 2010

# 1 Einleitung

Während in den 1950er- und 1960er-Jahren das subjektive Erleben der SchülerInnen und deren Sicht auf Unterricht und Schule in der Schul- und Bildungsforschung kaum eine Rolle spielte, lässt sich spätestens mit Beginn der 1970er-Jahre eine Forschungstradition ausmachen, die zunehmend Unterricht und Schule auch aus der Perspektive der SchülerInnen in den Blick nimmt. Diese „Entdeckung des Schülers/der Schülerin" und seines/ihres subjektiven Erlebens als neuem Forschungsgegenstand, lässt sich auf eine Reihe von Veränderungen innerhalb der Gesellschaft, der Schule, aber auch innerhalb der Forschung und ihrer leitenden Theorien und Konzeptionen zurückführen.

Eine dieser Entwicklungen, die sich zwar historisch bis zum Beginn des 20. Jahrhunderts zurückverfolgen lässt, durch die sich beschleunigenden Urbanisierungsprozesse der ausgehenden 1960er-Jahre jedoch verstärkt spürbar wurde, beschreibt Zinnecker (2008) mit dem Begriff der alltagsweltlichen *Öffnung* von Schule. Durch den zunehmenden Verlust von Freizeit- und Öffentlichkeitsräumen im Wohnumfeld der Heranwachsenden verlagert sich ein „Teil der zuvor in diesem Lebensbereich angesiedelten kulturellen und sozialen Öffentlichkeit der Heranwachsenden […] ungeplant und keineswegs pädagogisch legitimiert, in den Raum der Schule." (Zinnecker 2008, S. 532) Der Schule fällt es dadurch mehr und mehr zu, „vormittags Funktionen für das informelle soziale und kulturelle Leben der Gleichaltrigengesellschaft […] [zu übernehmen; d. V.], die zuvor im Raum der Straßenöffentlichkeit angesiedelt waren" (ebd.). Dieser Prozess, den Zinnecker als „Verstraßung von Schule" bezeichnet (2001, S. 201), hat Konsequenzen für die Schule, denn in der Folge führt er zu einem schleichenden Wandel der SchülerInnenrolle: Immer weniger lässt sich die SchülerInnenrolle, so Zinnecker, allein auf den Schüler/die Schülerin als das Objekt schulisch funktionaler Ordnung und pädagogischer Instruktion reduzieren, vielmehr wird deren Rolle durch die steigende soziale Bedeutung der Gleichaltrigen im Schulalltag zunehmend peer-kulturell aufgeladen. „Freundschaften [werden; d. V.] nicht mehr hauptsächlich in der näheren Wohnumgebung geschlossen, sondern auf dem Schulhof und in der Pause." (Fuhs 2006, S. 154) Im Zuge dieser „Entschulung" der SchülerInnenrolle (Meulemann/Zinnecker 2003, S. 127) entsteht eine relativ eigenständige Welt der Gleichaltrigen innerhalb der Schule mit eigenen, unabhängigen und, bezogen auf die schulische Ordnung, auch durchaus widerständigen Wert- und Handlungsorientierungen.

Die peer-kulturelle Aufladung der SchülerInnenrolle wurde historisch flankiert durch einen globalen Wandel der Schule selbst, den Meulemann und Zinnecker als „Informalisierung der Schul- und Unterrichtsordnung" (Meulemann/Zinnecker 2003, S. 127) beschreiben. Hintergrund für diese Entwicklung ist ein in der gesamten Gesellschaft zu beobachtender Wandel in den Macht- und Autoritätsbeziehungen, der nicht zuletzt durch die politischen Protestbewegungen Ende der 1960er-Jahre, später vor allem in den 1980er-Jahren u. a. durch die Frauenbewegung, vorangetrieben wurde. Mit Blick auf die Familie aber auch auf gesamtgesellschaftliche Zusammenhänge hat du Bois-Reymond diesen Wandlungsprozess mit dem modernisierungstheoretischen Konzept vom „Befehls- zum Verhandlungshaushalt" beschrieben. Kern dieses Wandels ist eine Verschiebung von „hierarchisierten und geschlossenen zu mehr egalitären und offenen Formen im allgemeinen gesellschaftlichen Leben und insbesondere im intergenerativen Zusammenleben." (Du Bois-Reymond 1995, S. 145) Dieser Informalisierungsprozess zeigt sich in der Schule u. a. in den zunehmenden Partizipationsmöglichkeiten der Schülerschaft, „in gelockerten Lehrer-Schüler-Beziehungen", oder in „Verschiebungen in den pädagogischen Orientierungen von Autoritätsbindung, Fügsamkeit und Gehorsam hin zu Autonomie und Selbstverantwortlichkeit" (Kramer 2002, S. 255). Im pädagogischen Alltag wird diese Verschiebung auf Seiten der SchülerInnen durch die in den Verhandlungen mit ihren Eltern geschulte Fähigkeit erkämpft, sich argumentativ und selbstbewusst in das LehrerInnen-SchülerInnen-Verhältnis einzubringen und dieses mitzugestalten (vgl. du Bois-Reymond 1995, S. 152).

Sowohl die peer-kulturelle Öffnung der Schule als auch die zunehmende Informalisierung der schulischen Ordnung führen im Ergebnis zu einer (partiellen) Aufwertung der Rolle der SchülerInnen in der Schule, was sich auch in einem neuen und schnell wachsenden Interesse der Wissenschaft an den SchülerInnen, an der subjektiven Perspektive der Kinder und Jugendlichen und deren „kulturelle[m] Eigenleben" (Zinnecker 2008, S. 532) niederschlägt. Die Kultur der SchülerInnen wurde zunehmend zum eigenständigen Forschungsgegenstand, der sich, so Zinnecker, auch jenseits der Institution Schule „teilweise mit einem generellen Interesse für alltagskulturelle und widerständige künstlerische Tätigkeiten von Kindern und Jugendlichen" verband (2008, S. 533). Das Interesse an den jugendkulturellen Produktionen der SchülerInnen schließt auch beispielsweise die Untersuchung ungewöhnlicher und bis dahin von der Forschung kaum beachteter Kommunikationsformate wie etwa „Kloverse, Wandsprüche oder

Tagebücher" mit ein (ebd.). Parallel zum zunehmenden Interesse an der SchülerInnenrolle und deren alltagsweltlichen Anteilen und kulturellen Produkten, verlagerte sich auch der Forschungs*ort* vom zentralen und funktionalen Ort des Unterrichts hin zu jenen Orten, an denen die SchülerInnenkultur einen vergleichsweise freien und weitgehend unkontrollierten Ausdruck findet, wie zum Beispiel den Pausenhof (vgl. Kauke 1995; Zinnecker 1995; Deckert-Peaceman 2009, S. 85) oder die Schülertoilette (vgl. Zinnecker 2001, S. 291-305). Gerade in diesen vergleichsweise kontrollfreien Interaktions- und Kommunikationsräumen kann es den SchülerInnen im Besonderen gelingen, ihre kulturelle Eigenwelt in Abgrenzung zur formalisierten Unterrichtsinteraktion zu gestalten und aufrecht zu erhalten. Neben der Vorderbühne des pädagogisch kontrollierten Geschehens im Unterricht wird der Begriff der Hinterbühne als Teil dieser unkontrollierten (unkontrollierbaren) informellen ,Unterströmung' (Goffman) der SchülerInnen richtungweisend für eine ganze Reihe von Studien, die die Sicht der SchülerInnen u. a. unter den Begriffen ,peer-culture' bzw. ,Schüler(sub)kultur' in den Mittelpunkt ihres Interesses stellen (vgl. Zinnecker 1975, 1995, 2001, S. 203-248; Calvert 1976; Projektgruppe Jugendbüro und Hauptschülerarbeit 1977; Reinert/Zinnecker 1978; Reinert/Heyder 1983; Krappmann/Oswald 1995; Breidenstein/Kelle 1998; Kelle 2005; de Boer/Deckert-Peaceman 2009; Brake/Bremer 2010; zusammenfassend Breidenstein 2008).

Bezogen auf das jugendkulturelle Leben der SchülerInnen und dessen relativer Unabhängigkeit gegenüber der schulischen Ordnung, rückte daneben auch die (teilweise) Widerständigkeit der Heranwachsenden gegen die Institution Schule und ihre hierarchische Ordnung ins Blickfeld (vgl. Willis 1979; Zinnecker 2001, S. 203-248) sowie die individuellen und kollektiven Bewältigungsstrategien im schulischen Alltag (vgl. Eder 1987; Hoferichter 1980; Maschke/Stecher 2006, 2009).

Dieser ,neue' Blick in der Schul- und Bildungsforschung auf den Schüler bzw. die Schülerin wird zu Beginn der 1980er-Jahre durch eine Neuausrichtung in der Sozialisationsforschung unterstützt und vorangetrieben, die vor allem mit den Arbeiten von Klaus Hurrelmann (1983, 1990) und seinem Konzept des ,produktiv seine innere und äußere Realität verarbeitenden Subjekts' verbunden ist (vgl. Lüders/Mack 2001, S. 127f.). Kinder und Jugendliche, so Hurrelmanns Grundgedanke, sind nicht passive Objekte ihrer sozialisatorischen Umwelten, sondern setzen sich als ,Agenten' der eigenen Entwicklung aktiv mit ihrer Umwelt auseinander und beeinflussen und verändern diese (vgl. Hurrelmann 1983). Eskortiert wurde diese Perspektive durch den Mitte/Ende der 1980er-Jahre zunehmenden Einfluss systemtheoretischer Konzepte in der Erziehungswissenschaft und der Sozialisationsforschung. Eine zentrale Bedeutung erlangte hier u. a. der Begriff der Autopoiesis bzw. der selbstreferenziellen Geschlossenheit sozialer Systeme. Sozialisation erscheint aus dieser Perspektive als ein über Interpretation und Selektion systemexterner Sinn- bzw. Kommunikationsangebote gesteuerter Prozess der Selbstreproduktion eines psychischen Systems (vgl. Gilgenmann 1986). Die systemtheoretische Perspektive gipfelte Ende der 1980er-Jahre mit Blick auf den Sozialisationsprozess in dem bekannten Zitat von Niklas Luhmann (1988, S. 327): „Sozialisation ist immer Selbstsozialisation: Sie erfolgt nicht durch ‚Übertragung' eines Sinnmusters von einem System auf andere, sondern ihr Grundvorgang ist die selbstreferentielle Reproduktion des Systems, das die Sozialisation an sich selbst bewirkt und erfährt." Und: „Beachtet man all dies, ist es kaum möglich, Erziehung als erfolgswirksames Handeln zu begreifen." (Ebd., S. 331) Ein Verdikt, das mit Blick auf die Schule zwar nicht zur Abdankung der Schulpädagogik und ihrer Bemühungen führen muss, aber zumindest den Forschungsfokus vom Lehrenden weiter auf die Lernenden zu verschieben nahe legt.

Der Begriff der Selbstsozialisation[1] blieb nicht unkritisiert. Vor allem Anfang der 2000er-Jahre löste der Begriff eine kontroverse Diskussion um seinen Nutzen für die (erziehungswissenschaftliche) Sozialisationsforschung aus: Vorgeworfen wurde dem Begriff der Selbstsozialisation eine Überbetonung der subjektbezogenen Handlungsautonomie und damit eine ‚Blindheit' gegenüber sozialstrukturellen Zwängen und Ungleichheiten (vgl. Zinnecker 2000; Heinz 2000; Hurrelmann 2002; Krappmann 2002; Geulen 2002; Bauer 2002).

Insgesamt ist diese Diskussion jedoch als eine Aufforderung zu verstehen, den subjektiven Anteilen, der Eigenleistung und der selbstgesteuerten Tätigkeit innerhalb der Sozialisationstheorie eine größere Aufmerksamkeit zu widmen. Dies umso mehr, als im Prozess der Individualisierung dem Subjekt – und das gilt bereits im Kindes- und Jugendalter – zunehmend die Verantwortung für seinen Lebensweg, für dessen Erfolg und Misserfolg übertragen wird (vgl. Lüders/Mack 2001, S. 125), was insbesondere auch für die Gestaltung der schulischen Laufbahn der Heranwachsenden gilt (vgl. Fend 1997, S. 38f.).

Die Idee des aktiven und eigenständigen Akteurs im Kindes- und Jugendalter wurde Anfang der 1990er-Jahre pointiert von einer Gruppe von ForscherInnen im Rahmen einer neuen Soziologie der Kindheit aufgenommen und sowohl theoretisch weiterentwickelt als auch auf den empirischen Prüfstand gestellt. Kernstück der neuen Kindheitsforschung ist, so Hengst und Zeiher (2005a, S. 9), ein „fundamentale[r] Paradigmenwechsel in der Betrachtung der gesell-

---

1    Mit dem Begriff der Selbstsozialisation erweitert Zinnecker (2000) das Konzept des „produktiv verarbeitenden Subjekts" (Hurrelmann), indem er den Anteil, den das Individuum an seiner eigenen Entwicklung trägt, weiter zugunsten des Subjekts aufwertet und davon ausgeht, dass der Begriff der Sozialisation an sich in der Moderne obsolet und zunehmend vom Konzept der „Selbstsozialisation" abgelöst wird (2000, S. 274).

schaftlichen Position der Kinder". Das Kind steht nicht mehr als Objekt der Forschung im Sinne einer ‚Kinderwissenschaft' im Mittelpunkt, sondern als eigenständiges und ‚vollständiges' Handlungs-Subjekt. Die Lebensphase Kindheit und Jugend wird parallel dazu als gleichberechtigte Lebensphase im Lebensverlauf verstanden, deren gegenwärtige Erlebnisqualität nicht mit Blick auf das (spätere) Erwachsenenalter suspendiert werden darf. Forschungsmethodisch bedeutet dies eine Abkehr von der Forschung *über* Kinder hin zu einer Forschung *mit* Kindern, das heißt auch zu einer Einbeziehung der Kinder und Jugendlichen in den Forschungsprozess.

Wie die Sozialisationsforschung, so betont auch die neue Kindheitsforschung die Akteursperspektive. Beide unterscheiden sich aber in den ihnen jeweils zu Grunde liegenden Bildern von Kindheit und Jugend. Während in der Sozialisationsforschung ein *transitorisches Modell* vorherrscht, das Kindheit und Jugend als Übergangsphase zum „Erwachsenenstatus mit vergleichsweise geringem kulturellem Eigengewicht" (Reinders/Butz 2001, S. 914) betrachtet, wird von der neuen Kindheitsforschung die Eigenständigkeit beider Lebensabschnitte gegenüber der Erwachsenenphase betont – ein Kindheitsmodell, das in der Forschung mit dem Begriff des *Moratoriums* beschrieben wird (vgl. ebd., S. 915; Zinnecker 1991, 1994a, b).

Für die ‚new social childhood studies' (Hengst/Zeiher 2005a, S. 12) lagen neben klassischen sozialisationstheoretischen Themen vor allem Fragen zur Rolle von Kindheit und Jugend im generationalen (Macht-)Gefüge der Gesamtgesellschaft und modernisierungstheoretische Fragen zur sozio-historischen Veränderung des Aufwachsens im Mittelpunkt des Interesses (vgl. Alanen 1988, 1994, 1996, 1997; Qvortrup 1993; Zeiher 1996a, b, c). Die Forschungsprogrammatik der neuen Kindheitsforschung wurde im deutschen Sprachraum u. a. im Rahmen des 27. Kongresses der Deutschen Gesellschaft für Soziologie 1995 in Halle vorgestellt (vgl. Zeiher 1996b; Honig 1996; zum aktuellen Stand siehe Hengst/Zeiher 2005b; Bühler-Niederberger/Mierendorff 2009). In dem Maße, wie die neue Kindheitsforschung, die sich an manchen Stellen auch mit der Forderung nach einer neuen Sozialpolitik für Kinder verband (vgl. Wintersberger 1994; Zeiher 1996c, S. 54), die Perspektive der Kinder ins Scheinwerferlicht der (wissenschaftlichen) Öffentlichkeit rückte, wurden andere Blindstellen der auf Kinder und Jugendliche bezogenen Forschung sichtbar. So wurde beispielsweise von Seiten der neuen Kindheitsforschung kritisiert, dass Heranwachsende bislang in offiziellen Statistiken entweder gar nicht oder nur als Anhängsel größerer Beobachtungseinheiten wie Haushalt oder Familie ausgewiesen waren. Der Wechsel der Perspektive, hin zu einer Betrachtung von Kindern und Jugendlichen als eigenständige und aktive Gesellschaftsmitglieder, führte hier etwa zur Forderung nach einer eigenständigen Sozialberichterstattung über

Kinder und Jugendliche (vgl. Nauck 1995; Nauck/Meyer/Joos 1996; Noll 1997; Joos 2001; Leu 2002; Betz 2008).

Die zunehmende Prominenz der Akteursperspektive in der Kindheits- und Jugendforschung, die Entschulung und Informalisierung der Schule, die Überzeugungskraft einer systemtheoretisch basierten Bildungsforschung mit ihren Begriffen wie Selbstsozialisation (vgl. Zinnecker 2000) oder Selbstbildung (vgl. Leu 1999) sowie die neue Kindheitsforschung, beeinflussten und inspirierten auch die schulpädagogische Forschung (vgl. du Bois-Reymond 2005, S. 231).

Unter dem Stichwort „von der Instruktion zur Konstruktion" beschreibt Brügelmann eine parallele Entwicklung in der Lehr-Lern-Forschung, die sich darauf bezieht, dass Lernen nicht einseitig als ein Prozess gesehen werden kann, der auf biologisch determinierte bzw. außeninduzierte Lehrbemühungen, das heißt auf Reifung oder Instruktion beruht, sondern vielmehr als ein Konstruktionsprozess zu verstehen ist, in dessen Mittelpunkt das Subjekt und seine sozialen Bezüge stehen (Brügelmann 2001, S. 75). Ein solches Lernverständnis beinhaltet, die SchülerInnen als eigenständige Ko-Konstrukteure des Lernprozesses und der Lernsituation aufzufassen. Schule ‚machen' ist aus dieser Sicht keine lehrerzentrierte Veranstaltung, dessen Erfolg allein von den didaktischen Fähigkeiten der LehrerInnen abhängt, sondern ein *gemeinsames* Unternehmen von LehrerInnen und SchülerInnen. In seiner radikalsten Form taucht dieser Gedanke im Begriff des selbstgesteuerten oder selbstregulierten Lernens auf. Die Lehrkraft wird hier zum Ratgeber, der im Hintergrund für die Fragen der SchülerInnen zur Verfügung steht, ohne die Lernprozesse der SchülerInnen selbst direktiv und instruktiv zu steuern. Indem „selbstreguliertes Lernen […] [die; d. V.] Definitionsmacht über das, was Lernen beinhaltet, tendenziell an die Schüler, also die jüngere Generation, ab[gibt]", ist darin ein weiterer Schritt in der Aufwertung der SchülerInnenrolle – diesmal aus der Sicht der schulpädagogischen Forschung – zu erkennen (du Bois-Reymond 2005, S. 231).

Fassen wir die hier knapp skizzierten Prozesse zusammen, so führen sie im Ergebnis zu einer historischen Aufwertung der SchülerInnenrolle und einer zunehmenden Anerkennung der Perspektive der Heranwachsenden auf Schule und Unterricht, die Petillon (1987, S. 3) als ‚reflexive Wende in der Erziehungswissenschaft' bezeichnet. Studiendesigns in der Schul- bzw. Lehr-Lern-Forschung, die auf die Einbeziehung der SchülerInnen als Akteure innerhalb der schulischen Lebenswelt verzichten, sind heute kaum mehr ernsthaft begründbar.

So entsteht der Eindruck, dass mögliche Diskurslinien in der Bildungsforschung heute nicht mehr entlang der Achse SchülerIn vs. Erwachsener/LehrerIn verlaufen. Doch es lohnt ein genauerer Blick. Betrachten wir die Zielrichtungen, mit der die Perspektive der SchülerInnen einbezogen bzw. deren Daten gesammelt werden, so finden wir einerseits Studien, die sich der ‚adultistischen' Transitionsperspektive zuordnen lassen, andererseits Studien, die das Moratoriumsmodell einer eigenständigen Kindheits- und Jugendkultur zu Grunde legen. Dem Transitionsmodell folgen zumeist Studien, die sich auf die Leistungs- und Persönlichkeitsentwicklung der SchülerInnen beziehen. So werden etwa in der PISA-Studie die SchülerInnen zum einen hinsichtlich ihrer Leistungen im Lesen, in Mathematik und in den Naturwissenschaften getestet. Hinzu kommen statistische Analysen zur Schulzufriedenheit, zur Wahrnehmung des Schul- und Klassenklimas aus SchülerInnensicht sowie zur Qualität des Verhältnisses zu den LehrerInnen (siehe Kunter et al. 2002, S. 273ff.). Hintergrund dieser Fragen ist jedoch nicht primär, das Schulklima und die Schulzufriedenheit der SchülerInnen und damit ein Stimmungsbild zur heutigen Schule zu erfassen, sondern vielmehr werden diese Angaben zur Erklärung der Leistungsentwicklung der SchülerInnen einbezogen: Eine Schülerin, der das Lernen Freude macht und die gerne zur Schule geht, erzielt nachweislich bessere Schul- und Lernleistungen, als eine Schülerin, die der Schule nichts Positives abgewinnen kann und für die das Lernen nur ein notwendiges Übel darstellt. Dies konnte u. a. Stecher in einer Längsschnittstudie, unter Berücksichtigung einer Reihe weiterer Faktoren, die die Schulleistung beeinflussen – wie zum Beispiel Geschlecht, sozioökonomischer Status der Eltern, Familienklima, Familienstruktur und weiteres –, für 10- bis 16-jährigen Kinder und Jugendliche belegen (Stecher 2001, S. 294ff.). Aus der Leistungsperspektive wird die Sicht der SchülerInnen auf jene (funktionalen) Aspekte enggefasst, die für die Rahmung eines Erklärungsmodells von Schulleistungen unerlässlich sind.

In der Leistungsperspektive rücken die Wahrnehmungen der SchülerInnen im Hinblick auf eine möglichst effektive Gestaltung des Unterrichts- und Schulgeschehens in den Blickpunkt – als eine Art „'pädagogische Materialkunde' […], die die gewünschte Beeinflussung der Schüler verbessern hilft", wie es Martin Fromm formuliert (1987, S. 6).

Einige AutorInnen plädieren im Sinne des Moratoriumsmodells von Kindheit und Jugend dagegen dafür, der SchülerInnensicht einen *eigenen* Wert an sich beizumessen. Das Ziel pädagogischen Handelns, so beispielsweise Haecker und Werres, kann nicht allein darin bestehen, die Vorgaben der Schule und des Curriculums so effektiv wie möglich umzusetzen, sondern vielmehr müssen wir anerkennen, dass „Wohlbefinden und Zufriedenheit mit der Schule positive Werte *an sich* sind und gleichzeitig wichtige Merkmale für eine menschlich gestaltete Schulpraxis darstellen." (Haecker/Werres 1983, S. 21) Ähnlich betont auch Fromm, dass Lernen und Leistung nicht die Diskussion um eine gute Schule dominieren darf, sondern ebenso die Frage gestellt werden muss, ob die SchülerInnen „sich in der Schule wohl fühlen, Spaß am Lernen haben, die Auseinandersetzung mit den Lerninhalten als subjektiv sinnvoll ansehen oder im Unterricht ihre Wünsche zur Geltung bringen können." (Fromm 1987, S. 7) Aus dieser Perspektive – wir nennen sie *Bedürfnisperspektive* – geht es um folgende Fragen: Wie lässt sich Schule den Bedürfnissen von Kindern und Jugendlichen entsprechend gestalten? Unter welchen Bedingungen macht Schule und Lernen Freude? Es geht hierbei letztlich um die Perspektive einer schülergerechten Schule (vgl. Petillon 1987, S. 1).

In der öffentlichen Diskussion lässt sich teilweise ein recht unversöhnlich wirkendes Verhältnis zwischen der Leistungsperspektive einerseits und der Bedürfnisperspektive andererseits beobachten. Grundlage von Divergenzen ist dabei auf Seiten der Bedürfnisperspektive häufig die pädagogisch motivierte Befürchtung, dass mit steigenden Leistungsansprüchen in der Schule auch die Belastungen und Stressfaktoren für die SchülerInnen zunehmen und damit die Schule (weiter) an Lebensqualität verliert (Herz et al. 2000). Bereits Mitte der 1970er-Jahre wurde dies ähnlich unter dem Begriffspaar Unterrichtserfolg vs. Erziehungserfolg der Schule diskutiert (Ulich 1977, S. 69f.). Dass dies allerdings nicht zwingend so sein muss, zeigen Lehmann und Neumann (2002, S. 238) in ihren Untersuchungen zum Verhältnis zwischen lerngruppenspezifischen Anforderungen, Schulfreude und mathematischer Fachleistung in der Sekundarstufe I. Sie kommen zu dem Ergebnis, dass sich die Vermutung, „dass zu hohe fachliche Anforderungen die Schulfreude und mittelbar die Leistung negativ beeinflussen", empirisch nicht halten lässt. Eher im Gegenteil zeigt sich, dass sich in Klassen mit niedrigen Leistungsansprüchen die leistungsstarken SchülerInnen unterfordert fühlen und ihre Schulfreude dadurch abnimmt. Zu einer ähnlichen Einschätzung gelangen auch Helmke und Schrader (1990) und Gruehn (2000). Beide Studien belegen die „Vereinbarkeit fachlicher und motivationaler Ziele im Unterricht" (Gruehn 2000, S. 51).

Dem Moratoriumsmodell zuzuordnen ist eine dritte Kategorie, die wir als schüler- bzw. jugendkulturell orientierte Studien bezeichnen. Im Mittelpunkt stehen hier peer-bezogene Kommunikations- und soziale Konstruktionsprozesse zwischen den SchülerInnen in der Klasse – wie z. B. hinsichtlich der Konstruktion von Geschlecht (Breidenstein/Kelle 1998) oder der Entwicklung sozialer Kompetenzen durch Aushandlungs- und Kooperationsprozesse (Krappmann/ Oswald 1995). Wir unterscheiden sie von den Studien der ‚Bedürfnisperspektive', weil sie zwar den Eigenwert der SchülerInnenperspektive betonen und Schule als Forschungsfeld wählen, ihre Theorien und Konzepte aber nicht notwendiger Weise an die Schule gebunden sind. Schule wird darin nur als ein möglicher Ort relevanter Peer-Kontakte angesehen.

Die vorliegende Arbeit will den Kindern und Jugendlichen zum Thema Schule eine Stimme geben. Dabei sind die empirischen Befunde, die wir in den folgenden Kapiteln präsentieren, inhaltlich sowohl der Bedürfnis- als auch der

Jugendkultur-Perspektive zuzuordnen. Leistungstests sind in den hier vorgestellten Studien nicht enthalten, wir zielen auch nicht auf Aussagen über die schulische Leistungsentwicklung.

Die Kinder als schulische ‚Insider' ernst zu nehmen, lässt sich – neben den oben angesprochenen sozialen Wandlungsprozessen – auch in methodischer Hinsicht begründen (vgl. Zinnecker 1999).

In der ethnographischen Forschung, die die SchülerInnenforschung in ihren ersten Jahren etwa bis Anfang/Mitte der 1980er-Jahre dominiert hat und auch heute deren Schwerpunkt zumindest mit Blick auf die Bedürfnis- und Kulturperspektive bildet, gehört es zum Forschungsprogramm, das handelnde Subjekt als Mittelpunkt seiner eigenen Welt- und Sinndeutungen anzusehen: „Die Kultur kann man erschließen, wenn man die Perspektiven der Mitglieder der Kultur in den Mittelpunkt der eigenen Beobachtungen stellt [...] Nichts von dem, was getan, oder gesagt wird, ist als trivial, nichts ist als gegeben anzunehmen. Ob etwas bedeutungsvoll war oder nicht, ergibt sich erst aus der Rekonstruktion." (Beck/Scholz 2000, S. 158) Oder wie Malinowski es ausdrückt, geht es darum, den Standpunkt des Beobachteten einzunehmen, „seinen Bezug zum Leben zu verstehen und sich seine Sicht seiner Welt vor Augen zu führen." (1979, S. 49) Dazu ist es neben der Beobachtung der SchülerInnen notwendig, deren subjektive Handlungsinterpretationen im kulturanalytischen Sinne mitzuerheben (Breidenstein 2008, S. 946; zu einer ausführlichen Darstellung siehe Kelle/Breidenstein 1999).

Aber auch in der quantitativen SchülerInnen(kultur)forschung, die u. a. mit dem Kindersurvey von 1980 (Lang 1985) ihren Ausgang nahm[2], ist die Perspektive auf die SchülerInnen als ‚Beurteilende' von Schule gut begründet. So stehen mit den SchülerInnen, die die unterschiedlichen Lehrkräfte im unmittelbaren und schnell aufeinander folgenden Wechsel erleben und deshalb vergleichen können, „Beurteiler zur Verfügung [...], die einen übergreifenden – gleichsam ‚objektivierten' – Standpunkt [...] einnehmen," und dieser Beurteilung „in etwa

---

2   Die Shell-Jugendstudien, die sich seit dem Beginn der 1950er-Jahre mit der Sicht der Jugendlichen auf die Gesellschaft und das kulturelle Leben beschäftigen, und die in den 1980er-Jahren einen wesentlichen Impuls für die quantitative Forschung zur Jugendkultur gaben, enthalten nur vereinzelt Fragen, die sich auf die Schule beziehen. So wird beispielsweise in der zweiten Shell-Jugendstudie von 1954 gefragt, wie man mit den MitschülerInnen auskommt. Da allerdings die 1954er-Studie (nur) die Altersgruppe der 15- bis 24-Jährigen umfasst, betrifft diese Schulfrage nur 9 Prozent der Gesamtstichprobe. Einen größeren Raum nehmen demgegenüber die Fragen zur Berufsschule und zur Berufsausbildung ein. In den 1980er- und 1990er-Jahren, in denen die Altersspanne der Befragten teilweise erweitert wurde, und auch in den jüngsten Studien 2000, 2002 und 2006 bleiben die Schulerfahrungen der (Kinder und) Jugendlichen ausgeblendet.

der gleiche Bewertungsrahmen zu Grunde liegen dürfte." (Radisch/Stecher/
Klieme/Kühnbach 2008, S. 232)

Darüber hinaus haben einschlägige Studien gezeigt, dass etwa die Leistungsentwicklung der SchülerInnen besser über jene Merkmale vorausgesagt werden
kann, die sich auf die Selbsteinschätzung des Schülers/der Schülerin (z. B. von
Unterricht) beziehen, als dies über die Einschätzung der Lehrkraft zur Qualität
seines/ihres Unterrichts möglich ist (Clausen 2002).

Einige Worte zur Aktualität beider Studien, auf die sich die vorliegenden
Analysen zu einem großen Teil beziehen: Können diese Studien aus den Jahren
2001 und 2003, in Anbetracht der kurzen Halbwertszeiten in der empirischen
Forschung, ausreichend Aktualität für sich beanspruchen? Aus unserer Sicht
gibt es eine Reihe von guten Gründen, die dafür sprechen, die auf die Schule
und die SchülerInnen bezogenen Befunde aus beiden Studien hier in einem
zusammenfassenden Buch vorzustellen.

Dazu zunächst ein (nicht vollständiger) Blick auf einige Studien, die in den
2000er-Jahren durchgeführt wurden und aus denen sich Befunde zu den Innen-
ansichten von Schule aus der Perspektive von Kindern und Jugendlichen gewinnen lassen (können).

Hierzu gehört u. a. das Kinderpanel des Deutschen Jugendinstituts. Im Mittelpunkt des Forschungsinteresses steht dort die Frage, welche Bedingungen die
kindliche Entwicklung u. a. im Bereich der Schule fördern und welche sie unter
Umständen hemmen (Alt/Quellenberg 2005). Das DJI-Kinderpanel ist als
Längsschnittstudie mit einem Kohorten-Sequenz-Design angelegt – bestehend
aus den beiden Kohorten der in der Eingangserhebung 5- bis 6-Jährigen und der
8- bis 9-Jährigen. Bei der Kohorte der 8- bis 9-Jährigen wurde eine Ausgangs-
stichprobe von 1.042 Kindern realisiert. Das DJI-Kinderpanel hat eine Reihe
wichtiger Erkenntnisse zum Schulerleben der Kinder zu Tage gebracht (vgl. u.
a. Schneider 2005; Stecher 2005, 2006a; Stecher/Maschke 2008; We-
ber/Winklhofer/Bacher 2008). Mit Blick auf den Altersrange der Befragten ist
allerdings festzuhalten, dass zum Ende der letzten Erhebungswelle das Alter der
ältesten Kohorte nur 11 bis 12 Jahre beträgt. Das heißt, dass mit den Daten des
DJI-Kinderpanels nur die Grundschulzeit bzw. der Übergang von der Primar- in
die Sekundarstufe nachgezeichnet werden kann.

Zu nennen ist weiterhin der Jugendsurvey des Deutschen Jugendinstituts. Im
Rahmen dieses Surveys werden seit 1992 in drei Erhebungswellen (2. Welle
1997, 3. Welle 2003) die Lebenslagen, politischen Einstellungen und Wertorien-
tierungen sowie u. a. die Zukunftsvorstellungen von Jugendlichen und jungen
Erwachsenen erhoben. Die Altersspanne der Befragten beträgt in der für unsere
Argumentation zeitlich relevanten 3. Erhebungswelle von 2003 12 bis 29 Jahre.
Damit reicht die untere Altersgrenze deutlich in die Schulzeit hinein, bis etwa

zur 6. Jahrgangsstufe. Die Schule spielt in der 3. Erhebungswelle jedoch eine nur untergeordnete Rolle und die Analysen beschränken sich auf die Bildungsbeteiligung der Jugendlichen (vgl. Sardei-Biermann/Kanalas 2006).

Die PISA- und IGLU-Studien liefern wichtige Daten zur Perspektive von Kindern und Jugendlichen auf die Schule (wenngleich vornehmlich mit der oben angesprochenen funktionalen Einschränkung auf die Leistungsentwicklung). Allerdings beziehen sich die Befunde der PISA-Studien nur auf 15-jährige SchülerInnen, die Befunde der IGLU-Studien auf die Grundschulzeit. Damit ermöglichen auch diese beiden Studien altersbezogen nur sehr eingeschränkte Einblicke in das Schulerleben aus der Sicht der SchülerInnen. SchülerInnenkulturelle Aspekte spielen auf Grund der Engführung auf die Leistungsentwicklung und -erklärung in beiden Studien keine Rolle.

Beide hier zu Grunde liegenden Studien – NRW-Kids wie LERN$_{en}$ und BILD$_{ung}$ (LernBild) – umfassen die Altersgruppe der 10- bis 18-Jährigen und schließen damit fast die gesamte schulische Kernzeit ein. Neben den SchülerInnen der allgemein bildenden Schulen wurden in beiden Studien auch SchülerInnen an beruflichen Schulen (inklusive Übergangssystem) einbezogen. Mit diesem speziell auf das Schulalter zugeschnittenen Altersrange ermöglichen beide Studien, die vielfachen Veränderungen nachzuzeichnen, die sich in der SchülerInnenrolle u. a. mit dem Älterwerden der Heranwachsenden ergeben (zumindest innerhalb des Rahmens einer Querschnittstudie).

Die Studie LernBild weist darüber hinaus eine thematische Besonderheit auf. Sie ist eine der wenigen repräsentativen Studien der 2000er-Jahre, die sich explizit auf die Bereiche Lernen, Schule und Bildung aus der Perspektive von Kindern und Jugendlichen bezieht und damit Fragen folgt, wie Kinder und Jugendliche Lernen und Bildung in der Schule erleben und bewerten, aber auch, was für sie Lernen und Bildung außerhalb der Schule bedeutet. In dieser spezifischen Blickrichtung ist sie bislang einzigartig in der SchülerInnen-Survey-Forschung der 2000er-Jahre.

Ein dritter Grund, der beide Studien mit Blick auf die SchülerInnenforschung bedeutsam macht, ist, dass in beiden Studien quantitative und qualitative Datenerhebungsverfahren miteinander verknüpft werden. Häufig finden wir, darauf haben wir oben schon hingewiesen, in der SchülerInnenforschung qualitativ arbeitende Studien. Begründet wird dies u. a. damit, dass sich die SchülerInnenkultur (aus kulturanalytischer Sicht) der quantitativ standardisierenden Bearbeitung entzieht und deshalb qualitative Verfahren – vornehmlich ethnographische – eingesetzt werden müssen, um „die Regeln und Relevanzen der Peer-Kultur" in der Schule „zu rekonstruieren" (Breidenstein 2008, S. 946). Um die subjektiven Relevanzstrukturen der SchülerInnen in dieser Hinsicht erfassen und gleichzeitig aber auch repräsentative Aussagen über das schulische Erleben der Heranwachsenden treffen zu können, wurden in beiden Studien neben einem standardisierten Fragebogen auch qualitative Verfahren wie freie Aufsätze, Interviews und Gruppendiskussionen eingesetzt und aufeinander bezogen.

Auch der vierte Grund, der für die Aktualität beider Studien spricht, bezieht sich auf den methodischen Zugang zur Welt der SchülerInnen. Der Blick auf Kinder und Jugendliche als Akteure ihrer (schulischen) Entwicklung, wie wir ihn weiter oben als Ausdruck eines tiefgreifenden sozio-historischen Wandels beschreiben, bedeutet auf der Seite der quantitativen Forschung, die Rolle der Kinder und Jugendlichen nicht auf die der Informanten zu reduzieren, sondern sie selbst als schulische Insider und Akteure mit spezifischen Erfahrungshintergründen und Wissen ernst zu nehmen. In beiden Studien wurden die Kinder und Jugendlichen in zahlreichen Pre-Tests und Diskussionsgruppen in die Konstruktion der Fragebögen mit einbezogen. Die Studien NRW-Kids und LernBild setzen hier eine Tradition des Siegener Zentrums für Kindheits-, Jugend- und Biografieforschung fort, die in den Arbeiten Jürgen Zinneckers und Imbke Behnkens (Zinnecker 1975, 1994a, 1995; Behnken et al. 1991) gründet.

Zentrale Befunde der Studie NRW-Kids wurden von Zinnecker, Behnken, Maschke und Stecher (2003) unter dem Titel „null zoff & voll busy" veröffentlicht. Die Darstellung dort bezieht sich auf die gesamte Studie, wobei die Schule und das Schulleben der Kinder und Jugendlichen nur einen kleinen Teil ausmachen. Ausgewählte Befunde zur Studie LernBild wurden im Rahmen einer Expertise für den 8. Kinder- und Jugendbericht des Ministeriums für Schule, Jugend und Kinder des Landes Nordrhein-Westfalen 2004 veröffentlicht (Behnken et al. 2004). In einzelnen Publikationen haben wir uns mit spezifischen Themen aus beiden Studien auseinander gesetzt (so zu den SchülerInnen-Strategien; vgl. Maschke/Stecher 2006, 2009). Im vorliegenden Band sind die zentralen Befunde beider Studien, die sich auf die Schule und das Erleben der SchülerInnen beziehen, zusammengefasst.

Noch ein Wort zur Auswertung: In Studien zur Schule und zum SchülerInnen-Leben ist es durchaus üblich, die verschiedenen Schulformen als analytische Kategorie mit einzubeziehen und etwa Hauptschulen (bzw. HauptschülerInnen) mit Gymnasien (bzw. GymnasiastInnen) zu vergleichen. Unterschiede zwischen beiden Gruppen werden dabei in der Regel auf die jeweilige Schulform und das in ihr herrschende ‚Sozialisations- und Entwicklungsmilieu' zurückgeführt. So plausibel ein solches Vorgehen scheint, ist ein solcher Gruppenvergleich – mit Blick auf die Angaben der SchülerInnen, die in diesem Buch im Vordergrund stehen – methodisch nur dann sinnvoll, wenn gleichzeitig Selektionseffekte der Schülerschaft mit Blick auf die unterschiedlichen Schulformen mit einbezogen werden. Dass solche Selektionseffekte vorliegen, ist unbestritten. Ohne das Einbeziehen der Struktur der Schülerschaft bleibt aber häufig offen, worauf die gefundenen Unterschiede in den Angaben der SchülerInnen tatsächlich zurückzuführen sind. (In zahlreichen Arbeiten werden Unterschiede dokumentiert, erklärt werden diese hingegen nur selten.) Im vorliegenden Band wollen wir auf solche Unterschiede nicht eingehen, da es uns mehr um den allgemeinen Überblick des schulischen Erlebens im Sinne einer allgemeinen Phänomenologie des SchülerInnen-Lebens geht, zu dessen Gunsten wir in diesem Band auf – notwendiger Weise aufwendige und differenzierte – schulform-fokussierte Analysen verzichten. Darüber hinaus haben wir erstaunlich wenige Unterschiede zwischen den verschiedenen Schulformen gefunden. So macht den SchülerInnen an Hauptschulen die Schule und das Lernen im Durchschnitt genauso viel oder wenig Spaß wie den GymnasiastInnen, und sie beschreiben das Verhältnis zu ihren LehrerInnen und das Klassenklima genauso positiv oder negativ wie letztere. Hinsichtlich des Erlebens von Schule bilden sich im Folgenden stärker die *allgemeinen, universellen Merkmale des SchülerInnen-Seins bzw. der SchülerInnen-Rolle* ab als die Tatsache, SchülerIn einer bestimmten Schulform zu sein. Bedeutsamer als die Schulform sind in dieser Hinsicht die Veränderungen der SchülerInnen-Rolle, die diese mit dem Älterwerden der SchülerInnen erfährt.

## 1.1 Die Studie NRW-Kids

Im Rahmen der Studie NRW-Kids, durchgeführt vom Siegener Zentrum für Kindheits-, Jugend- und Biografieforschung[3] im Auftrag des nordrheinwestfälischen Ministeriums für Frauen, Jugend, Familie und Gesundheit, wurden zwischen August und Oktober 2001 knapp 8.000 10- bis 18-Jährige schriftlich befragt. Beteiligt waren rund 350 Schulklassen an über 160 allgemein bildenden und beruflichen Schulen vom 4. bis zum 12. Jahrgang (mit Ausnahme der Förderschulen). Die Studie ist für das größte Bundesland – NordrheinWestfalen – repräsentativ. Die Stichprobenziehung beruhte auf einer mehrstufigen Zufallsauswahl von Schulklassen (Strata: Region, Schulform, Klassenstufe) auf der Basis des amtlichen Schulverzeichnisses für NRW.

Die Untersuchung ist als so genannte Panoramastudie angelegt, das heißt, dass sie bemüht ist, möglichst viele Themen und Lebensbereiche von Kindern und Jugendlichen in den Blick zu nehmen. Ein Schwerpunkt liegt dabei auf der Schule. Zur Umsetzung der Themen-Vielfalt wurden verschiedene Fragebogen-Module eingesetzt: Einige Fragen – wie zum Beispiel nach dem Alter, dem

---

3    Projektteam: Imbke Behnken, Sabine Maschke und Ludwig Stecher; Leitung: Jürgen Zinnecker.

Geschlecht oder der besuchten Schulform etc. – waren dabei für alle Befragten gleich. Sie bildeten den Basisteil des Fragebogens. An den Basisteil schlossen sich jeweils Fragen an, die sich auf spezifische Themenbereiche bezogen und die jeweils nur von einem Teil der Jugendlichen ausgefüllt werden sollten. Ein Verfahren, das bereits in der ebenfalls vom Siegener Zentrum durchgeführten Schülerstudie 1990 (Behnken et al. 1991) mit Erfolg eingesetzt wurde. Die Kinder und die Jugendlichen erhielten dabei unterschiedliche, jedoch aufeinander bezogene Versionen der Fragebögen.

Die Verwendung von Fragebogen-Modulen ermöglichte eine (rechnerische) Befragungszeit von etwa sechs Stunden. Den *quantitativen* Hauptteil des Fragebogens bildeten geschlossene und offene Fragen. Diese Verengung auf Vorgegebenes kann aber in der Kinder- und Jugendforschung nicht befriedigen (siehe oben). In der Tradition der Shell-Studien der 1980er-Jahre und der Schülerstudie 1990 wurden die Befragten deshalb in einem Modul aufgefordert, einen freien Aufsatz über ihre Zukunftspläne und -ängste zu schreiben (Thema: „Wie ich mir meine persönliche Zukunft vorstelle"). Hier bot sich den Heranwachsenden die Möglichkeit, unabhängig von den Schablonen standardisierter Fragen und Antwortvorgaben, über sich und ihre Zukunft zu reflektieren. Die systematische *qualitative* Analyse dieser Aufsätze eröffnete eine Vielzahl unerwarteter und ungewöhnlicher Einblicke in das Leben der 10- bis 18-Jährigen.

## 1.2 Die Studie Lern$_{en}$ und Bild$_{ung}$ (LernBild)

Im Mittelpunkt dieser Studie[4], die im Herbst 2003 mit knapp 2.000 10- bis 18-jährigen SchülerInnen, die repräsentativ für das Bundesland Nordrhein-Westfalen ausgewählt wurden, durchgeführt wurde, standen die Themen Bildung, Lernen und Schule aus der Sicht von Kindern und Jugendlichen. Gefördert wurde die Studie vom Ministerium für Schule, Jugend und Kinder des Landes Nordrhein-Westfalen. Um die Perspektive der jungen Menschen in den Mittelpunkt zu rücken, haben wir unterschiedliche methodische Wege gewählt. Einer dieser Wege bestand darin, dass die Kinder und Jugendlichen während zweier Schulstunden standardisierte Fragebögen ausfüllten. Die Fragebögen waren in zwei Teile (Module) aufgegliedert – ein Verfahren, das so auch in der Studie NRW-Kids eingesetzt wurde (siehe oben). Einige Fragen richteten sich an alle Befragten (Basisfragen), wie zum Beispiel nach Alter oder Geschlecht und nach dem schulischen Erleben. Während die Hälfte der Befragten am Ende

---

4    Diese Studie wurde gemeinsam vom Siegener Zentrum für Kindheits-, Jugend- und Biografieforschung und Pro-Kids Herten durchgeführt.

des Basismoduls mit der Bearbeitung des zweiten Teils des Fragebogens begann, wurde die andere Hälfte der Kinder und Jugendlichen gebeten, einen Aufsatz zu ihren Hobbys zu schreiben.

Neben der Übernahme erprobter Instrumente aus der Forschung – wie zum Beispiel von Fragen zum Schulalltag – stand im Mittelpunkt die Konstruktion eigener neuer Instrumente. Die Basis dazu bildeten Erkenntnisse aus umfangreichen Vorstudien, Gesprächen und Diskussionen, mit dem Ziel, die Lebenswelt und die Perspektive der jungen Menschen so authentisch wie möglich abzubilden. Zu den eigens für die Studie konstruierten Instrumenten zählen beispielsweise: Welche Gefühle verknüpfen sich mit dem Lernen in der Schule? Was muss man tun, um in der Klasse beliebt zu sein? Welche Fähigkeiten und Fertigkeiten erachten die Kinder und Jugendlichen als wichtig und über welche würden sie gern verfügen?

Neben der standardisierten Befragung wurde im Rahmen der Studie eine Reihe von Gruppendiskussionen mit Kindern und Jugendlichen geführt. So verknüpft die Studie LernBild – wie bereits die Studie NRW-Kids – quantitative mit qualitativen Datenerhebungsverfahren.

# 2 Schulleben

In Kapitel 1 haben wir beschrieben, wie sich in den letzten dreißig bis vierzig Jahren eine Forschungstradition etablierte, die den Blick auf das schulische Leben aus der Sicht der SchülerInnen und die SchülerInnenkultur zum Mittelpunkt ihrer Forschungsanstrengungen machte. Gegenwärtig ist jedoch gleichzeitig zu konstatieren, dass sich diese Tradition in der Bildungsforschung nicht vollständig durchsetzen konnte und manche der zentralen Begriffe dieser Forschungsrichtung keinen Eingang in den Kanon der Schul- und Bildungsforschung gefunden haben. Ein Beispiel ist der Begriff des *Schullebens*, mit dem wir uns in diesem Kapitel auseinander setzen. Betrachten wir beispielsweise das 2009 erschienene Handbuch „Schule" (Blömeke et al. 2009), so wird man den Begriff ‚Schulleben' im Indexverzeichnis vergebens suchen.[5] Auch im 2009 in zweiter Auflage erschienenen Handbuch „Bildungsforschung" (Tippelt/Schmidt 2009) findet der Leser/die Leserin keinen Eintrag zum Stichwort Schulleben.[6] Hingegen wird der (in alphabetischer Nähe liegende) Begriff der „Schulleistung" in beiden Handbüchern gleich mit mehreren Belegstellen ausgewiesen. Auch im (in zweiter Auflage herausgegebenen) „Handbuch der Schulforschung" (Helsper/Böhme 2008), in dem sich u. a. Jürgen Zinnecker als einer der bekanntesten Protagonisten der SchülerInnenkulturforschung als Autor findet, taucht der Begriff des Schullebens nicht im Stichwortverzeichnis auf.[7]

Auch wenn der Begriff des Schullebens und das damit zusammenhängende Konzept der SchülerInnenkultur sich im Kanon der Schul- und Bildungsforschung offensichtlich nicht durchsetzen konnten, finden sich jedoch zahlreiche Studien, die sich mit diesem Thema auseinander setzen. Auf einige davon haben wir in Kapitel 1 hingewiesen. Mit Blick auf die quantitative repräsentative Un-

---

5   In diesem Handbuch suchen wir auch den Begriff der Schülerkultur oder des Schüleralltags vergebens. Der Begriff des Schülers/der Schülerin taucht dort vor allem in Zusammenhang mit Hochbegabung, Migrationshintergrund und Teilleistungsstörung oder Verhaltensauffälligkeit auf.

6   Im Schlagwortregister dieses Handbuchs fehlt ebenfalls ein ähnlicher Begriff wie der der Schülerkultur. Der Begriff Schüler/Schülerin taucht ebenfalls nicht auf.

7   Hier wird aber zumindest der Begriff der Schülerkultur mit einem eigenen Beitrag behandelt (Breidenstein 2008).

tersuchung der Frage, was Kindern und Jugendlichen am Schulleben gefällt und
was ihnen daran nicht gefällt, sind es u. a. die Shell-Jugendstudien der frühen
1950er- und der 1980er-Jahre sowie die Schülerstudie von 1990, die in diesem
Zusammenhang aus unserer Sicht bedeutsam sind, da sie sich direkt aufeinander
beziehen und so eine historische Entwicklung der letzten etwa 50 Jahre nachzuzeichnen erlauben.

Die Frage nach der positiven bzw. negativen Beurteilung des Schullebens
gehörte zum Frageprogramm der ersten und dritten Shell-Jugendstudie von 1953
bzw. 1955. Damals wurde gefragt: „Was gefällt Ihnen am Schulleben besonders,
bzw. was ist Ihnen aus Ihrem Schulleben in besonders guter Erinnerung geblie-
ben?"

Die Altersspanne der befragten Jugendlichen und jungen Erwachsenen um-
fasste damals die 15- bis 24-Jährigen, der Anteil an SchülerInnen in dieser Altersspanne war dabei vergleichsweise gering (9%). Das bedeutet, dass sich die
meisten der Befragten in ihren Beurteilungen des Schullebens auf ihre Schulzeit*erinnerungen* beziehen mussten. Interessanterweise zeigt der Vergleich
zwischen den prospektiven Angaben der SchülerInnen sowie den retrospektiven
Angaben der Gruppe der Berufstätigen keine systematischen Unterschiede.[8]

Die Frage nach der Beurteilung des Schullebens konnte von den Befragten
in einem offenen Format beantwortet werden, wobei Mehrfachnennungen möglich waren.

Nehmen wir die Daten von 1953, so zeigt sich, dass zu den positiven Beurteilungen des Schullebens damals vor allem einzelne Unterrichtsfächer sowie
Schulveranstaltungen und Ausflüge gehörten. 21 bzw. 18 Prozent der befragten
15- bis 24-Jährigen gaben diese Aspekte auf der Positivseite des Schullebens zu
Protokoll. 8 Prozent nannten Freizeit und Ferien, und weitere 8 Prozent das
Verhältnis zu den MitschülerInnen als die Dinge, die ihnen am Schulleben besonders gefallen bzw. gefielen.

Wenngleich sich die Daten der 1955er-Befragung nur gering von jenen von
1953 unterscheiden, so kündigt sich in ihnen bereits ein Trend an, der im Laufe
der nächsten drei Jahrzehnte unübersehbar werden wird. So nehmen die Nennungen in Bezug auf einzelne Unterrichtsfächer und Schulveranstaltun-
gen/Ausflüge von 1953 auf 1955 leicht ab, während Freizeit, Ferien sowie das
Verhältnis zu den MitschülerInnen etwas häufiger genannt werden. Damit können wir bereits Mitte der 1950er-Jahre ein erstes Indiz für das festmachen, was
wir in der Einleitung als historischen Wandel hinsichtlich der peer-kulturellen
Aufladung der SchülerInnenrolle beschrieben haben.

---

8    Allerdings werden in den entsprechenden Tabellen (Fröhner 1956, S. 175) die SchülerInnen
     zusammen mit den StudentInnen ausgewiesen. Dies erschwert eine trennscharfe Unterschei-
     dung zwischen prospektiv und retrospektiv gegebenen Antworten.

Mit Blick auf die Befunde der Shell-Jugendstudie von 1984 wird dieser Wandel dann offensichtlich. So konstatieren die Autoren der Shell-Jugendstudie 1984: „Unter den guten Erinnerungen hat sich besonders beim Verhältnis zu den Schulkameraden eine rasante Erhöhung ergeben; die gleichaltrigen Mitschüler spielen heute eine wesentlich größere Rolle im Blick auf das eigene Schulleben als 1955." (Fuchs/Zinnecker 1985, S. 20) Betrachten wir gleichzeitig die Nennungen negativer Aspekte des Schullebens, so lässt sich auch hier zwischen dem Beginn der 1950er- und den 1980er-Jahren ein wichtiger Wandel feststellen. „Während 1953 und 1955 die guten Schulerinnerungen die negativen bei weitem überwogen (1955: 84% zu 55%) [...], stellt sich bei den Jugendlichen heute [1984; d. V.] ein ausgeglichenes Verhältnis von positiven und negativen Stellungnahmen heraus (89% zu 90%). Schulkritik, 1953 und 1955 nur von etwas mehr als der Hälfte der Jugendlichen vorgebracht, hat bei den Jugendlichen heute das Lob der Schule eingeholt." (Ebd.) Zu den in den 1950er-Jahren am häufigsten genannten Kritikpunkten gehörte vor allem der Unterricht bzw. einzelne Unterrichtsfächer, das Verhältnis zu den LehrerInnen sowie, zumindest 1953, Strafen und Prügel. Bis in die 1980er-Jahre nehmen unter den negativen Aspekten des Schullebens jene zu, die sich auf Prüfungen und Zeugnisse (Leistungsaspekt) sowie eine kritische Sicht auf den Lehrer und die Lehrerin beziehen (vgl. ebd.). In Bezug auf die These der peer-kulturellen Aufladung der SchülerInnenrolle ist nun von Bedeutung, ob sich hinter den Veränderungen der Einschätzungen des Schullebens Veränderungen der sozialen Zusammensetzung der Schülerschaft oder Veränderungen mit Blick auf die SchülerInnenrolle selbst spiegeln. Dass sich darin eine Veränderung der Schülerschaft als Ganzes spiegelt, scheint zunächst plausibel. Lag der Anteil der SchülerInnen an den 15- bis 24-Jährigen 1953 noch bei lediglich 9 Prozent (1955: 14%), so stieg dieser bei der Shell-Studie 1984 auf bereits 55 Prozent (vgl. ebd.). Die Analysen von Fuchs und Zinnecker hierzu zeigen jedoch, dass die Veränderungen im Antwortverhalten der Heranwachsenden „*nicht* auf die veränderte sozialstrukturelle Zusammensetzung der Jugend zwischen 15 und 24 Jahren" zurückzuführen ist (ebd., S. 20). Fuchs und Zinnecker konstatieren als Ergebnis ihrer Auswertungen:

> „So bleibt als Erklärung der Hinweis auf die grundlegend veränderte Struktur der Jugendbiographie: Für die übergroße Mehrheit der Jugendlichen der fünfziger Jahre ist Schule ein Lebensbereich gewesen, den sie am Ende der Kindheit (mit 14 oder 15 Jahren) verlassen haben [...]. Die Verlängerung der Schulzeit sowie die Reformen des Schulsystems in den zwei Jahrzehnten haben Schule ‚für die Jugendphase von 13 bis 18 Jahren faktisch zumindest zum zeitlich dominierenden sozialen Erfahrungsraum Jugendlicher' werden lassen. ‚Die Schule ist durch die Zunahme an gesellschaftlicher und individueller Bedeutung ungeplant und teilweise unbemerkt der Ersatz für viele Lebenserfahrungen geworden, die noch vor ein bis zwei Generationen in Familie und Jugendorganisationen ihren Platz hatten' (Hurrelmann 1983, S. 51). [...]. These

also ist, dass die breitere und differenziertere Sichtweise von der Schule bei den Jugendlichen heute, ihre häufigere Schulkritik, die viel größere Bedeutung der gleichaltrigen Schulkameraden, darauf zurückgehen, dass Schulbesuch und Adoleszenz für einen Großteil der Jugendlichen heute im Lebenslauf parallelisiert sind. Schule ist nicht mehr, wie noch in den fünfziger Jahren, für die übergroße Mehrheit der Jugendlichen ein Erfahrungsbereich, den man zu Beginn der ‚Reifejahre' hinter sich hat [...]. Heute ist Schule für die meisten das institutionalisierte Moratorium." (Fuchs/Zinnecker 1985, S. 21f.).

Die zunehmende Bedeutung der Gleichaltrigen mit Blick auf das positive Erleben der Schule setzt sich auch zu Beginn der 1990er-Jahre fort. Wie Behnken et al. (1991, S. 123) anhand der Daten der Schülerstudie 1990 zeigen können, rechnet damals bereits knapp die Hälfte der befragten SchülerInnen der 7., 9. und 11. Jahrgangsstufe das Verhältnis zu den MitschülerInnen den guten Seiten der Schule zu (45%). Dies gilt fast in gleichem Maße für die in der Schülerstudie 1990 erstmals befragten ostdeutschen Jugendlichen (43%). Übertroffen wird die Hitliste der positiven Seiten des Schullebens 1990 nur durch die „schulfreien" Zeiten wie Freizeit, Ferien und Pausen (49% im Westen, 42% im Osten). „Das Mißfallen an Schule konzentriert sich in beiden Schulsystemen [West- und Ostdeutschland; d. V.] auf das Verhältnis zu Lehrern, auf die methodischdidaktische Gestaltung des Unterrichts durch die Lehrer und auf die Schule als stresserzeugende Institution." (Behnken et al. 1991, S. 123) Während 1955 nur von 19 Prozent der befragten Schülerschaft das Verhältnis zu den LehrerInnen auf der Negativseite des Schullebens verbucht wird, steigt dieser Prozentsatz bei den 1990 befragten SchülerInnen auf 38 Prozent.

## 2.1 Was gefällt den SchülerInnen am Schulleben?

Auch in der Studie NRW-Kids wurden die 4.- bis 12.-Klässler gefragt, was ihnen am Schulleben gefällt. Insgesamt waren zwölf Antwortstatements vorgegeben, aus denen die SchülerInnen bis zu drei Alternativen auswählen konnten. Diese zwölf Statements bilden in weitem Umfang jene inhaltlichen Aspekte ab, die u. a. in den oben genannten Shell-Jugendstudien, der Schülerstudie 1990 und in anderen Studien zum Schulleben genannt werden (vgl. Haselbeck 1999; Eder 1985). Darüber hinaus erhielten wir auch in den Vortests der Studie Hinweise von den SchülerInnen zur Validierung des Vorgabentableaus. Betrachten wir Tabelle 2.1, die die Angaben der SchülerInnen nach Jahrgangsstufen aufteilt, zeigt sich zunächst, dass die zwei am häufigsten genannten positiven Aspekte von Schule in allen Jahrgangsstufen fast identisch sind.

*Tabelle 2.1: Was gefällt am Schulleben – nach Jahrgangsstufen*

| | Jahrgangsstufen | | | | |
|---|---|---|---|---|---|
| | 4. | 5./6. | 7./8. | 9./10. | 11./12. |
| wenn ich gute Noten kriege | 53% | 46% | 48% | 46% | 39% |
| Freunde in der Schule | 50% | 59% | 68% | 70% | 63% |
| ich kann etwas lernen | 39% | 25% | 19% | 20% | 22% |
| bestimmte Fächer im Unterricht | 38% | 46% | 38% | 37% | 35% |
| interessanter Unterricht | 23% | 21% | 15% | 13% | 18% |
| wenn Lehrer mich loben | 21% | 17% | 9% | 8% | 5% |
| Pausen/Pausenleben | 20% | 23% | 28% | 29% | 22% |
| gutes Verhältnis zu den Lehrern | 20% | 17% | 10% | 9% | 12% |
| gute Klassengemeinschaft | 16% | 24% | 27% | 31% | 43% |
| ich kann viel Unsinn machen | 8% | 10% | 15% | 11% | 9% |
| ich treffe viele Leute | 3% | 6% | 13% | 18% | 23% |
| mir gefällt gar nichts | 4% | 2% | 3% | 2% | 2% |

Quelle: NRW-Kids, N=6.392. Mehrfachantworten waren möglich. Prozentuierung bezieht sich auf die Anzahl der Personen.

Dies betrifft zunächst und im Besonderen die Bedeutung der Gleichaltrigen für das Schulleben. 50 Prozent der 4.-Klässler, 59 Prozent der SchülerInnen der 7./.8. Klasse und sogar 70 Prozent der 9.- und 10.-Klässler kommen, wenn sie an die positiven Seiten des Schullebens denken, in erster Linie ihre Freunde in den Sinn. Damit können wir festhalten, dass der Wandel, den wir als peer-kulturelle Aufladung der SchülerInnenrolle bezeichneten, sich bis in den Beginn der 2000er-Jahre fortsetzt. Zu diesem Befund passt, dass auch ein nicht unerheblicher Teil der SchülerInnen eine gute Klassengemeinschaft und die Tatsache, dass sie in der Schule viele Leute treffen, den Positivseiten der Schule zurechnet. Dies gilt zunehmend mit aufsteigender Jahrgangsstufe.

Mit Blick auf die 1950er-, 1980er- und 1990er-Jahre können wir aber noch einen weiteren Trend in der Beurteilung des Schullebens ausmachen. Einzelne Fächer als Aspekte positiven Schullebens spielen zwischen 1950 und 1990 keine herausragende Rolle. Nur zwischen 3 und 14 Prozent der damals Befragten gaben bestimmte Fächer an. In der Studie NRW-Kids zeigt sich dagegen ein deutlich höherer Anteil mit 35 bis 46 Prozent (je nach Jahrgangsstufe).[9]

---

9   Während in den genannten Studien der 1950er- bis 1990er-Jahre die Antworten offen gegeben und anschließend den jeweiligen Kategorien zugeordnet wurden, waren in der Studie NRW-Kids die entsprechenden Antwortmöglichkeiten vorgegeben. Es ist nicht auszuschließen, dass

Und noch ein gewichtiger Wandel gegenüber den früheren Jahrzehnten ist in Tabelle 2.1 abgebildet: Dieser bezieht sich auf den Leistungsaspekt von Schule. An vorderer Stelle der genannten positiven Aspekte des Schullebens rangiert in allen Jahrgängen „wenn ich gute Noten kriege". Damit wird deutlich, dass das Leistungssystem der Schule bei den SchülerInnen durchaus auf der Positivseite des Schullebens verbucht wird – zumindest dann, wenn es sich als (in Schulnoten messbare) ‚erfolgreiche' Leistung äußert (siehe Kapitel 7.3). Im Zeitvergleich ist hervorzuheben, dass Schulerfolg als positives Element der Schule weder in den Studien der 1950er-, noch in den Studien der 1980er-Jahre auftaucht. Erstmals war in der Schülerstudie 1990 die Kategorie „Schulerfolg" überhaupt zu finden – damals genannt von lediglich 5 Prozent der westdeutschen und einem Prozent der ostdeutschen SchülerInnen (vgl. Behnken et al. 1991, S. 123). Zu Beginn der 2000er-Jahre hat hier offensichtlich ein merklicher Wandel stattgefunden. Zumindest bei den Jahrgängen 4 bis 10 ist dies ein Aspekt, den knapp die Hälfte der Befragten als positiv an der Schule ansieht. Analog zur peerkulturellen Aufladung können wir hier von einer leistungsbezogenen Aufladung der SchülerInnen-Rolle sprechen.

Und schließlich ist ein dritter Punkt im Vergleich zu den früheren Jahrzehnten hervorzuheben. Dieser bezieht sich auf die „schulfreien" Zeiten wie die Pause. Während diese schulfreien Zeiten (damals allerdings noch mit dem Begriff Freizeit und Ferien abgefragt) 1990 die am häufigsten genannte Kategorie ausmachte, betrifft dies heute nur etwas mehr als ein Viertel der befragten SchülerInnen. Die Pausen und das Pausenleben nehmen in der Rangordnung der positiven Schulseiten nur eine mittlere Stellung ein.

In Übereinstimmung mit den genannten Befunden zur Bedeutung der Lehrkräfte im Rahmen des historischen Wandels zeigen die aktuellen Analysen, dass die Lehrkräfte eine vergleichsweise geringe Rolle mit Blick auf die positive Einschätzung der Schule durch die SchülerInnen spielen. So nimmt das Lob der Lehrkraft als positiv erlebtes Element des Schullebens von Jahrgangsstufe zu Jahrgangsstufe an Bedeutung ab. Und auch ein positives Verhältnis zu den Lehrkräften schlägt insgesamt auf der positiven Seite von Schule nur wenig zu Buche. Nun dürfen die Ergebnisse nicht dahingehend missverstanden werden, dass LehrerInnen für die SchülerInnen bedeutungslos sind bzw. dass die Heranwachsenden ein positives Verhältnis zu den LehrerInnen nicht schätzen würden. So weisen etwa Klieme, Schümer und Knoll (2001) darauf hin, dass ein gutes Verhältnis zwischen den SchülerInnen und ihren LehrerInnen das Interesse der SchülerInnen an der Schule bzw. an den einzelnen Fächern und deren Leis-

---

im zweiten Falle eine etwas höhere Antwortbereitschaft für einzelne Statements provoziert wurde.

tungsmotivation steigert (siehe Kapitel 5). Festzuhalten bleibt jedoch, dass Heranwachsende auf die Frage nach dem, was sie als positiv in der Schule empfinden, zuerst an Freunde oder gute Noten denken – und kaum an ihre Lehrkräfte.

Zusammenfassend lässt sich feststellen, dass die Kinder und Jugendlichen sowohl den sozialen als auch den leistungsbezogenen Aspekt von Schule als positiv erleben. Es ist keineswegs so, dass die Leistungsanforderungen der Schule grundsätzlich abgelehnt werden. Zu einem ähnlichen Befund kommen auch Reinert und Heyder in einer Studie aus dem Jahr 1983: „Schüler beurteilen [...] ihre Schulzeit [...] in erster Linie danach, wie sie von Mitschülern und Lehrern anerkannt, unterstützt werden und Erfolge erleben. Gute Noten und Kontakte zu haben, ist gleichbedeutend mit einer positiven Bewertung der gesamten Schulzeit." (1983, S. 106) Ähnlich beschreibt dies auch Fend an zahlreichen Beispielen aus Schüleraufsätzen (1997, S. 64ff.). Zu betonen ist, dass nur 2 bis 4 Prozent – und damit nur ein sehr kleiner Teil – der SchülerInnen gar nichts an der Schule und am Schulleben gefällt.

Abbildung 2.1 zeigt zusammenfassend die hohe Bedeutung der Gleichaltrigen und der Klassengemeinschaft für das positive Erleben von Schule. Dabei werden diese Aspekte mit dem Älterwerden der SchülerInnen immer bedeutsamer. Wir können damit konstatieren, dass die peer-kulturelle Aufladung der SchülerInnenrolle, wie im historischen Vergleich beschrieben, eine zusätzliche Dynamik mit dem Älterwerden der SchülerInnen erfährt.

*Abbildung 2.1: Was gefällt Dir am Schulleben besonders? – Ausgewählte Aspekte nach Jahrgangsstufen (Angaben in Prozent)*

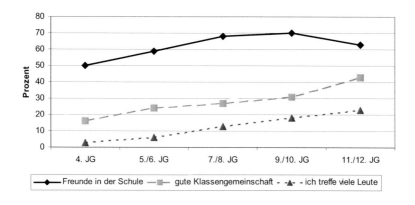

Quelle: NRW-Kids

## 2.2 Was gefällt den SchülerInnen *nicht* am Schulleben?

Parallel zu den vorgestellten Shell-Jugendstudien und der Schülerstudie 1990 wurden die SchülerInnen auch in der Studie NRW-Kids zu den Schattenseiten des Schullebens befragt. Auf die Frage: „Was magst Du nicht so gerne am Schulleben?" war eine Liste mit zwölf Items vorgegeben, von denen maximal bis zu drei ausgewählt werden konnten. Auch hier orientierten wir uns bei der Konstruktion der Antwortliste an den Shell-Jugendstudien bzw. der Schülerstudie 1990 sowie an den Hinweisen der Kinder und Jugendlichen im Rahmen des Pre-Tests des Instruments. Tabelle 2.2 zeigt die negativen Aspekte des Schullebens, aufgegliedert in die fünf Jahrgangsstufen. Betrachten wir zunächst die altersimmanenten Veränderungen und gehen dann auch hier auf historische Veränderungen ein.

Zu den Dingen, die die SchülerInnen vor allem in der 4. Jahrgangsstufe an der Schule stören, zählt es, zu viele Hausaufgaben zu bekommen. Knapp zwei Drittel geben dies auf die Frage an, was ihnen nicht am Schulleben gefällt. Auch für die 5.- bis 8.-Klässler nimmt dieser Aspekt einen recht hohen Stellenwert ein: Der Anteil der SchülerInnen, die dies an der Schule kritisieren, liegt zwischen 57 und 61 Prozent. Erst ab der 9. Jahrgangsstufe (im Besonderen ab der 11. Jahrgangsstufe) verliert dieser Kritikpunkt an Bedeutung.

Während die SchülerInnen bei den positiven Dingen des Schullebens kaum an die Person des Lehrer/der Lehrerin denken (siehe oben), fällt ihnen bei den Schattenseiten der Schule vor allem eine Assoziation zum Lehrpersonal ein: der *ungerechte* Lehrer/die *ungerechte* Lehrerin. Etwa die Hälfte aller SchülerInnen verbucht dies unter den negativen Aspekten des Schulerlebens, wobei sich die SchülerInnen ab der 5. Jahrgangsstufe als besonders kritisch in diesem Punkt erweisen.

Dabei zeigen verschiedene Studien, dass der Aspekt des fairen oder gerechten Verhaltens der LehrerInnen zu einer der zentralen Erwartungshaltungen der SchülerInnen zählt. So streicht beispielsweise Petillon (1987, S. 71) heraus, dass sich der „gute Lehrer" neben den Eigenschaften „Verständnis, Sachkompetenz, Humor" auch durch gerechtes Verhalten den SchülerInnen gegenüber auszeichnet. In eine ähnliche Richtung weist auch Lohmann (2009, S. 335), der u. a. Kriterien eines schülerorientierten LehrerInnenhandelns zusammenfasst, die zugleich als Kriterien für gerechtes LehrerInnenhandeln gelten können. Dazu zählen beispielsweise, neben Humor, Freundlichkeit und Ausgeglichenheit, SchülerInnen wertzuschätzen, mit Kritik umgehen zu können oder das Bemühen des Lehrers/der Lehrerin, den Schüler/die Schülerin jeweils individuell zu verstehen. Der ungerechte Lehrer bzw. die ungerechte Lehrerin widerspricht den grundlegenden Erwartungen der SchülerInnen an die LehrerInnen-Rolle. Dies umso mehr, als der schulische Kontext, stärker als beispielsweise die Familie, auf universalistischen Sozialprinzipien aufgebaut ist, wie z. B. auf die für alle gleichermaßen geltenden Disziplin- und Leistungsnormen. Ähnlich weisen Krappmann und Oswald (1995, S. 87f.) auf das Prinzip der Gleichheit hin, das konstitutiv für die Sozialwelt der Heranwachsenden ist. In diesem Sinne untergräbt der „ungerechte Lehrer" geradezu die sozialen Gestaltungsprinzipien der Institution Schule. Ungerechtes LehrerInnenverhalten enttäuscht damit die Erwartungshaltungen der SchülerInnen und belastet die LehrerInnen-SchülerInnen-Beziehung – wie dies auch Haselbeck (1999, S. 198ff.) herausarbeitet (siehe auch Ulich 1991, S. 386; Lüders/Rauin 2008, S. 725).

*Tabelle 2.2: Was gefällt am Schulleben nicht? – nach Jahrgangsstufen*

|  | Jahrgangsstufen | | | | |
|---|---|---|---|---|---|
|  | 4. | 5./6. | 7./8. | 9./10. | 11./12. |
| Zu viele Hausaufgaben | 60% | 61% | 57% | 47% | 28% |
| Ungerechte Lehrer/Lehrerinnen | 33% | 50% | 56% | 57% | 55% |
| Bestimmte Fächer im Unterricht | 30% | 31% | 39% | 36% | 35% |
| Schlechte Noten/Sitzenbleiben | 30% | 31% | 30% | 32% | 29% |
| Langweiliger Unterricht | 19% | 30% | 34% | 45% | 56% |
| Zu viel lernen/zu viel Unterricht | 19% | 15% | 16% | 11% | 12% |
| viele Tests und Übungsarbeiten/ Leistungsdruck | 14% | 16% | 21% | 25% | 34% |
| zu viele Strafen/Strafarbeiten | 13% | 15% | 11% | 7% | 3% |
| schlechtes Verhältnis zu den Lehrern | 11% | 12% | 10% | 15% | 17% |
| der Unterricht wird oft gestört/viele Stunden fallen aus | 11% | 8% | 4% | 4% | 4% |
| wenn ich benachteiligt werde | 7% | 7% | 6% | 7% | 8% |
| Schulgebäude/Räume sind alt, ungemütlich | 2% | 5% | 7% | 9% | 11% |
| mir gefällt alles | 27% | 6% | 2% | 1% | 1% |

Quelle: NRW-Kids, N=6.392. Mehrfachantworten waren möglich. Prozentuierung bezieht sich auf die Anzahl der Personen.

Gerade mit Blick auf die Lehrperson als Kristallisationspunkt für eine (negative) Beurteilung des Schullebens zeigen sich interessante Parallelen zu den Studien der 1950er- bis 1990er-Jahre. Sowohl in der Shell-Studie von 1955 (mit 12%) als auch in der Shell-Jugendstudie von 1984 (mit 47% sowie in der Schülerstudie 1990 mit 38%) wird das Verhältnis zu den LehrerInnen am häufigsten als Aspekt eines negativen Schulerlebens genannt. Die Kritik an den Lehrpersonen und an ihrem negativen Einfluss auf das Schulleben scheint also zeitlich ‚universal' zu sein. Wenngleich dies nicht im Sinne einer generellen Kritik an den LehrerInnen zu lesen ist, so sind die Befunde doch insoweit ernst zu nehmen, als dass 10- bis 18-jährige SchülerInnen auf die Frage, was ihnen am Schulleben gefällt, nur sehr selten an ihre LehrerInnen denken. Auf der anderen Seite jedoch, auf die Frage, was ihnen *nicht* an der Schule gefällt, wird der Lehrer und die Lehrerin sehr wohl von mehr als der Hälfte spontan genannt, jedoch in der Konnotation der ungerechten Lehrkraft. Aus der vergleichenden Analyse der hier herangezogenen Studien müssen wir dies als einen empirisch recht ‚stabilen' Befund bewerten.

Hatten wir in Tabelle 2.1 einzelne Fächer auf der Positivseite des Schullebens verbucht, so werden bestimmte Fächer im Unterricht häufig auch auf der Negativseite verortet. In allen Jahrgangsstufen gibt etwa ein Drittel der Befragten an, bestimmte Fächer als störend für das Schulleben zu empfinden. Dieser Befund aus Tabelle 2.1 und Tabelle 2.2 lässt sich gut mit den Ergebnissen von Studien zu den Lieblingsfächern von SchülerInnen verbinden. So zeigen beispielsweise Zinnecker et al. (2003, S. 134f.), dass das Unterrichtsfach Sport zu den beliebten Schulfächern zählt, während das Schulfach Mathematik für etwa ein Drittel der SchülerInnen zu den Lieblingsfächern gehört, für ein anderes Drittel jedoch zu den deutlich abgelehnten Fächern. Einige Schulfächer wie Mathematik polarisieren die Schülerschaft offensichtlich.

Dass schlechte Noten und das Sitzenbleiben nicht zu den positiven Erfahrungen und Erlebnissen des Schulalltags gehören, sollte uns nicht verwundern. Auch hier sehen wir einen ähnlich polarisierenden Effekt wie in Bezug auf einzelne Schulfächer. Das Leistungssystem der Schule wirkt an den Stellen, an denen die SchülerInnen Erfolg erzielen, positiv, an den Stellen, an denen sie Misserfolge erleben, negativ (vgl. Fend 1997; siehe Kapitel 7). Die leistungsbezogene Aufladung der SchülerInnen-Rolle zieht damit sowohl positive als auch negative Konsequenzen nach sich.

Ein weiterer interessanter Aspekt ergibt sich in Bezug auf die Gestaltung des Unterrichts. Während etwa nur 19 Prozent der 4.-Klässler langweiligen Unterricht als störend für das Schulleben empfinden, rückt dieser Aspekt bei den 9.- und 10.-Klässlern auf Platz drei (45%) und bei den SchülerInnen der Jahrgangsstufen 11 und 12 mit 56 Prozent sogar auf Platz eins der Negativliste. Parallel dazu steigt die Kritik an vielen Tests und Übungsarbeiten bzw. am Leistungs-druck. Während dies nur 14 Prozent der 4.-Klässler am Schulleben monieren, sind dies bei den 11.- und 12.-Klässlern 34 Prozent.

Mit zunehmendem Alter werden also die Qualität des Unterrichts und die (hohen) Leistungsanforderungen mit zu zentralen Themen in Bezug auf die Zufriedenheit mit der Schule und mit dem Schulleben. Dies zeigt noch einmal zusammengefasst Abbildung 2.2.

*Abbildung 2.2: Was gefällt Dir nicht am Schulleben? – Ausgewählte Aspekte*
*nach Jahrgangsstufen (Angaben in Prozent)*

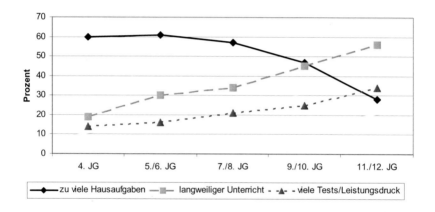

Quelle: NRW-Kids

# 3 Was man tun muss, um in der Klasse beliebt zu sein

Wie wir in den vorangegangenen Abschnitten gesehen haben, spielen die MitschülerInnen, die Freunde und Gleichaltrigen eine wichtige Rolle im Schulleben der Kinder und Jugendlichen. Sie sind die Ersten, die den SchülerInnen bei der Beschreibung der positiven Seiten des Schulalltags einfallen. Die große Bedeutung der ‚anderen' aufgreifend, wenden wir uns bei der Beschreibung des Innenlebens der Schule in den folgenden Kapiteln zuerst der Klasse und den MitschülerInnen zu. Dabei gilt es in einem ersten theoriebezogenen Schritt, die besondere Qualität der Schulklasse als sozialem System herauszuarbeiten.

## 3.1 Die Klasse als soziales System

Eine der auffälligsten Eigenschaften der Klasse als sozialem System ergibt sich aus der für die Schule grundlegenden Struktur der Jahrgangsklassen.[10] Das Jahrgangsklassenprinzip teilt die Schülerschaft in annähernd altershomogene Gruppen ein, die zu einem gemeinsamen Startpunkt und unter ähnlichen Bedingungen ihren Weg durch das Bildungssystem beginnen und gemeinsam weiter gehen. „Es begegnen sich hier zehn bis vierzig Mädchen und/oder Jungen gleichen Alters, die alle zusammen in einen sozialen Verband eintreten, in dem die meisten viele Jahre verbleiben." (Fend 2006, S. 70) Diese Homogenität der Gruppe schafft die Grundlage dafür, dass die Heranwachsenden einen großen Teil des Tages mit Gleichaltrigen *und* Gleichrangigen[11] verbringen – mit einer Personen-

---

10    Zur Entstehungsgeschichte der Jahrgangsklassen siehe Ariès (1992, S. 269-284).
11    Die beiden Begriffe „Gleichrangigkeit" und (weiter oben) „ähnliche Bedingungen" verwenden wir an dieser Stelle aus der funktionalen Perspektive der schulischen Struktur bzw. Verfasstheit, die jedem Schüler/jeder Schülerin grundsätzlich die gleichen Rechte und Pflichten zuerkennt bzw. auferlegt und die allen im Prinzip die gleichen Entwicklungsbedingungen gewährt (vgl. Fend 1997, S. 86f.). Dass individueller Status bzw. Rang und individuelle Bedingungen (im Sinne von Ressourcen oder Unterstützung) in der Praxis ungleich verteilt sind, bleibt an dieser Stelle unberührt.

gruppe, die in der Literatur häufig mit dem anglo-amerikanischen Begriff der *Peers* umschrieben wird (vgl. Breidenstein 2008, S. 945).

Neben der Altershomogenität, so betont Herzog (2009) unter Bezug auf Goffman und gruppensoziologische Konzepte, lässt sich eine Reihe weiterer Merkmale identifizieren, die die Schulklasse von anderen sozialen Verbänden deutlich unterscheidet (vgl. von Saldern 1987).

Hierzu gehört zunächst, dass sich die Zugehörigkeit zur Schulklasse über die (dauerhafte) gemeinsame Anwesenheit im Raum (Unterrichtsraum) konstituiert. Anwesenheit und die relativ kleine Gruppengröße der Klasse sind die Voraussetzung zur gegenseitigen Wahrnehmung und Kommunikation und definieren den Unterricht als eine „überschaubare und öffentliche Situation" (Herzog 2009, S. 171). Hinsichtlich Wahrnehmung und Kommunikation ist allerdings zu bedenken, dass im Unterricht eine gewisse *Asymmetrie* zwischen den SchülerInnen einerseits und der Lehrkraft andererseits besteht. So ist es zumindest unwahrscheinlich, dass es der Lehrkraft auf Dauer gelingt, sämtliche Interaktionen zwischen den SchülerInnen während des Unterrichts wahrzunehmen und ‚richtig' zu deuten. (Zumal es hierbei auch den generationalen Aspekt zu berücksichtigen gilt, der es dem Lehrenden und Erwachsenen erschwert, beispielsweise die jugendkulturell geprägten sprachlichen ‚Codes' der Heranwachsenden angemessen zu decodieren.)

Die „Öffentlichkeit" der Unterrichtssituation einerseits und die Wahrnehmungsasymmetrie zwischen LehrerInnen und SchülerInnen andererseits ermöglichen Interaktionsformate zwischen den SchülerInnen, die der gemeinsamen (informellen) Verständigung dienen, sich der ordnenden und kontrollierenden Wahrnehmung der Lehrkraft jedoch entziehen (können). Begünstigt werden damit Kommunikationsformen, „in denen die Schülerinnen und Schüler nicht gleichsam auf die institutionelle Struktur der Schule auflaufen" (Herzog 2009, S. 180), und die wir aus der Sicht der Schule bzw. des Unterrichts als potenziell „subversiv" bezeichnen können. Hierzu gehören etwa das Flüstern mit dem Nachbarn, das Schreiben und Weitergeben von Zetteln unter der Bank (vgl. Bennewitz 2009) oder die Nutzung (unauffälliger) gestischer Kommunikationsmittel(vgl. Bennewitz/Meier 2010).[12] Diese subversiven Interaktionsformate ermöglichen eine eigenständige Verständigungs- und Handlungsebene auf Seiten der SchülerInnen und bilden damit u. a. die Basis für das, was Zinnecker

---

12   In der Schülerstudie 1990 geben etwa 90 Prozent der SchülerInnen der 7., 9. und 11. Jahrgangsstufe an, zumindest einige Male oder öfter im Unterricht heimlich Spiele zu spielen oder Briefchen auszutauschen (Behnken et al. 1991, S. 126).

Mitte der 1970er-Jahre mit dem Begriff des „Hinterbühnengeschehens" beschreibt (Zinnecker 1975).[13]

Ein weiteres Merkmal, das die Schulklasse nach Herzog (2009, S. 171f.) konstituiert, ist, dass die intendierten Lernprozesse auf das Medium der Kommunikation angewiesen sind. Auf systemtheoretischer Grundlage argumentierend folgert Herzog daraus, dass die Lehrbemühungen der Lehrkraft nicht unmittelbar zum Lernerfolg bei den SchülerInnen führen, sondern dieser erst durch individuelle Selektions- und Verarbeitungsprozesse seitens der SchülerInnen möglich wird (siehe Kapitel 1). Aufbauend auf diesem Grundgedanken werden Lehr-Lern-Prozesse und deren Erfolg in der Schulforschung häufig im Sinne einer Angebots-Nutzungs-Funktion – Qualität des schulischen Angebots auf der einen, individuelle Bereitschaft und Intensität der Nutzung auf der anderen Seite – konzeptualisiert (vgl. Fend 1998b, S. 321). Kommunikation als Medium der Verständigung ist aber grundsätzlich störanfällig bzw. von den unterschiedlichen Perspektiven der Wahrnehmung, Codierung und Decodierung von Lehrkräften und SchülerInnen abhängig. „Insofern stellt der Unterricht nicht ein Universum, sondern ein Multiversum dar, das von den verschiedenen Akteuren, die in der Unterrichtssituation präsent sind und wahrnehmen, dass sie sich wahrnehmen, bevölkert wird. [... ] Im Unterricht ist allerdings oft ungewiss, wie weit zwischen der Lehrkraft und den Schülerinnen und Schülern konsensuelle Bereiche bestehen. Eines der größten didaktischen Probleme der Schule liegt darin, die Erfahrungsräume der im Unterricht Anwesenden soweit zusammenzuführen, dass erfolgreiches Lehren und Lernen überhaupt möglich wird." (Herzog 2009, S. 172) Aus unserer Sicht ist damit allerdings nicht nur ein didaktisches Problem angesprochen. Gleichzeitig tritt dahinter ein strukturfunktionales Problem hervor, das darauf verweist, dass die Normen und (Leistungs-) Anforderungen der Schule und die sich daraus ergebenden Rollenerwartungen an die Schülerschaft nicht unmittelbar und gewissermaßen 1:1 vom Einzelnen aufgenommen und akzeptiert werden, sondern in der Schulklasse einen kollektiven Interpretations- und Überarbeitungsprozess durchlaufen, der sich u. a. auf die Legitimität dieser Normen und Erwartungen und damit auf die Legitimität von Schule selbst bezieht. Dieser Interpretationsprozess bezieht sich nicht zuletzt auch auf die Vertreter der Schule im Klassenzimmer, die LehrerInnen. LehrerInnen sind für manche Schülergruppen „nicht schon deshalb, weil sie Vertreter der Schulautorität sind, Personen, die ihren Respekt und ihr Vertrauen

---

13 Dabei ist allerdings mit Zinnecker (2001, S. 204, 246) zu betonen, dass sich das Hinterbühnengeschehen nicht nur auf der Basis der Interaktionen während des Unterrichts entfaltet, sondern hierbei auch (Zeit-)Räume bzw. Orte, die vergleichsweise frei von der Kontrolle durch die LehrerInnen sind – wie etwa Stundenwechsel, Pausen (Schulhof) oder Ausflüge –, eine wichtige Funktion erfüllen.

verdienen." Vielmehr „wimmelt es nur so von ‚fiesen Hunden', ‚Drachen',
‚lesbischen Huren', ‚alten Knackern' – alles dies Bezeichnungen für ihre Lehrer
und Lehrerinnen" (Zinnecker 2001, S. 240). Die Möglichkeit, vom gesellschaft-
lich vermittelten offiziellen LehrerInnen-Bild abzuweichen, basiert, der Systemtheorie Luhmanns (1988, S. 194) folgend, darauf, dass „Kommunikation immer
ein selektives Geschehen" selbstreferenziell handelnder sozialer Systeme (hier:
die Schulklasse) ist und damit im Ergebnis grundsätzlich offen. Die Sicht der
Institution Schule ist damit nicht notwendiger Weise die Sicht ihrer Mitglieder,
der SchülerInnen (vgl. Fend 1991b, S. 24f.).

Ein weiteres Charakteristikum der Schulkasse beschreibt Herzog über den
Aspekt von Dauerhaftigkeit und Historizität: „Schulklassen überdauern die
Situation ihrer Konstituierung. Man trifft sich wieder und dies oft über lange
Zeit. Dadurch bildet sich eine gemeinsame Geschichte [...]. Interaktionsformen
schleifen sich ein, Routinen bilden sich aus, man altert zusammen [...] und
erzeugt dadurch eine kollektive Vergangenheit." (Herzog 2009, S. 173; vgl.
Fend 2006, S. 70) In bzw. durch diese gemeinsame Geschichte bzw. kollektive
Vergangenheit konstituiert sich ein weiterer asymmetrischer Aspekt in den Beziehungen zwischen den Lehrkräften einerseits und den SchülerInnen andererseits. Durch den jahrgangs- und fachbedingten Wechsel der LehrerInnen sind
die Lehrkräfte zwar Teil bzw. (zeitweise) Zeugen der gemeinsamen Geschichte
der Schulklasse, nicht aber *Träger* dieser kollektiven Klassengeschichte selbst.
Auch diese Tatsache begünstigt ein von der schulischen Ordnung sich selbstständig herausbildendes „Unterweltgeschehen" (Zinnecker) bzw. internes ‚Betriebswissen' auf der Seite der Schülerinnen und Schüler, das sie nicht mit den
Lehrkräften teilen (siehe Kapitel 9 zu den SchülerInnen-Strategien).

Die Kontinuität des Zusammenseins ist aber aus noch einer ganz anderen
Perspektive relevant, denn sie führt schließlich auf der Basis des gemeinsamen
Erfahrungshintergrunds zu einer spezifischen Qualität der sozialen Beziehungen
zwischen den SchülerInnen, die Herzog mit dem Begriff der „Verbundenheit"
beschreibt. „Alle, die dazugehören, stehen in Beziehung zueinander. Da die
Beziehungen persönlicher Art sind, lassen sie sich nicht auf Rollenmuster reduzieren. Der Einzelne erscheint in seiner individuellen Eigenart (Identität) und
nicht in einer (sozialen) Funktion [...]. Durch die persönlichen Beziehungen
wirkt die Schulklasse [...] als Bezugsgruppe, die normative Vorgaben macht, an
denen sich die Schülerinnen und Schüler orientieren. Das ist vor allem für die
Entwicklung von selbstbezogenen Kognitionen wie Selbstkonzepten und
Selbstvertrauen von Bedeutung" (Herzog 2009, S. 172). Damit verweist Herzog
auf die zentrale Bedeutung der MitschülerInnen für die Herausbildung der persönlichen Identität, wie sie sich in der unmittelbaren Auseinandersetzungs- und
Beziehungsarbeit der SchülerInnen untereinander konstituiert. In der Forschung

ist vielfach darauf hingewiesen worden (vgl. Fend 1998a, S. 237ff.). Im Gegensatz zu den Beziehungen zu Erwachsenen, insbesondere den Eltern, aber auch zu den LehrerInnen, so resümieren etwa Krappmann und Oswald (1995, S. 17; vgl. Oswald/Krappmann/Uhlendorff/Weiss 1994) auf der Basis eigener Studien zur schulischen Alltagswelt und auf der Grundlage der Arbeiten von Youniss (1980, 1994; Youniss/Smollar 1985), enthalten die Beziehungen zu den Gleichaltrigen in der Schulklasse „die Chance zur Reziprozität und [können; d. V.] daher eine Qualität der Interaktion entfalten, nämlich Kooperation, ohne die wechselseitiges Verständnis und soziale Koordination nicht entstehen können." Im Mittelpunkt der Interaktion zwischen SchülerInnen stehen damit Verhandlungs- und Aushandlungsprozesse, deren Ergebnis von keiner Seite qua Autorität entschieden werden kann. „Die Sicherung des Selbst […] aber auch das Lernen neuer Identitäten […] erfolgt in diesen Aushandlungsprozessen (negotiation of meaning, consensual validation), die notwendigerweise unter Peers verlaufen müssen. Eltern können sie nicht ersetzen." (Fend 1998a, S. 241) Dies verläuft jedoch keinesfalls immer reibungslos. „Gleichzeitig ist sichtbar, daß diese soziale Aushandlung von Identität, die Anerkennung von Unverletzlichkeiten, die Abwehr von Übergriffen nicht nur harmonisch und konfliktfrei verlaufen, sondern in einem Prozeß ambivalenten und widerspruchsintensiven Aushandelns, Auskämpfens und manchmal auch Überwältigens und Dominierens geschieht." (Ebd.)

Fassen wir das bisher Gesagte zusammen, so sind es vor allem zwei Punkte, die wir im Zusammenhang mit den Besonderheiten der Schulklasse als sozialem System betonen möchten. Zum einen entsteht durch die beschriebenen Asymmetrien zwischen einerseits den Repräsentanten der Institution Schule, das heißt den LehrerInnen, und andererseits ihren Mitgliedern, den SchülerInnen, der (kommunikative) Freiraum, auf dessen Basis sich eine *selbstständige* und gegebenenfalls auch abweichende SchülerInnenkultur überhaupt erst entwickeln kann.

Zum anderen hat die Schulklasse als Gruppe von Peers eine nicht zu überschätzende Bedeutung mit Blick auf die Entwicklung und Sicherung der Identität des Einzelnen. In dem Maße, wie die soziale Position bzw. der Status in einer Schulklasse den Erfolg bzw. Misserfolg identitätsbedeutsamer Aushandlungsprozesse beeinflusst (vgl. Fend 1998a, S. 243), richtet sich der Blick auf die Grundlagen und Hintergründe sozialer Anerkennungsprozesse in der Klasse. Wir wollen uns dabei jedoch nicht auf die entwicklungspsychologische Fragestellung der Bedeutung des individuellen Status für die Identitätsentwicklung des Einzelnen konzentrieren, sondern die oben angesprochene kollektive Perspektive der SchülerInnenkultur mit der Frage nach den Anerkennungsprozessen in der Schulklasse verbinden. Das heißt, wir wollen im Folgenden nach den allgemeinen Bedingungen fahnden, die einer Anerkennung bzw. Nicht-Anerkennung in der Schulklasse zu Grunde liegen.

## 3.2 Status und Anerkennung in der Schulklasse

„Der offizielle, über Lernleistungen erworbene Status der Schülerinnen und Schüler kann durch Positionen konterkariert werden, die im Rahmen *inoffizieller Wertstrukturen* erworben werden. Gehört zu dieser inoffiziellen Wertstruktur die Ablehnung der Sanktionsmacht der Schule, kann sich eine Dynamik entwickeln, die nicht nur die institutionelle Autorität der Schule, sondern auch die persönliche der Lehrkraft untergräbt. [...] Da hier *Kulturen* eine relativ große Unabhängigkeit von der Wertstruktur der Schule aufweisen, ohne dass sie diese allerdings in Frage stellen können, kommt ihnen eine bedeutsame sozialisatorische Funktion zu." (Herzog 2009, S. 180; Hervorhebungen d. V.) Herzog betont hier einen Aspekt, den Coleman bereits zu Beginn der 1960er-Jahre in seinem Buch „The Adolescent Society" beschrieben hat. Coleman geht darin auf der Basis einschlägiger Arbeiten zur Identitätsentwicklung davon aus, dass soziale Anerkennungsprozesse wesentlich für eine erfolgreiche oder misslingende Identitätskonstruktion sind (siehe oben). Der Grad der Anerkennung lässt sich beispielsweise am Status eines Schülers bzw. einer Schülerin innerhalb einer Schulklasse ablesen. Coleman beobachtete, dass dieser Status sich häufig nicht an der erfolgreichen Passung des einzelnen Schülers bzw. der einzelnen Schülerin mit der schulischen Vorderbühne (etwa bezogen auf schulische Leistungen) bemisst, sondern auf der Ebene der SchülerInnen spezifische, durchaus vom offiziellen Kanon abweichende Wertorientierungen für die Zuteilung von Anerkennung und Status innerhalb der Schulen bzw. Schulklassen existieren. "It is their peers whose approval, admiration, and respect they attempt to win in their everyday activities, in school and out" (Coleman 1961, p. 11). Coleman "identified the different values in these schools, how they were reflected in the characteristics of elites and the social networks among students, and how in turn the dominant values and the student's sociometric positions in these social systems affected the students' self-esteem and academic performance. The dominant values favoured leading crowds, athletics for boys and popularity and leadership in activities for girls. Those who were nominated by their peers as excelling in the high status areas had the highest self-esteem. Student scholars had very little prestige, were isolates, and generally had low self-esteem compared with their peers." (Kandel 1996, p. 34f.)

Ähnlich konstatiert auch Fend auf der Basis seiner schulbezogenen Arbeiten zur Identitätsentwicklung von Jugendlichen (1991b, S. 26): „Die entscheidende

Gegenkraft in der Schulklasse wird durch die Möglichkeit der Schüler geschaffen, untereinander andere Kriterien als die der Schulleistung für Prestige und Beliebtheit zu wählen. Wenn diese Beliebtheit unter Klassenkameraden sehr wichtig ist – und sie ist es oft in hohem Maße – dann gewinnen diese Kriterien der Beliebtheit auch eine große Einflussmacht."[14]

Coleman (1961) wie etwa auch Fend (1997) oder Herzog (2009) gehen davon aus, dass die informellen Wertorientierungen innerhalb der Schulklasse sich nicht notwendiger Weise mit den formellen Leistungsorientierungen in der Schule deckungsgleich zeigen, sondern so etwas wie eine *Gegenkultur* bilden – Fend unterscheidet beispielsweise „schulfreundliche" von „schuloppositionellen" Orientierungen. Die Autoren rekurrieren dabei in der Regel auf die Begriffe Peer-Culture bzw. Subkultur wie sie in der Jugendforschung konzeptionell entwickelt wurden. „Der Begriff der Peer-Culture bringt ein Verständnis von Werten, Normen und Regeln zum Ausdruck, der fast wie selbstverständlich ein Moment der *Gegenkultur* umfasst, die Schülerinnen und Schüler gegen den offiziellen Charakter der Schule entwickeln." (Herzog 2009, S. 181) Eine mögliche Begründung für die Annahme zweier getrennter Wertsphären liegt in der Struktur der Schule, genauer: im System der Leistungsbewertung selbst begründet. Fend (1997, S. 303) etwa schreibt, dass die „Schüler ihre ‚Vorzüge' bei vergleichender Leistungsbeurteilung auf Kosten der ‚Mitkonkurrenten'" erreichen und auf diese Weise SchülerInnen, die die Leistungshaltung der Schule als individualistische Wertorientierung für sich übernehmen, dieses Konkurrenzprinzip stützen (vgl. Kapitel 4). Eine hohe Leistungsorientierung könnte „einer solidarischen Haltung, dem Gemeinschaftsgefühl und dem Mitgefühl für andere im Wege" stehen, was in der Folge zur Ablehnung leistungsorientierter SchülerInnen durch die Klassengemeinschaft[15] – und damit insgesamt zu einer Ablehnung leistungsorientierter Wertorientierungen in der Klasse – führen könnte, so Fend (1997, S. 314) weiter (für Fallbeispiele hierzu siehe auch Krappmann/Oswald 1995, S. 150ff.). Eine These, die vor allem mit Blick auf die im vorangegangenen Kapitel 2 beschriebene leistungsbezogene Aufladung der SchülerInnen-Rolle plausibel scheint.

Bislang gibt es wenige bzw. kaum überzeugende quantitative Belege für die Gegenkulturthese mit Blick auf die formellen und informellen Normen in der Schule im deutschsprachigen Raum. Basierend auf den Arbeiten von Coleman, Fend u. a. konstruierten wir ein Instrument zur Erfassung der informellen Wertorientierungen in der Schulklasse. Bei der Erstellung des quantitativ standardisierten Instrumentes orientierten wir uns an zahlreichen Interviews und Grup-

---

14  Für die 1970er-Jahre konstatiert Petillon (noch) einen engen Zusammenhang zwischen (guter) Schulleistung und (hoher) Beliebtheit in der Klasse (1978, S. 147f.).
15  Siehe hierzu das von Fend beschriebene „Streber-Phänomen" (1997, S. 136).

pendiskussionen, die wir im Vorfeld der quantitativen Erhebung mit Kindern und Jugendlichen zu diesem Thema geführt hatten. Den Befragten wurde folgender Text vorgelegt: „Jede Klasse ist anders. Was glaubst Du, muss man in Deiner jetzigen Klasse tun, um beliebt zu sein?" Auf diesen Eingangstext hin, wurden fünfzehn Wertaspekte vorgelegt, woraufhin die Heranwachsenden einschätzen sollten, ob dies in Bezug auf den Beliebtheitsgrad in ihrer Klasse nicht stimmt (1), wenig stimmt (2), teils/teils stimmt (3), ziemlich stimmt (4) oder völlig stimmt (5).

*Tabelle 3.1: Was man tun muss, um in der Klasse beliebt zu sein –*
*4. bis 12. Jahrgangsstufe*

| Man muss … | stimmt teils/teils | stimmt völlig/ stimmt ziemlich | *Mittelwert (SD)* |
|---|---|---|---|
| *Faktor 1: „prosoziales Verhalten"* | | | 3,7 (0,79) |
| … immer nett zu den Klassenkameraden sein. | 18% | 76% | |
| … nicht auffallen (also ganz normal sein). | 34% | 35% | |
| … den Klassenkameraden helfen (zum Beispiel bei Hausaufgaben). | 25% | 64% | |
| *Faktor 2: „Umgang mit dem anderen Geschlecht"* | | | 3,3 (1,14) |
| … gut mit Mädchen umgehen können. | 31% | 46% | |
| … gut mit Jungen umgehen können. | 33% | 42% | |
| *Faktor 3: „Profilierung und Widerstand"* | | | 2,9 (0,81) |
| … witzig oder lustig sein. | 31% | 56% | |
| … den Lehrer/die Lehrerin ärgern. | 19% | 11% | |
| … sich von dem Lehrer/der Lehrerin nichts gefallen lassen. | 33% | 23% | |
| … coole Klamotten tragen. | 28% | 40% | |

*Tabelle 3.1: Was man tun muss, um in der Klasse beliebt zu sein –*
*          4. bis 12. Jahrgangsstufe (Fortsetzung)*

| Man muss ... | stimmt teils/teils | stimmt völlig/ stimmt ziemlich | *Mittelwert (SD)* |
|---|---|---|---|
| *Faktor 4: „Prestige und Kompetenz"* | | | 2,7 (0,93) |
| ... sehr gut im Sport sein. | 31% | 29% | |
| ... gute Noten schreiben. | 30% | 34% | |
| ... viel Geld haben. | 18% | 13% | |
| ... sich körperlich durchsetzen können. | 29% | 38% | |
| ... gut mit dem Computer umgehen können. | 28% | 25% | |

Quelle: LernBild, $N_{min}$=1.914. Prozentsatz Ablehnungen zu den einzelnen Fragen ergibt sich, indem man jeweils die Summe der beiden eingetragenen Spaltenwerte von 100 Prozent subtrahiert. Die Reihenfolge der Fragen in Tabelle 3.1 entspricht nicht der Reihung der Fragen im Fragebogen.

Exploratorische Hauptkomponentenanalysen[16] ergeben, dass sich die insgesamt vierzehn von uns vorgegebenen Werteaspekte vier inhaltlichen Dimensionen (Faktoren) zuordnen lassen (siehe Tabelle 3.1). Der Mittelwert für die einzelnen Faktoren wird dadurch errechnet, dass die Antworten auf die jeweils einer Dimension zugehörigen Fragen addiert und durch die Anzahl der beantworteten Fragen dividiert werden. Somit bewegt sich der Mittelwert der jeweiligen Dimension im Rahmen der ursprünglichen Skala zwischen 1 (maximale Ablehnung) und 5 (maximale Zustimmung). Je höher der Mittelwert, desto stärker wird der jeweilige Werteaspekt als Grundlage für Anerkennung in der Klasse bejaht.

Die hohen Mittelwerte auf den Faktoren 1 und 2 in Tabelle 3.1 scheinen zunächst Coleman's These eines eigenständigen (subkulturellen) Wertorientierungsuniversums zu belegen. Sowohl die Tatsache, MitschülerInnen zu helfen

---

16  Die Hauptkomponentenanalyse wurde mit rechtwinkliger Varimaxrotation durchgeführt. Die Varianzaufklärung der extrahierten Faktoren beträgt insgesamt 55,0 Prozent. Dabei fallen auf den Faktor Prestige und Kompetenz 19,7 Prozent, Profilierung und Widerstand 12,3 Prozent, Umgang mit dem anderen Geschlecht 11,7 Prozent und prosoziales Verhalten 11,2 Prozent Varianzaufklärung.

oder zu diesen nett zu sein, als auch die Fähigkeit, mit dem jeweiligen anderen Geschlecht umgehen zu können, beziehen sich in erster Linie auf das soziale Beziehungsgeflecht der Gleichaltrigen in der Schulklasse, ohne auf Beziehungen zu den Lehrkräften oder auf spezifische Leistungsaspekte als Teil des Schulalltags zu rekurrieren. Ein starker Bezug auf das Gleichaltrigensystem „Klasse" ist also ein wichtiger Faktor, der Anerkennung für den einzelnen Schüler bzw. die einzelne Schülerin ermöglicht. Immer nett zu den MitschülerInnen zu sein erhält mit 76 Prozent Zustimmung die stärkste Gewichtung, gefolgt von der Hilfsbereitschaft den MitschülerInnen gegenüber (z. B. bei Hausaufgaben) mit 64 Prozent Zustimmung.

Der Faktor, den wir mit „Profilierung und Widerstand" überschrieben haben, versammelt verschiedene Wertorientierungsaspekte, die am deutlichsten gegen die schulische Ordnung gerichtet sind. Die höchste Zustimmung findet hier die Tatsache, witzig oder lustig zu sein bzw. coole Klamotten zu tragen. Dies kann als (selbst)profilierendes Verhalten gewertet werden, das Distanz (z. B. über „coole Klamotten" oder eine spezifische ‚Witzigkeit', die Coolness transportiert) zu den Lehrenden schafft. Interessant sind für diesen Faktor die Aspekte, die sich unmittelbar auf die Beziehung zu den LehrerInnen beziehen. Es zeigt sich, dass der Widerstand gegen die LehrerInnen eine nur geringe Rolle hinsichtlich der Anerkennung in der Schulkasse spielt: Nur 11 Prozent stimmen zu, dass man in der Klasse Anerkennung erhält, wenn man die LehrerInnen ärgert und wenn man sich von ihnen nichts gefallen lässt (23% Zustimmung). Im Umkehrschluss heißt dies, dass die deutliche Mehrheit der SchülerInnen ihre Schulklasse als ein soziales Wertesystem wahrnimmt, in dem der Widerstand gegen die Lehrkräfte nicht zu den anerkannten Statusstrategien gehört.

Diese Befunde lassen die Gegenkulturthese durchaus fragwürdig erscheinen. Zwar existiert unter den SchülerInnen ein Wertesystem, das auf die Gleichaltrigen-Beziehungen zielt und in diesem Rahmen seine Legitimation erfährt. Offensichtlich aber bedeutet die Existenz dieser SchülerInnen- bzw. Gleichaltrigenkultur nicht, dass sie notwendigerweise – bzw. wie Herzog dies formuliert „wie selbstverständlich" – eine Gegenkultur konstituiert. Wir wollen kontrastierend dazu von einer *eigenständigen* Kultur sprechen, die sich in erster Linie über Aspekte konstituiert, die den Zusammenhalt der SchülerInnen miteinander fördern, und weniger über die Abgrenzung gegenüber den institutionellen Anforderungen und deren VertreterInnen. Allerdings ist zu betonen, dass der Aspekt „Gute Noten zu schreiben", in dem sich der Leistungsaspekt als eine der grundlegenden Systemorientierungen von Schule manifestiert, nur an 7. Stelle der ‚Anerkennungs-Skala' steht. Der Leistungserfolg, auf den LehrerInnen sowie die Eltern mit Blick auf den zukünftigen schulischen Werdegang der Heranwachsenden häufig verweisen, hat für den aktuellen ‚internen' Status in der

Klasse offensichtlich eine nur geringe Bedeutung. Dies betont den Aspekt der kulturellen Eigenständigkeit, der nicht konform geht mit den offiziell an die SchülerInnen herangetragenen Erwartungen und Orientierungen; allerdings sehen wir darin kein Indiz für eine Gegenkultur (im jugendsoziologischen Sinn). Betrachten wir die Korrelationen zwischen den vier Faktoren bzw. Dimensionen, so belegen diese zunächst, dass – wie für die Hauptkomponentenanalyse angenommen – sie nur gering miteinander korrelieren. Die höchste Korrelation weisen die beiden Dimensionen Prestige/Kompetenz und Umgang mit dem anderen Geschlecht mit $r=.37$ auf. Dabei sind alle Dimensionen miteinander positiv korreliert, mit Ausnahme von „prosoziales Verhalten" und „Profilierung und Widerstand", die mit $r=-.19$ negativ miteinander korrelieren – ein (geringer) Koeffizient, der bedeutet, dass beide Wertorientierungsdimensionen als Anerkennungsgrundlage in der Schulklasse meistens unabhängig voneinander gewichtet werden bzw. eine leichte Tendenz dahin besteht, dass eine hohe Gewichtung prosozialen Verhaltens Widerstand gegen die Lehrkräfte unwahrscheinlicher werden lässt. Ein weiteres (vorsichtiges) Indiz, dass die Gegenkulturthese relativiert.

Unsere bisherigen Daten, die im Großen und Ganzen zur Ablehnung der Gegenkulturthese führen, beziehen sich auf die Gesamtgruppe, der in der Studie LernBild befragten SchülerInnen der 4. bis 12. Jahrgangsstufe. In dem Maße, wie sich die Peer-Culture-These auf die Jugendphase bezieht, ist jedoch davon auszugehen, dass sich die spezifischen, Anerkennung ermöglichenden Wertmuster von der 4. bis zur 12. Jahrgangsstufe verändern.

Betrachten wir in einem nächsten Schritt (siehe Abbildung 3.1) die Veränderungen der spezifischen Wertorientierungsmuster im Vergleich verschiedener Jahrgangsstufen, so fällt zunächst einmal ins Auge, dass nahezu alle Anerkennungsbereiche, die wir im Rahmen unseres standardisierten Instruments erfassen konnten, im Laufe des Älterwerdens an Bedeutung verlieren. Ein Erklärungsansatz stützt sich darauf, dass Jugendliche, wenn sie älter werden, soziale Zentren auch außerhalb der Schulklasse finden und dort zunehmend Freundschaften schließen (vgl. Fend 1997, S. 134f.). Von der Anerkennung der MitschülerInnen werden sie damit zunehmend unabhängig. Anzunehmen ist auch, dass mit zunehmender Stabilität der Ich-Identität und der Verfestigung eines eigenständigen Lebensstils außengeleitete Anerkennungsprozesse allgemein an Bedeutung verlieren.

*Abbildung 3.1: Anerkennungsdimensionen nach Jahrgangsstufen –*
*4. bis 12. Jahrgangsstufe*

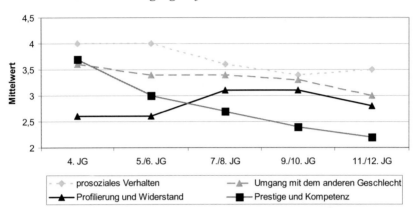

Quelle: LernBild, $N_{Gesamt}=1.914$: ANOVA$_{(JG)}$: Prestige und Kompetenz: F=140.18; p<.000. Profilierung und Widerstand: F=30,45; p<.000. Umgang mit dem anderen Geschlecht: F=12,98; p<.000. prosoziales Verhalten: F=56,84; p<.000

Sehen wir uns Abbildung 3.1 etwas näher an. Deutlich zu erkennen ist der enorme Abfall des Wertorientierungsfaktors „Prestige und Kompetenz" reziprok zur Höhe der Jahrgangsstufe. Während es in der 4. Jahrgangsstufe offensichtlich noch darauf ankommt, sehr gut im Sport zu sein, gute Noten zu schreiben oder sich körperlich durchsetzen zu können, so verlieren diese Aspekte insgesamt bis zur 11./12. Jahrgangsstufe deutlich an Bedeutung (vgl. übereinstimmend Petillon 1980, S. 57). Der Mittelwert fällt zwischen diesen Jahrgangsstufen um 1,5 Skaleneinheiten von 3,7 auf 2,2. Von dieser Entwicklung ist im Besonderen das Einzelitem betroffen, das sich auf die guten Noten bezieht. Während in der 4. Klasse noch 77 Prozent der SchülerInnen angeben, dass gute Noten zu schreiben das Prestige in der Klasse erhöht, sind es in der Jahrgangsstufe 5/6 noch 52 Prozent und in der Jahrgangsstufe 9/10 nur noch 14 Prozent. Gute Schulleistungen versprechen in der Jugendphase also keineswegs Anerkennung in der Klasse.

Auch für den Faktor „prosoziales Verhalten" bzw. „Umgang mit dem anderen Geschlecht" können wir beobachten, dass diese (wenn auch im Vergleich mit dem vorgenannten Faktor etwas mäßiger) im Laufe der Zeit an Bedeutung als Anerkennung versprechende Orientierung in der Klasse verlieren. Eine etwas andere Entwicklung können wir für den Faktor „Profilierung und Widerstand" beobachten. Während er von der 4. bis zur 6. Jahrgangsstufe kaum eine bedeutende Rolle als Anerkennungsmuster innerhalb der Schulklassen spielt, steigt dessen Bedeutung für die 7. bis 10 Jahrgangsstufe deutlich an, um bei der 11. und 12. Jahrgangsstufe wieder sichtlich zurückzugehen. Dies deutet darauf hin, dass die mit diesem Faktor gemessenen Aspekte im Besonderen zwischen der 7. und 10. Jahrgangsstufe eine gewisse Bedeutung für Anerkennungsprozesse haben. Die Analysen zeigen, dass dieser Bedeutungsgewinn vor allem auf die Items zurückzuführen ist, die den Widerstand beschreiben (insbesondere auf das Item „die Lehrer zu ärgern"). Dies könnten wir, zumindest für diese Altersgruppen bzw. Jahrgangsstufen, als Beleg für eine gewisse, die schulische Ordnung ablehnende Gegenkultur mit Bezug auf den Widerstand gegenüber den Lehrkräften interpretieren. Wie wir aber an anderer Stelle berichten, scheint sich im Besonderen die Beziehung zwischen den SchülerInnen und den Lehrkräften zwischen der 7. und 10. Jahrgangsstufe im Vergleich zu allen anderen Jahrgangsstufen insgesamt problematischer zu gestalten. So wird die Qualität der SchülerInnen-LehrerInnen-Beziehung, im Vergleich zu allen anderen Jahrgangsstufen, gerade von den SchülerInnen der 7. bis 10. Jahrgangsstufe als angespannt beschrieben (siehe Kapitel 5.2 und 5.4). Damit stützen unsere Befunde die Phaseneinteilung der Schulzeit, die Fend (1997, S. 132ff.) beschreibt. Fend unterscheidet neben der Schuleingangsphase eine zweite Phase zwischen etwa der *3. und 6. Jahrgangsstufe*, in der positives wie negatives „Kompetenzerleben" und „Geltungsbestreben" in der Gruppe der MitschülerInnen erstmals bewusst in Einklang gebracht werden müssen, und eine dritte Phase zwischen etwa der *7. und 10. Jahrgangsstufe*. In dieser Phase lösen sich die Heranwachsenden nicht nur von den Eltern, sondern auch von der Schule. Die Clique als außerschulische Vergemeinschaftungsform gewinnt zunehmend an Bedeutung und die Jugendlichen „beginnen einen eigenen Lebensstil zu entwerfen. Dies alles zusammen bedeutet, daß sie sich schulischen Anforderungen stärker entziehen und alternative Relevanzbereiche im Kontext von Cliquen aufbauen können." (Ebd., S. 134) Gerade in dieser letzten Phase sieht Fend ein hohes Gefährdungspotenzial für die Jugendlichen, weil die Welt der Peers, die Clique, „antischulische Entwicklungswege initiieren und sozial stützen kann." (Ebd., S. 135)

Unsere Befunde erweitern Fends Einteilung dahingehend, dass in den letzten Schuljahren (nach der 10. Jahrgangsstufe) die Distanz zur Schule wieder etwas abgebaut wird. Was zum einen damit zu erklären ist, dass die zentrifugalen Kräfte der Peers auf Grund der stabilen Identitätsgewinnung der Jugendlichen abnehmen (siehe oben), gleichzeitig „instrumentale Aspekte" der Schule mit Blick auf Ausbildungs- und Berufsplatzierung zunehmend an Bedeutung gewinnen (ebd., S. 135).

Wollten wir den eben genannten Befund als Beleg für die Gegenkulturthese lesen, so müssten wir, Fends Einteilung folgend, diese auf die genannte Altersgruppe einschränken. Zudem erreicht das Item „die Lehrer ärgern" auch zu seiner ‚Hoch-Phase' in der 9./10. Jahrgangsstufe nur einen Wert von 2,4 und damit einen Wert, der unterhalb der theoretischen Mitte (3,0) der Skala liegt. Überzeugende Befunde, die für die Gegenkulturthese sprechen, finden wir in unseren Analysen also nicht. Wir sehen demgegenüber spezifische Aspekte, die auf eine eigenständige, nicht notwendiger Weise aber oppositionelle SchülerInnen-Kultur hinweisen.

# 4 Sozialklima – die Beziehungen zwischen den SchülerInnen

Spätestens seit Mitte der 1970er-Jahre zählt das Sozialklima innerhalb von Schulklassen mit zu den Forschungsschwerpunkten in der Schul- und Unterrichtsforschung. Entscheidende Impulse gingen dabei u. a. von den Arbeiten von Moos („Classroom Environment Scale, CES"; vgl. Moos 1979a, b; Moos/ Trickett 1974), Fend (1977) und von Saldern („Landauer Skalen zum Sozialklima LASSO"; von Saldern/Littig 1987) aus, in neuerer Zeit fortgesetzt etwa von Eder („Linzer Fragebogen zum Schul- und Klassenklima, LFSK"; Eder 1996, 1998; Eder/Mayr 2000) und Holtappels (2003). Die AutorInnen gehen dabei übereinstimmend davon aus, dass die Qualität der sozialen Beziehungen – deren atmosphärische „Grundtönung" (Eder) – eine der zentralen Dimensionen mit Blick auf die Erlebnisqualität schulischer Situationen und Ereignisse für die SchülerInnen darstellt und nicht nur das unmittelbare Wohlfühlen der Heranwachsenden in der Klasse bzw. der Schule beeinflusst, sondern mittelbar auch die Entwicklung der Schulleistungen und anderer Verhaltensmerkmale der SchülerInnen in der Klasse (vgl. Zumhasch 2006, S. 144; Raufelder 2010).

So spricht Eder (2001, S. 582), die Befunde zur Leistungsentwicklung in Schulklassen zusammenfassend, von einem „niedrigen, aber konsistenten Zusammenhang zwischen Klima und sowohl gemessener wie auch mit Noten bewerteter Schulleistung". Darüber hinaus, so Eder weiter, hängen die „Einstellungen zur Schule (Schulinvolvement, Schulzufriedenheit) […] in erheblichem Ausmaß mit dem erlebten Klima zusammen. Schüler mit positiven Klimaerfahrungen beteiligen sich mehr am Unterricht, stören weniger und schaffen sich damit bessere Lern- und Leistungsvoraussetzungen." (Ebd.; vgl. Holtappels 2003, S. 174ff.; Mischo 2009, S. 438.) In anderen Studien zeigt sich darüber hinaus, dass je positiver sich das soziale Klima in der Klasse gestaltet, desto seltener kommt es zu physischen wie psychischen Gewalthandlungen in der Klasse (Tillmann et al. 2000, S. 233), desto geringer sind Leistungsangst und Schulverdrossenheit in der Klasse ausgeprägt (vgl. Holtappels 2003, S. 192) und desto positiver fällt die subjektive Einschätzung des eigenen Gesundheitszustandes aus (vgl. Freitag 1998, S. 156f.).

Diese Befunde machen deutlich, dass das Sozialklima in der Klasse sowohl mit Blick auf die Leistungsperspektive als auch mit Blick auf die Bedürfnisperspektive der SchülerInnen (siehe Kapitel 1) eine wesentliche Grunddimension für erfolgreiche Lehr-Lern-Prozesse und einen als positiv erlebten Schulalltag darstellt (vgl. Raufelder 2010, Kapitel 2.1f.).

Folgen wir Eder (2001, S. 581), lassen sich in den meisten Instrumenten zur Messung des sozialen Klimas in der Schulklasse vier grundlegende Perspektiven unterscheiden:

- die *LehrerInnen-SchülerInnen-Beziehung;* Moos (1979a, S. 176f.) beispielsweise nennt hier Beteiligung und Unterstützungsverhalten als zentrale ‚Klima'-Dimensionen, von Saldern und Littig (1987) erweitern dies u. a. um den (autoritären bzw. antoritativen) Führungsstil der Lehrkräfte (siehe hierzu ausführlich das folgende Kapitel 5);
- die *Unterrichtsqualität* wie sie sich etwa im von den SchülerInnen wahrgenommenen Leistungsdruck, im Ausmaß von Disziplin im Unterricht oder im didaktischen Vermittlungsvermögen der Lehrkraft niederschlägt;
- die *Lernhaltungen der SchülerInnen* wie Beteiligung und Mitarbeit im Unterricht (siehe hierzu Kapitel 9 zu den SchülerInnen-Strategien) und
- die *SchülerInnen-SchülerInnen-Beziehung.*

Wie wir in den vorangegangenen beiden Kapiteln bereits ausführlich belegen konnten, spielen die Gleichaltrigen bzw. die MitschülerInnen mit Blick auf das Erleben von Schule eine herausragende Bedeutung – sei es als (zumeist positiv bewerteter) Bestandteil des Schullebens, sei es als Quelle sozialer Anerkennung. In diesem Kapitel soll diese Spur auf der Basis der einleitend genannten Studien zum Sozialklima differenzierter verfolgt und der Frage nach der *Qualität* der sozialen Beziehungen in der Klasse, das heißt genauer: der Qualität der *Beziehungen zwischen den SchülerInnen* nachgegangen werden.

Hinsichtlich der Messung der Beziehungs*qualität* zwischen SchülerInnen gibt es verschiedene Vorschläge, dennoch lassen sich zwei grundlegende Messebenen bzw. -bereiche identifizieren, die bereits von Moos in der Classroom Environment Scale verwendet wurden, und die sich in den meisten Sozialklima-Instrumenten wiederfinden: das Ausmaß der *Solidarität* („Affiliation") und gewissermaßen als Gegenstück dazu das Ausmaß der *Konkurrenz* zwischen den SchülerInnen („Competition") (vgl. Moos 1979b, S. 141; vgl. Eder 2001, S. 581). Beide Dimensionen beschreiben in besonderem Maße das schulische Sozialisationsfeld. Dieses zeichnet sich zum einen durch ein hohes Maß an *gegenseitiger Bezüglichkeit* zwischen den Gleichaltrigen aus, die sich aus der besonderen Situation und Verfasstheit der Schulklasse als alters- und machthomogener sozialer Gruppe ergibt (siehe Kapitel 3.1). Eine Gruppen-Dynamik, die

Solidarität und Zusammenhalt unter den SchülerInnen in der Schulklasse begünstigt, der aber zum anderen das Leistungs- und Bewertungssystem der Schule gegenübersteht. Auf der Basis der Allokationsfunktion der Schule (vgl. Fend 2006, S. 49ff.), die auf der Ebene der SchülerInnen darauf hinausläuft, „dass nur durch gute Schulleistungen auch gute Lebenschancen zu erreichen sind, werden die Schüler in eine *Rivalität* zueinander gebracht [...]. Der Wettbewerb und der Sieg der Besten entscheiden über berufliche Lebenschancen." (Hörner/Drinck/Jobst 2008, S. 140; Hervorhebung, d. V.). Oder wie Klaus Ulich (1991, S. 384) dies ausdrückt: „Der – vom Lehrer vorgenommene – soziale Leistungsvergleich und die Knappheit guter Noten machen die Schulklasse zum wirksamsten Erfahrungsfeld von Konkurrenz."[17]

Wie Raufelder (2010, S. 188) u. a. mit Bezug auf Gordon ausführt, können sich jedoch unter bestimmten Bedingungen auch spezifische „Klassenstandards" durchsetzen, die die Kohäsion fördern und mit Blick auf die Leistungsansprüche und Konkurrenz etc. zumindest auf emotionaler Ebene eine ausgleichende (Gegen-)Kraft entfalten. Die SchülerInnen schaffen dabei durch ein „Netz der affektiven Bande, das die Funktion hat, den Solidaritätsbedürfnissen der Gruppenmitglieder entgegenzukommen, gegenseitige emotionale Unterstützung" und bearbeiten damit die „Angstgefühle", die sich aus den „Erfordernissen des Wettbewerbs und der Leistung" ergeben können (ebd.).

Mit einem weiteren Indikator für das soziale Klima in der Klasse werden wir uns in Abschnitt 4.3 auseinander setzen: dem Ausmaß gewaltförmiger Auseinandersetzungen zwischen den Klassenkameraden (Bullying).

## 4.1 Zusammenhalt in der Klasse

Beide Dimensionen – Solidarität und Konkurrenz – wurden auch in den Studien, die diesem Buch zu Grunde liegen, erhoben. Dazu wurden den Kindern und Jugendlichen sieben Einzelfragen über ihre Klasse und das Verhältnis zu den MitschülerInnen gestellt, die sich zum einen auf den *Zusammenhalt* der SchülerInnen in der Klasse und zum anderen auf mögliches *Konkurrenzverhalten* zwischen ihnen beziehen.

---

17 Ein Prozess, der sich nach Tillmann et al. (2000, S. 35) mit dem Sinken von Bildungsrenditen und der steigenden Brüchigkeit des Übergangs Schule-Beruf in den letzten Jahren zunehmend verschärft hat.

Zu den Fragen wurden den Kindern und Jugendlichen vier Antwortmöglich-keiten vorgegeben: 1=stimmt nicht, 2=stimmt eher nicht, 3=stimmt eher und 4=stimmt genau. Den Skalenwert einer Person bezüglich des Zusammenhalts in der Klasse ermitteln wir aus der Summe der gegebenen Antworten, geteilt durch die Anzahl der beantworteten zugehörigen Items. Das heißt, je höher der Zah-lenwert, desto höher der von dem Befragten in seiner Klasse wahrgenommene Zusammenhalt. Analog verfahren wir auch in Bezug auf die Einschätzungen der Konkurrenz: Je höher der Zahlenwert, desto ausgeprägter ist das Konkurrenz-verhalten in der Klasse. Beide Faktoren korrelieren mit $r$=-.24 nur gering mit-einander.[18] Das heißt, hohe Werte auf beiden Faktoren schließen sich grundsätz-lich nicht aus. Damit sind beide Faktoren nicht als Gegenpole auf einer gemein-samen Dimension zu sehen, vielmehr manifestieren sich in ihnen getrennte Dimensionen des sozialen Klimas in den Klassen (was der Grundannahme der vorgenommenen rechtwinkligen Hauptkomponentenanalyse entspricht). Das negative Vorzeichen zeigt aber an, dass zumindest *tendenziell* geringe Zusam-menhalts-Werte mit hohen Konkurrenz-Werten einhergehen bzw. umgekehrt.

*Übersicht 4.1: Das Instrument zur Messung von Zusammenhalt und Konkurrenzverhalten in der Klasse*

| | |
|---|---|
| „In unserer Klasse ist es für alle Schüler(innen) einfach, Anschluss und Kontakt zu bekommen." „Wenn es einmal darauf ankommt, halten die Schüler(innen) unserer Klasse prima zusammen." „Die meisten Schüler(innen) verstehen sich rich-tig gut miteinander." „Auch wenn wir in der Klasse mal richtig Streit haben, werden die Konflikte rasch und gut gelöst." | *Zusammenhalt* |
| „In unserer Klasse sieht jeder nur auf seinen ei-genen Vorteil." „Viele Schüler(innen) sind hier manchmal nei-disch, wenn ein anderer bessere Leistungen hat als sie." „In unserer Klasse versucht unter den Schü-ler(innen) jeder besser zu sein als der andere." | *Konkurrenz* |

Quelle: Tillmann et al. (2000).

---

18   Tillmann et al. (2000, S. 232) berichten in ihrer Studie mit SchülerInnen der 6. bis 10. Jahr-gangsstufe mit $r$=-.17 einen ähnlich niedrigen Korrelationskoeffizienten.

Der „Gesamt"-Mittelwert auf der Skala Zusammenhalt liegt mit durchschnittlich 3,0 (für alle Befragten) genau auf der Antwortvorgabe „stimmt eher" (siehe Abbildung 4.1). Den Zusammenhalt in den Klassen bewerten die SchülerInnen also im Allgemeinen positiv. Eine Einschätzung, die Jungen und Mädchen teilen. Unterschiede finden wir nach dem von den SchülerInnen besuchten Jahrgang. SchülerInnen der 4. bis 6. Jahrgangsstufe schätzen den Zusammenhalt unter den MitschülerInnen insgesamt etwas positiver ein als die SchülerInnen in der 7. bis 10. Jahrgangsstufe.

*Abbildung 4.1: Zusammenhalt zwischen den SchülerInnen nach Geschlecht und Jahrgang*

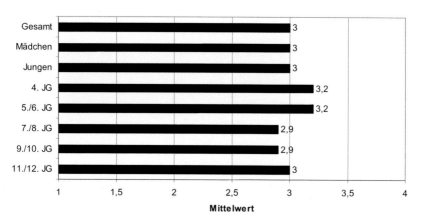

Quelle: NRW-Kids, N=6.392.

## 4.2 Konkurrenz in der Klasse

Der Gesamt-Mittelwert für den zweiten Aspekt des Klassenklimas – dem Konkurrenzverhalten – tendiert mit 2,3 zum Pol „stimmt eher nicht" (siehe Abbildung 4.2). Das heißt, dass die SchülerInnen im Durchschnitt der Aussage nicht zustimmen, dass es bei ihnen häufig zu Konkurrenzverhalten in der Klasse kommt.

In der Einschätzung des Konkurrenzverhaltens in der Klasse unterscheiden sich Mädchen und Jungen geringfügig. Die Jungen (Mittelwert 2,4) nehmen (signifikant) etwas mehr Konkurrenzverhalten in der Klasse wahr als Mädchen (2,3). Im Vergleich der Jahrgangsstufen ist vor allem der hohe Wert bei den SchülerInnen der 4. Jahrgangsstufe (Grundschule) auffallend. Ein überraschendes Ergebnis, da diese SchülerInnen den Zusammenhalt in der Klasse im Durchschnitt sehr positiv einschätzen. Eine mögliche Erklärung für die vergleichsweise hohe Wahrnehmung von Konkurrenz bei den GrundschülerInnen der 4. Klasse liegt, so ist zu vermuten, in der hohen Bedeutung, die die SchülerInnen (beginnend bereits in der 3. Jahrgangsstufe) dem bevorstehenden Übergang in die Sekundarstufe einräumen (Büchner/Koch 2001). Es ist durchaus plausibel anzunehmen, dass mit den unterschiedlichen avisierten Übergängen in die Sekundarstufe tatsächlich, aus der Sicht der SchülerInnen, dies als konkurrierendes Verhalten wahrgenommen wird – in dem Maße, in dem mit den unterschiedlichen Möglichkeiten der Übergänge auch hierarchisch geordnete Vorstellungen des Schulerfolges verbunden sind. Dass dem unter Umständen vorgezogene Bezugsgruppeneffekte unterliegen, können wir aufgrund der Arbeiten von Jerusalem und Schwarzer (1991) vermuten.

_Abbildung 4.2: Konkurrenz zwischen den SchülerInnen nach Geschlecht und Jahrgang_

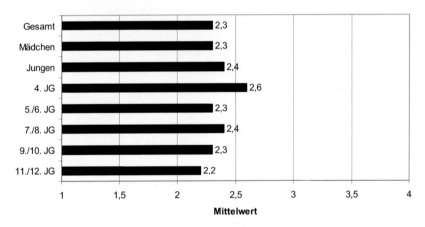

Quelle: NRW-Kids, N=6.392.

Unsere Befunde relativieren – auf dieser allgemeinen Ebene der Durchschnittswerte und mit Ausnahme für die GrundschülerInnen – die Feststellung von Klaus Ulich (1991, S. 384), dass die Beziehungen zwischen den SchülerInnen „gerade heute wesentlich vom Leistungs- und Konkurrenzprinzip bestimmt" sind. Jedoch – und dies betont Ulich gleichermaßen – versuchen die SchülerInnen innerhalb dieser strukturell vorgegebenen Konkurrenzsituation „positive (Freundschafts-)Beziehungen herzustellen und miteinander solidarisch zu handeln." (Ebd.) Die Daten aus den Abbildungen 4.1 und 4.2 sprechen dafür, dass den SchülerInnen im Großen und Ganzen dieser ‚Spagat' zugunsten von solidarischem Verhalten im Wettbewerbs- und Leistungssystem der Schule gelingt. Der Zusammenhalt in den Klassen ist deutlich stärker ausgeprägt als konkurrierendes Verhalten. Dies stützen aus anderer Perspektive auch die Befunde aus den Kapiteln 2 und 3. Zum einen scheint es kaum vereinbar, dass die Heranwachsenden einerseits Freunde und Gleichaltrige als das Positivste am Schulleben bezeichnen, anderseits aber Konkurrenz und Rivalität die sozialen Beziehungen in der Klasse dominieren. Zum anderen zeigte sich, dass die Beliebtheit in der Klasse im Allgemeinen vor allem durch prosoziales – und aus der Perspektive dieses Kapitels könnten wir sagen: solidarisches – Verhalten gefördert wird. Wir können damit davon ausgehen, dass in der Regel in den Schulklassen vergemeinschaftende Aspekte gegenüber individualisierend-rivalisierenden Aspekten stärker gewichtet werden.

## 4.3 Bullying

Die Befunde aus Abschnitt 4.1 und 4.2 beziehen sich auf die Gesamtgruppe aller SchülerInnen. Wenngleich darin ein insgesamt positives Bild des Klassenklimas entsteht, darf nicht unterschätzt werden, dass dies in einzelnen Klassen und aus der Perspektive einzelner SchülerInnen variieren kann (siehe hierzu Kapitel 6). Dies spiegeln die folgenden Aufsätze[19] zweier Schülerinnen wider.

*Ich denke, dass ich die nächsten paar Jahre hier an der Schule bleibe! Ich wünsche mir, dass unsere Klasse so bleibt, denn es gefällt mir hier sehr. Die anderen Mitschüler sind alle sehr nett (eigentlich), ich habe ein paar sehr nette Freundinnen hier! Das Klassen-Leben ist ganz OK! Auch wenn es manchmal Streit gibt, und kleine Prügeleien gibt. In meiner Freizeit treffe ich mich viel mit Freundinnen oder gehe Schwimmen! (Mädchen, 12 Jahre, Hauptschule)*

*Ich würde mir auch wünschen, dass sich unsere Klasse besser versteht, es gibt bei uns Typen, die meinen sie seien die besten und ärgern und hänseln die Mädchen. Unsere Klasse müsste besser zusammen halten. Immer wenn jemand neue Klamotten oder neue Schuhe u.s.w. bekommt, kommt immer der Spruch: "was ist den das für'n Scheiß!" Das nervt!! Man hat Angst, Sachen in der Schule anzuziehen, wo die andren wieder lachen. Manchmal würde ich*

---

19   Die Aufsätze entstanden in der Studie NRW-Kids zum Thema Zukunftshoffnungen, -ängste und -wünsche (siehe Kapitel 1.1).

*gerne die Klasse wechseln. Aber es gibt ja auch nette Mädchen in der Klasse, z. B. meine beste Freundin! Mit ihr kann ich über alles Reden, zusammen haben wir viel Spaß. Wir haben dieselben Interessen, hören dieselbe Musik und noch andere Dinge! (Mädchen, 14 Jahre, Realschule)*

Einzelne Heranwachsende thematisieren das Klassenklima bzw. die Beziehungen zwischen und zu (einzelnen) MitschülerInnen darüber hinaus als Quelle der Angst und des Leidens. Wie dies vom Einzelnen erlebt wird, belegen die zwei folgenden Aufsätze:

*Manchmal, wenn wir Streit haben, habe ich Angst. Weil die beschimpfen sich mit Schlampe, Nutte. Ich hoffe, ... dass ich bald die Schule überstanden habe. Manchmal hasse ich die Klasse, weil man wird in Sachen reingezogen, wo man erst nichts mit zu tun hatte, doch dann auf einmal hängt man voll drin. Wenn man zu den Lehrern in den Pausen geht, sagen die, wir sollen zu unserem Klassenlehrer gehen. (Mädchen, 13 Jahre, Hauptschule)*
*Ich will [später in meinem Leben; d. V.] aber nicht Kinder, die zu klug, oder zu dumm sind, denn in unserer Klasse habe ich die Erfahrung gemacht, dass beide gehänselt werden. Schreibst du gute Noten, hänseln sie dich und bedrohen dich manchmal sogar. Schreibst du schlechte Noten, behandeln sie dich als Prügelknaben, hänseln dich, lachen dich aus. [...] In unserer Klasse zum Beispiel, gibt es ein Mädchen, das immer total angibt. Alle Mädchen, die Freundinnen von ihr waren, und sind, fingen an, sich nur über Schminke und Anziehsachen zu unterhalten, und alle bleiben sitzen. Ich will nicht, dass meine Kinder so werden. Mich zum Beispiel hänseln die Jungs aus meiner Klasse immer, nehmen mir Sachen weg ... Ich will wenn ich groß bin ein ganz normales Leben führen. Und ich hoffe, dass das auch so wird. (Mädchen, 12 Jahre, Gymnasium)*

Ähnliche Beispiele für das Leiden in und an der Schule finden sich u. a. bei Göppel (2005, S. 189ff.) und Fend (1991a, S. 217; 1997, S. 66ff.).

Systematisch bearbeitet wird das Leiden in der Schule bzw. an den MitschülerInnen u. a. in der Bullying-Forschung, die sich mit Hänseln und gewalttätigem Handeln unter MitschülerInnen beschäftigt (vgl. Salmivalli/Lappalainen/ Lagerspetz 1998; Schäfer/Korn 2004; Wienke Totura et al. 2009; Zinnecker/ Schwarz 1996; Tillmann et al. 2000).[20] Die Häufigkeit und Intensität solcher

---

20 Bullying scheint uns an dieser Stelle der am weitesten greifende Begriff für gewaltförmiges Verhalten unter MitschülerInnen zu sein, wenngleich er in verschiedenen Veröffentlichungen sehr unterschiedlich ausgelegt und definiert wird. In der deutschsprachigen Literatur wird von „Schikanieren" (Schäfer/Korn 2004), vom „Hänseln" und „Verspotten" (Zinnecker/Schwarz

Handlungen wird von den meisten AutorInnen u. a. als Teil des allgemeinen Sozialklimas der Klasse bzw. einer Schule gefasst (vgl. Freitag 1998, S. 134ff.). Den Zusammenhang zwischen Sozialklima und Bullying in der Schule belegen in einer aktuellen Studie u. a. Wienke Totura et al. (2009). Sie zeigen, dass gewalthaltiges Handeln in der Schulklasse neben den individuellen Merkmalen der SchülerInnen (wie internalisierendes und externalisierendes Problemverhalten) u. a. von der Qualität des schulischen Kontexts („school bonding": u. a. Schulkultur, Beziehungen zwischen den Gleichaltrigen, Ausmaß des Monitoringverhaltens durch Lehrkräfte) beeinflusst wird. Je positiver das Sozialklima in der Schule ausgeprägt ist und je aufmerksamer die Lehrkräfte gewalthaltiges Verhalten unter den SchülerInnen beobachten und entsprechend darauf reagieren, desto seltener tritt Bullying auf – dies unabhängig der individuellen Dispositionen der SchülerInnen zu gewalthaltigem Handeln und unabhängig des Einflusses der familialen Herkunftsbedingungen. Übereinstimmend zeigen Tillmann et al. (2000, S. 233): Je stärker der Zusammenhalt in der Klasse ausgeprägt ist und je seltener konkurrierendes Verhalten auftritt, desto seltener kommt es zu gewaltförmigen Handlungen.

Im Zusammenhang mit dem Sozialklima in den Klassen wurde in der Studie NRW-Kids auch der Bereich Bullying aufgegriffen und nach den Erfahrungen der SchülerInnen mit Hänseleien und Gewalt – mit Blick auf den Zeitrahmen des letzten halben Jahres – gefragt.[21] Als Antworten standen fünf Möglichkeiten zur Verfügung: 1=(fast) täglich; 2=mehrmals in der Woche; 3=mehrmals im Monat; 4=einige wenige Male; 5=nie.

---

1996) oder von „Schülergewalt" gesprochen (vgl. Lösel/Bliesener 1999, p. 228). So kommen Schäfer und Korn (2004, S. 27) zu dem Ergebnis, dass „ein eindeutiger, gut eingeführter Begriff, der das Wissen um alle Formen von Bullying integriert, in Deutschland nicht existiert." Jenseits der Uneinheitlichkeit im Detail zeigt sich allerdings, dass in den meisten Definitionen und Instrumenten zum Bullying drei grundlegende Dimensionen angesprochen werden (vgl. Olweus 1991, p. 412f.): körperliche Gewalt (Schlagen, Schubsen etc.), psychische Gewalt (jemandem Schlechtes nachsagen, Gerüchte verbreiten, Verspotten etc.) und Gewalt gegen Sachen der MitschülerInnen (Sachen anderer absichtlich zerstören etc.). Diese drei Grunddimensionen liegen auch dem hier eingesetzten Instrument zu Grunde.

21   Uns geht es in diesem Abschnitt nicht um eine umfassende Darstellung des Problems des Bullyings an Schulen, sondern wir ziehen diesen Bereich im Zusammenhang mit der Frage nach der Qualität des Sozialklimas heran, indem wir ihn als einen Indikator (inversen) für die Qualität der sozialen Beziehungen zwischen den SchülerInnen verwenden.

*Übersicht 4.2: Instrument zur Messung von Bullying in der Schule*

| Wie oft ist *Dir* das im letzten halben Jahr mit anderen Schülern passiert? | |
|---|---|
| *(personenbezogene Handlungen)* „Ich bin von anderen geschlagen worden." „Ich bin von anderen gehänselt oder geärgert worden." *(sachbezogene Handlungen)* „Mir wurden von anderen Sachen absichtlich kaputt gemacht." „Mir wurde gewaltsam etwas weggenommen." | Bullying |

Quelle: Kurzfassung aus Tillmann et al. (2000, S. 113).

42 Prozent der befragten 4.- bis 12.-Klässler geben an, dass sie in keinem der vier Bereiche im letzten halben Jahr Zielscheibe aggressiver Verhaltensweisen ihrer MitschülerInnen geworden sind. 58 Prozent berichten zumindest von einer solchen Verhaltensweise gegen sie. Am weitaus häufigsten wird dabei das Hänseln genannt (dies zeigt Tabelle 4.1). Formen des Bullyings, die sich auf körperliche Gewalt und das mutwillige Zerstören des Eigentums der MitschülerInnen beziehen, kommen dagegen vergleichsweise selten vor. 80 bis 90 Prozent der SchülerInnen erleben solche Gewaltakte nicht. Etwas anders verhält es sich mit körperlichen Auseinandersetzungen bei Jungen sowie mit dem Hänseln und Ärgern bei Jungen und Mädchen – dies kommt häufiger vor.

*Tabelle 4.1: SchülerInnen ohne Bullying-Erfahrungen im letzten halben Jahr*

| Wie oft ist dir das im letzten halben Jahr mit anderen Schülern passiert? – *Nie* | Jungen | Mädchen |
|---|---|---|
| Ich bin von anderen geschlagen worden. | 60% | 81% |
| Ich bin von anderen gehänselt oder geärgert worden. | 49% | 54% |
| Mir wurden von anderen Sachen absichtlich kaputt gemacht. | 77% | 87% |
| Mir wurde gewaltsam etwas weggenommen. | 82% | 89% |

Quelle: NRW-Kids, N=6.392.

Die Befürchtung, Bullying sei an deutschen Schulen ein Massenphänomen und mehr oder weniger an der Tagesordnung, scheint auf der Basis der Daten in Tabelle 4.1 wenig begründet.

Dennoch sind die Berichte in den Medien in Bezug auf gewalthaltige Erfahrungen unter MitschülerInnen ernst zu nehmen (vgl. etwa Stoessinger/Streck

2009, in: Stern, Ausgabe 38, 10.9.2009). Dabei geht es aber in der Regel nicht um das einmalige Ereignis eines entsprechenden Angriffs, sondern vielmehr um Fälle, in denen SchülerInnen dauerhaft im Visier ihrer MitschülerInnen stehen. Dies wird in der Alltagssprache wie in der Wissenschaft in der Regel als Mobbing bezeichnet (vgl. DAK 2009, S. 4). Schauen wir uns aus dieser Perspektive die Gruppe der SchülerInnen näher an, die über mehr als episodale Erfahrungen als Bullying-Opfer berichten. Tabelle 4.2 enthält die Angaben zu Kindern und Jugendlichen, die zu Protokoll geben, (mindestens) mehrmals im Monat von ihren MitschülerInnen gehänselt und geschlagen zu werden oder dass man ihnen gewaltsam Dinge wegnimmt.

Es zeigt sich, dass etwa jeder achte Junge davon berichtet, mindestens mehrmals im Monat geschlagen zu werden, eine Gewaltform, die von Mädchen deutlich seltener zu Protokoll gegeben wird (nur 4% der Mädchen berichten davon). Dauerhaft gehänselt oder geärgert werden 18 Prozent der Jungen und 13 Prozent der Mädchen. Dies ist für beide Geschlechter der am häufigsten genannte Bereich von Mobbing-Erfahrungen. Dagegen kommt es sichtlich seltener vor, dass regelmäßig Dinge der SchülerInnen absichtlich von anderen zerstört oder weggenommen werden (vgl. übereinstimmend Tillmann et al. 2000, S. 114).

*Tabelle 4.2 Mehrfache Bullying-Erfahrungen im letzten halben Jahr*

| Wie oft ist dir das im letzten halben Jahr mit anderen Schülern passiert? – *mehrmals im Monat oder öfter* | | | Tillmann et al. (2000) – Gesamt-stichprobe |
|---|---|---|---|
| | Jungen | Mädchen | |
| Ich bin von anderen geschlagen worden. | 12% | 4% | 4% |
| Ich bin von anderen gehänselt oder geärgert worden. | 18% | 13% | 13% |
| Mir wurden von anderen Sachen absichtlich kaputt gemacht. | 6% | 3% | 4% |
| Mir wurde gewaltsam etwas weggenommen. | 5% | 3% | 5% |

Quelle: NRW-Kids, N=6.392; (letzte Spalte) Tillmann et al. (2000, S. 114): 6. – 10. Jahrgangstufe.

Die Zahlen zur Gruppe der relativ dauerhaften Opfer von Bullying decken sich in etwa mit dem Anteil an Opfern, die Tillmann et al. (2000, S. 114) für die 6. bis 10. Jahrgangsstufe berichten (siehe letzte Spalte in Tabelle 4.2). Vergleichbar gehen Wienke Totura et al. (2009, S. 586) bei 6.- bis 8.-Klässlern von etwa 8 Prozent Jungen und 5 Prozent Mädchen aus, die häufig (zweimal oder häufiger pro Monat) Zielscheibe gewalthaltiger Übergriffe von MitschülerInnen werden. Salmivalli, Lappalainen und Lagerspetz (1998, S. 212) berichten ähnlich in der 6. Jahrgangsstufe von 11 Prozent Opfern, in der 8. Jahrgangsstufe von 5 Prozent, Schäfer und Korn (2004) von knapp 10 Prozent Opfern (vgl. ebenfalls übereinstimmend Griebel/Beisenkamp 2002, S. 135). Für die Zusammenfassung von weiteren Studien, die zu ähnlichen Ergebnissen kommen, siehe Lösel und Bliesener (1999, pp. 229ff.) In einer aktuellen Studie im Auftrag der Deutschen Angestellten-Krankenkasse, durchgeführt von der Universität Lüneburg, wird bei SchülerInnen der 5. bis 11. Jahrgangsstufe von einem Anteil von 12 Prozent berichtet, die mehrmals in den letzten drei Monaten von MitschülerInnen „schikaniert" oder „fertig gemacht" wurden (DAK 2009).

Wie Salmivalli, Lappalainen und Lagerspetz (1998, S. 205f.) darüber hinaus berichten, verfestigen sich über die Zeit sowohl Täter- als auch Opferrollen in den Schulklassen. Gilt dies auch mit Blick auf die einzelnen Erfahrungsbereiche des Bullyings? Das heißt, sind diejenigen, die überhaupt Opfer gewalthaltiger Verhaltensweisen der MitschülerInnen werden, Opfer von Übergriffen auf allen Ebenen, werden sie gehänselt, geschlagen *und* werden ihnen Sachen weggenommen?

Abbildung 4.3 zeigt, dass von denjenigen Mädchen und Jungen, die überhaupt Bullying-Erfahrungen im letzten halben Jahr zu Protokoll geben (das sind wie oben dargestellt 58 Prozent der Gesamtstichprobe), 72 Prozent der Mädchen davon berichten, nur in einem der von uns abgefragten Bereiche solche Erfahrungen gemacht zu haben (in der Regel handelt es sich dabei um das Hänseln und Ärgern), 18 Prozent in einem zusätzlichen Bereich und nur 3 Prozent geben an, dass sie gleichzeitig Opfer auf allen vier Bullying-Ebenen geworden sind (das entspricht 1,7% der Gesamtstichprobe). Von den Jungen, die überhaupt Bullying-Erfahrungen im letzten halben Jahr gemacht haben, berichten 58 Prozent von *einem* Bereich von Übergriffen, 26 Prozent von zwei und 7 Prozent (4% der Gesamtstichprobe) geben an, dass sie entsprechende Erfahrungen in allen vier abgefragten Bereichen machen mussten.

Den Anteil von Mobbing-Opfern, also von Kindern und Jugendlichen, die dauerhaft bzw. in vielerlei Hinsicht Opfer gewalthaltiger Übergriffe vonseiten der Klassenkameraden sind, können wir auf der Basis der Befunde aus Kapitel 4.3 damit insgesamt – je nach Intensität und Umfang der Erfahrungen – mit etwa 3 bis 10 Prozent schätzen. Diese Zahlen weisen aus unserer Sicht, wie bereits betont, zwar nicht auf ein Massenphänomen hin, und widersprechen damit der ein oder anderen Skandalisierung der Gewalt an deutschen Schulen, andererseits dürfen sie keinesfalls dahingehend missverstanden werden, diesem Phänomen die pädagogische Aufmerksamkeit zu entziehen. Zum einen mag es gerade das Resultat dauerhafter pädagogischer Arbeit und zunehmender Sensibilisierung für dieses Thema in den Schulen sein, die für diesen vergleichsweise geringen Anteil von SchülerInnen mit dauerhaften Bullying-Erfahrungen verantwortlich ist, zum anderen bedeutet ein Anteil von 3 bis 10 Prozent, dass in einer Schule mit 1.000 SchülerInnen immerhin 30 bis 100 SchülerInnen Opfer von Mobbing werden bzw. sind. Und dass jeder einzelne Schüler bzw. jede einzelne Schülerin, der/die davon betroffen ist, eine individuelle Erfahrung und Geschichte des Erleidens damit verknüpft. Eine Zahl, die die pädagogischen Akteure nicht hinnehmen können.

*Abbildung 4.3: Opfer mit Gewalterfahrungen in einem, zwei, drei oder allen*
*vier Bereichen (Angaben in Prozent)*

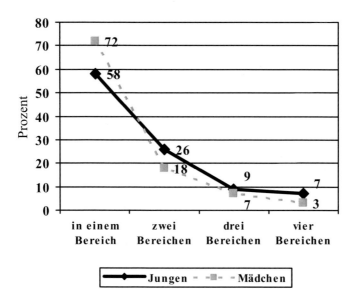

Quelle: NRW-Kids, nur diejenigen SchülerInnen, die überhaupt über Bullying-Erfahrungen im letzten halben Jahr berichten.

Betrachten wir zum Schluss dieses Kapitels noch die Veränderungen in den Bullying-Erfahrungen, die sich mit dem Alter der Heranwachsenden ergeben (siehe Tabelle 4.3).

*Tabelle 4.3: Bullying-Erfahrungen im letzten halben Jahr –*
*            nach Jahrgangsstufen*

| Wie oft ist dir das im letzten halben Jahr mit anderen Schülern passiert? – *Nie* | Jahrgangsstufen | | | | |
|---|---|---|---|---|---|
| | 4. | 5./6. | 7./8. | 9./10. | 11./12. |
| Ich bin von anderen geschlagen worden. | 47% | 54% | 64% | 81% | 93% |
| Ich bin von anderen gehänselt oder geärgert worden. | 45% | 45% | 43% | 51% | 71% |
| Mir wurden von anderen Sachen absichtlich kaputt gemacht. | 77% | 78% | 80% | 82% | 90% |
| Mir wurde gewaltsam etwas weggenommen. | 77% | 80% | 82% | 88% | 94% |

Quelle: NRW-Kids, N=6.392.

In Tabelle 4.3 lässt sich ein eindeutiger Trend ausmachen. Je älter die SchülerInnen sind, desto seltener berichten sie davon, Bullying-Opfer zu sein. Während nur 47 Prozent der 4.-Klässler aussagen, im letzten halben Jahr von MitschülerInnen *nicht* geschlagen worden zu sein, sind es bei den SchülerInnen der Jahrgangsstufen 11/12 93 Prozent. Der gleiche Trend lässt sich in allen vier Bereichen unseres Bullying-Instruments erkennen. Bullying unter MitschülerInnen ist damit offensichtlich am ehesten ein Phänomen in den unteren Jahrgängen. Ähnlich berichten auch Salmivalli, Lappalainen und Lagerspetz (1998, S. 212) von einem Rückgang der Opferzahlen von Bullying in höheren Jahrgangsstufen. Übereinstimmend konstatieren Tillmann et al. (2000, S. 115), dass die ältesten von ihnen untersuchten Jahrgänge (9. und 10. Jahrgang) am seltensten Opfer von personen- und sachbezogenen Angriffen werden. Engel und Hurrelmann (1993, S. 238ff.), die einen ähnlichen Rückgang von gewalttätigem Handeln unter SchülerInnen (zwischen der 8. und 10. Jahrgangsstufe) belegen, führen dies auf die zunehmenden (Aus-)Handlungs-Kompetenzen der Heranwachsenden zurück, die den Einsatz tätlicher Verhaltensformen mehr und mehr unnötig machen.

# 5 Sozialklima – das Verhältnis zu den LehrerInnen

Über die Person des Lehrers bzw. der Lehrerin wurde in Kapitel 2 unter der Fragestellung, was den SchülerInnen am Schulleben gefällt und was nicht, schon einiges gesagt: LehrerInnen, wenn sie sich aus der Sicht der SchülerInnen ungerecht verhalten, lösen bei den SchülerInnen eher negative als positive Assoziationen aus. Dieser Befund sagt aber wenig über die allgemeine Qualität des Verhältnisses zwischen SchülerInnen und LehrerInnen aus. Wie kommen die SchülerInnen mit ihren LehrerInnen zurecht? Fühlen sie sich von diesen akzeptiert, haben sie Vertrauen zu ihnen? Dürfen die SchülerInnen mitreden, wenn es in der Klasse etwas zu entscheiden gibt oder werden sie von den LehrerInnen nicht ernst genommen?

Raufelder (2010, S. 189) fasst das Verhältnis zwischen SchülerInnen und LehrerInnen allgemein als „ein Verhältnis zwischen Menschen mit je eigenen Bedürfnissen, die in einer Institution zu bestimmten Zwecken Beziehungen aufnehmen (müssen)." Interpretiert werden kann dies als eine Art ‚Zwangsverhältnis' zwischen LehrerInnen und SchülerInnen, unterstrichen noch durch den Aspekt der Asymmetrie, der sich durch die ungleiche Wissens- und Machtbalance zugunsten des Erwachsenen gegenüber dem Kind bzw. Schüler ergibt.[22] Fend differenziert dieses LehrerInnen-SchülerInnen-Verhältnis entsprechend seiner vielfältigen Funktionen und Ausdrucksformen aus: Demnach stellt die Lehrkraft bzw. ihr pädagogisches Handeln den zentralen Vermittlungsmodus zwischen den institutionellen Ansprüchen von Curriculum und Schule und den individualisierten Ansprüchen, Voraussetzungen und Interessen der einzelnen SchülerInnen dar (Fend 1997, S. 75). Daraus ergibt sich, dass die Beziehung zwischen den LehrerInnen und den SchülerInnen „eine Beziehung besonderer Art" darstellt: „Sie ist keine ‚*Liebesbeziehung*', trotzdem enthält sie viele Elemente eines solchen Verhältnisses: Bewunderung, Nachahmungsbereitschaft, Anhänglichkeit, Ablehnung und Haß. Sie ist kein *Eltern-Kind-Verhältnis*, da sie kein unkündbares langes Verhältnis ist, trotzdem hat sie mit ihm viele Elemente

---

22 Auf andere Asymmetrien zwischen beiden Gruppen haben wir in Kapitel 3.1 hingewiesen.

gemeinsam: jene der Suche nach autoritativem Urteil, nach Führung, nach Akzeptanz und aufseiten der LehrerInnen den Wunsch, die Entwicklungsgeschichte
eines Kindes positiv zu beeinflussen. Sie ist keine rein *administrativ-
autoritative Beziehung.* Trotzdem ist sie ein Amtsverhältnis, in dem ohne Ansehen der Person jemand zu seinem Recht kommen will und kann, in dem aber
jemand auch ohne Rücksicht auf persönliche Konstellationen einem objektiven
Maßstab entsprechen muß." (Ebd., S. 76; Hervorhebungen, d. V.) Zweifellos
gehört damit das SchülerInnen-LehrerInnen-Verhältnis zu den zentralen und
spezifischen Erlebnisqualitäten von Schule (siehe Ulich, K. 1991, S. 385ff.; vgl.
Raufelder 2010).

Wie wir in Kapitel 4 beschrieben haben, wird das Verhältnis zwischen den
LehrerInnen und den SchülerInnen in der Forschung u. a. als ein eigenständiger
Aspekt des sozialen Klimas in den Klassen aufgefasst. Im Linzer Fragebogen
zum Schul- und Klassenklima beispielsweise wird dieses Verhältnis u. a. über
das pädagogische Engagement der Lehrkraft, über die Möglichkeit der Mitspra-
che der SchülerInnen und über das Strafverhalten der Lehrkraft operationalisiert
(Eder 2001, S. 581; vgl. Eder 1996, 1998).

Die Qualität der LehrerInnen-SchülerInnen-Beziehungen ist auch Gegenstand einer anderen Forschungstradition, die sich mit der Qualität von Unterricht
bzw. mit der Frage nach den Merkmalen guten Unterrichts und dessen Wirkungen und Effekten beschäftigt.[23] In der Forschung zur Unterrichtsqualität wurde
das Verhältnis zwischen den SchülerInnen und ihren Lehrkräften als ein wichtiger Einflussfaktor auf die Leistungsentwicklung der SchülerInnen erkannt.
Klieme und KollegInnen (vgl. Klieme/Schümer/Knoll 2001; Klieme/Rakoczy
2003) identifizieren auf der Basis von Videoanalysen im Rahmen der TIMS-
Studie *drei Grunddimensionen guten Unterrichts*:

„- *Effiziente Klassenführung*: Hierzu gehören Bewertungsskalen, bei denen
es um die Häufigkeit von Störungen, mögliche Zeitverschwendung und
Sprunghaftigkeit, aber auch um die effektive und präventive Behandlung
von Unterrichtsstörungen, die Klarheit von Regeln und das Monitoring des
Lehrers geht.
- *Schülerorientierung*: Hierzu gehören Urteile, die sich auf die soziale Orientierung der Lehrperson beziehen (‚kümmert sich um die Probleme der Schüler‘) und auf deren diagnostische Kompetenz. Schülerorientierung wird auch

---

23  Entgegen der Sozialklima-Forschung, die Unterrichtsqualität und die LehrerInnen-
    SchülerInnen-Beziehung als Dimensionen des Sozialklimas auf gleicher Modellebene konzep-
    tualisieren (siehe Kapitel 4), wird in der Forschung zur Unterrichtsqualität, die hier angespro-
    chen ist, die Beziehung zwischen den LehrerInnen und den SchülerInnen als ‚Unter'-
    Dimension der Unterrichtsqualität gefasst.

durch eine individuelle Bezugsnormorientierung der Lehrperson, eher niedrigen Leistungsdruck und niedriges Interaktionstempo angezeigt.
- *Kognitive Aktivierung*: Hierzu gehören [...] Aspekte eines ‚konstruktivistischen Unterrichts', vor allem anspruchsvolles Üben (‚unter den Übungsaufgaben sind oft Aufgaben, bei denen die Schüler wirklich sehen können, ob sie etwas verstanden haben') und die Nutzung von Fehlern als Lerngelegenheiten." (Klieme/Rakoczy 2003, S. 335; Hervorhebungen, d. V.)

Für alle drei Dimensionen – effiziente Klassenführung, SchülerInnenorientierung und kognitive Aktivierung, gemessen aus der Perspektive der SchülerInnen – konnten Klieme und Rakoczy (2003) anhand der PISA-E-Erhebung 2000 eindeutige Wirkungen auf SchülerInnenebene nachweisen. Während dabei eine effiziente Klassenführung und eine hohe kognitive Aktivierung im Unterricht sowohl die Leistungsfähigkeit als auch das Interesse der SchülerInnen (in diesem Fall im/am Fach Mathematik) erhöhen, wirkt sich ein an den SchülerInnen orientierter Unterricht vor allem auf deren Leistungsmotivation und Interesse aus (vgl. Klieme/Rakoczy 2003; Klieme/Lipowsky/Rakoczy 2006, S. 131; Klem/Connell 2004).

Die Studie NRW-Kids versteht sich nicht als eine Studie zur Unterrichtsqualität. Sie geht nicht auf die Organisation der Klassenführung und das Konzept der kognitiven Aktivierung ein. Sie konzentriert sich vielmehr auf die Messung der Qualität der LehrerInnen-SchülerInnen-Beziehung in Bezug auf klimatische Aspekte – also jenem dritten Aspekt des Konzepts der Unterrichtsqualität, den Klieme und KollegInnen mit ‚Schülerorientierung' überschreiben.

Auf der Basis der Studie von Tillmann et al. (2000, S. 226ff.) und der dort eingesetzten Instrumente wurden mit Blick auf die Qualität der LehrerInnen-SchülerInnen-Beziehungen in der Studie NRW-Kids folgende Bereiche untersucht (siehe Übersicht 5.1):

*Vertrauen* (als das Ausmaß, in dem die SchülerInnen ihre LehrerInnen als Personen wahrnehmen, die an ihnen persönliches Interesse zeigen und in dem die SchülerInnen mit ihren LehrerInnen auch über Privates außerhalb des Unterrichts sprechen können),
*Akzeptanz* (als der Grad, in dem die SchülerInnen das Verhältnis zu ihren LehrerInnen als ein konstruktives Miteinander empfinden, das auch beinhaltet, als SchülerIn von den LehrerInnen ernst genommen zu werden);
*Partizipation* (als der Grad, in dem die SchülerInnen in Entscheidungen des Unterrichts einbezogen werden und ihre eigene Meinung, auch wenn sie von der des Lehrers/der Lehrerin abweicht, offen sagen dürfen) und

*Restriktivität* (als das Ausmaß spezifischer Sanktionshandlungen, wie, den Schüler/die Schülerin vor der Klasse zu blamieren oder im schlimmsten Fall gegen diese/n sogar handgreiflich zu werden).

Zu den Fragen hatten die Kinder und Jugendlichen vier Antwortmöglichkeiten: 1=stimmt nicht, 2=stimmt eher nicht, 3=stimmt eher und 4=stimmt genau. Die Antworten auf die zwei Fragen je Dimension werden jeweils addiert und durch zwei geteilt. So ergibt sich je ein durchschnittlicher Wert für Vertrauen, Akzeptanz, Mitbestimmung und Restriktivität. Je höher der jeweilige Zahlenwert, als desto ausgeprägter wird das jeweilige LehrerInnen-Verhalten wahrgenommen.

*Übersicht 5.1: Instrument zur Messung der Qualität der LehrerInnen-*
*SchülerInnen-Beziehungen*

| | |
|---|---|
| „Mit einigen Lehrer(innen) reden wir häufig auch außerhalb des Unterrichts über Privates." „Die meisten Lehrer(innen) versuchen, auf die Eigenarten und Probleme einzelner Schüler(innen) einzugehen." | *Vertrauen* |
| „Man wird an dieser Schule von den meisten Lehrer(innen) ernst genommen." „Wir kommen mit unseren Lehrer(innen) gut aus." | *Akzeptanz* |
| „Unsere Lehrer(innen) sind bereit, mit uns zu diskutieren, wenn uns etwas nicht gefällt." „Die Lehrer(innen) fragen uns häufig nach unserer Meinung, wenn etwas entschieden werden oder geplant werden soll." | *Mitbestimmung/ Partizipation* |
| „Bei uns gibt es Lehrer(innen), die gegen Schüler(innen) schon mal handgreiflich werden." „Es gibt Lehrer(innen) bei uns, die einen vor der ganzen Klasse blamieren." | *Restriktivität* |

Quelle: Tillmann et al. (2000, S. 226ff.)

Die ersten drei Dimensionen Vertrauen, Akzeptanz und Partizipation stehen zusammengenommen für eine Haltung, die sich an den Bedürfnissen des Schülers bzw. der Schülerin orientiert (Schülerorientierung, siehe oben). Wir haben an anderer Stelle darauf hingewiesen, dass sich in den letzten Jahrzehnten in der

Schule zunehmend Veränderungsprozesse durchsetzen, die mit dem Begriff der Informalisierung von Schule und den Beziehungen zwischen den LehrerInnen und SchülerInnen bezeichnet werden (siehe Kapitel 1). Dieser Informalisierungs- und auch Demokratisierungsprozess in der Schule zeigt sich u. a. in den zunehmenden Partizipationsmöglichkeiten der Schülerschaft, „in gelockerten Lehrer-Schüler-Beziehungen", oder in „Verschiebungen in den pädagogischen Orientierungen von Autoritätsbindung, Fügsamkeit und Gehorsam hin zu Autonomie und Selbstverantwortlichkeit" (Kramer 2002, S. 255; vgl. Fend 2006, S. 66f.). Restriktives Lehrerhandeln widerspricht einer schülerorientierten und in diesem Sinne modernen Schulpädagogik, zu deren Aufgaben nach Baumert u. a. die „Gestaltung einer positiven sozialen Atmosphäre" gehört (Helmke/Helmke/Schrader 2007, S. 57) bzw. stellt den stärksten Kontrast zu den drei anderen Beziehungsdimensionen dar.

Die von uns verwendeten vier Beziehungsdimensionen finden sich in ähnlicher (und teilweise erweiterter) Form in verschiedenen Modellen zur Typologisierung von allgemeinen Erziehungs- und Führungsstilen von LehrerInnen wieder (vgl. Brunner 2001, S. 382; Lüders/Rauin 2008, S. 723ff.; Fend 2006, S. 63ff.). Dieter Ulich (1977, S. 103) zeigte dabei bereits Mitte der 1970er-Jahre in diesem Zusammenhang, dass ein autoritärer Führungsstil des Lehrers/der Lehrerin, der durch ein geringes Vertrauensverhältnis und eine geringe Beteiligung der SchülerInnen an der Unterrichtsgestaltung gekennzeichnet ist, die Initiative und Motivation der SchülerInnen im Unterricht hemmt und damit die Leistungsbereitschaft negativ beeinflusst. Zudem weist Ulich darauf hin, dass die Qualität der pädagogischen Interaktion zwischen den LehrerInnen und ihren SchülerInnen nicht nur die Leistungsbereitschaft der SchülerInnen prägt, sondern auch die Entwicklung des schulischen/akademischen Selbstkonzepts im Allgemeinen beeinflusst (ebd., S. 104ff.) sowie, dies zeigt Satow ergänzend (1999), in Wechselwirkung zu den schulischen Selbstwirksamkeitserwartungen der SchülerInnen steht. Ähnlich schreibt auch Fend: „Lehrer können die schulischen Erwartungen in eher fördernd-stützender Grundhaltung oder eher in kontrollierend-macht orientierter Haltung Schülern vorgeben. Sie können dies in einem sozio-emotional positiven Klima oder in einem eher ärgerbeladenen und aggressiven Rahmen tun." (1991b, S. 25) Und Fend belegt darüber hinaus an einer empirischen Studie: „Im ersteren Fall – also bei einem positiven sozioemotionalen Klima, bei vertrauensvollen Beziehungen – stieg die Schulfreude, das Selbstvertrauen in die eigenen Fähigkeiten nahm zu, die Teilnahme der Schüler an schulrelevanten Entscheidungsprozessen war größer und die Angst geringer. Schüler wurden so in einem selbständigkeits- und mündigkeitsorientierten Entwicklungsprozeß gefördert." (Ebd.; vgl. Fend 2006, S. 68)

In anderen Studien wird noch auf weitere Bedeutungen der Qualität der LehrerInnen-SchülerInnen-Beziehung hingewiesen. So untersuchen beispielsweise Tillmann et al. (2000, S. 233) den Zusammenhang zwischen dem Verhältnis der SchülerInnen zu ihren LehrerInnen und dem Auftreten von Gewalt in der Schule. Die Autoren kommen zu dem Ergebnis: Je vertrauensvoller und akzeptierender das Verhältnis zu den LehrerInnen erlebt und je stärker die SchülerInnen in Unterrichtsentscheidungen eingebunden sind, vor allem aber je weniger beschämendes und übergriffiges Strafverhalten durch die LehrerInnen vorkommt, desto seltener treten sowohl psychische als auch physische Gewaltakte in der Schule auf.

## 5.1 Vertrauen

Wenden wir uns dem ersten Bereich, dem Aspekt des Vertrauens, zu. Dahinter verbergen sich, wie wir schilderten, Fragen dazu, wie sehr die LehrerInnen auf die einzelnen SchülerInnen einzugehen bereit sind und wie häufig jene Gelegenheit bekommen, auch außerhalb des Unterrichts Privates mit ihren LehrerInnen zu besprechen.

*Abbildung 5.1: Vertrauen der SchülerInnen zu ihren LehrerInnen –*
*nach Geschlecht und Jahrgang*

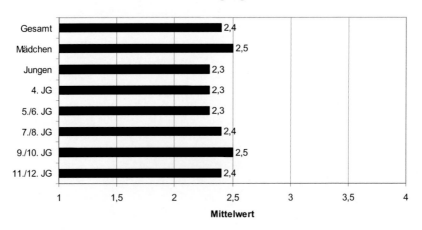

Quelle: NRW-Kids, N=6.392.

Wenn wir alle Kinder und Jugendlichen zusammen betrachten, sehen wir, dass der Mittelwert mit 2,4 zum Pol 'stimmt eher nicht' tendiert. Das heißt, die Kinder und Jugendlichen nehmen ihre LehrerInnen nur begrenzt als Personen wahr, die sich darum bemühen, auf die Eigenheiten der einzelnen SchülerInnen einzugehen oder mit ihnen Privates zu besprechen. In dieser Wahrnehmung zeigen sich geringe Unterschiede zwischen Mädchen und Jungen: Mädchen bewerten ihre LehrerInnen etwas positiver als Jungen. Geringe Unterschiede finden wir auch zwischen den Jahrgängen, mit der wohl – in Anbetracht der Befunde in den folgenden Abschnitten 5.2 bis 5.4 – etwas überraschenden Tendenz, dass es vor allem die höheren Jahrgänge sind, die ihren LehrerInnen (etwas) mehr Vertrauen aussprechen.

## 5.2 Akzeptanz

Ausgeprägter als die Ebene des Vertrauens ist die der Akzeptanz. Der Mittelwert für diesen Bereich des SchülerInnen-LehrerInnen-Verhältnisses liegt für die Gesamtgruppe aller SchülerInnen bei 3,0. Mehrheitlich stimmen die Befragten also den Aussagen zu, dass sie mit ihren LehrerInnen gut auskommen und von ihnen ernst genommen werden. Dabei zeigen sich zwischen Mädchen und Jungen keine Unterschiede, zwischen den verschiedenen Jahrgängen ergeben sich jedoch Differenzierungen. Die 4.- bis 6.-Klässler sind mit ihren LehrerInnen in dieser Hinsicht deutlich zufriedener als die 7.- bis 10.-Klässler. Für diese letztgenannte Gruppe gilt, dass sie sich im Durchschnitt weniger von ihren LehrerInnen akzeptiert fühlt als jüngere und auch ältere Befragte.

*Abbildung 5.2: Akzeptierendes Verhalten der LehrerInnen –*
*nach Geschlecht und Jahrgang*

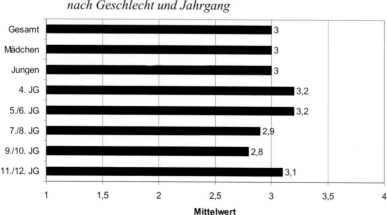

Quelle: NRW-Kids, N=6.392.

## 5.3 Mitbestimmung

Auch die Möglichkeit, bei strittigen Themen mit den LehrerInnen diskutieren und die eigene Meinung einbringen zu können, wird insgesamt von den Kindern und Jugendlichen positiv bewertet. Mit 3,0 liegt der Mittelwert für alle Befragten auf dem Pol ‚stimmt eher'. Dabei zeigt der Vergleich zwischen Mädchen und Jungen sowie zwischen den Jahrgangsstufen keine bedeutsamen Unterschiede. Die Möglichkeiten mitzubestimmen, verändern sich also kaum, wenn die SchülerInnen älter werden.

*Abbildung 5.3: Mitbestimmung bei Klassenentscheidungen –*
*nach Geschlecht und Jahrgang*

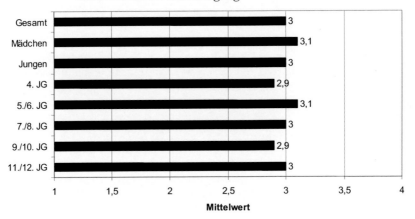

Quelle: NRW-Kids, N=6.392.

## 5.4 Restriktivität

Der Bereich des Verhältnisses zwischen SchülerInnen und LehrerInnen, der mit ‚Restriktivität' überschrieben ist, thematisiert vor allem die Strafpraxis der LehrerInnen.

Hier ist zunächst ein Blick auf jede einzelne der beiden Fragen dieses Bereichs interessant. Die Frage nach Handgreiflichkeiten, die auf den ersten Blick anachronistisch erscheinen mag, knüpft jedoch durchaus an die schulische Realität an. Interviews mit SchülerInnen zeugen davon, dass solche Verhaltensweisen – wenn wir sie nicht auf die ‚klassische' Ohrfeige reduzieren – durchaus zum schulischen Erfahrungshintergrund fast eines jeden Schülers/jeder Schülerin gehören. Beispiele hierzu finden sich auch bei Fend (1997, S. 67) und in den Gruppendiskussionen, die im Rahmen der LernBild-Studie durchgeführt wurden (siehe Kapitel 9.2). Zum Beispiel berichten RealschülerInnen davon, von einem Lehrer „Kopfnüsse" zu bekommen, an den „Ohren hoch gezogen", mit „Schlampe", „Printe" etc. beschimpft zu werden.

20 Prozent der Befragten geben zu Protokoll, dass es bei ihnen LehrerInnen gibt, die schon mal handgreiflich werden. Jede(r) fünfte SchülerIn hat also solch ein Verhalten bereits beobachtet oder erlebt. Mit 47 Prozent deutlich häufiger berichten die Kinder und Jugendlichen von LehrerInnen, die SchülerInnen vor der ganzen Klasse blamieren. Krumm und Weiß (2002, S. 1) beispielsweise sprechen in einer österreichischen Studie in diesem Zusammenhang von einem „Machtmissbrauch" der LehrerInnen durch Kränkungen der SchülerInnen.

Fassen wir die Handgreiflichkeiten und das Blamiertwerden zusammen (siehe Abbildung 5.4), so zeigt sich im Durchschnitt, dass beide Verhaltensweisen mit einem Mittelwert von 2,1 sehr nahe dem Pol ‚stimmt eher nicht' liegen. Rigides LehrerInnen-Verhalten scheint damit von den SchülerInnen nicht als gängige schulische Praxis wahrgenommen zu werden, unabhängig davon, ob es sich um Mädchen oder Jungen handelt. Andererseits verbindet sich mit diesem Durchschnittswert aber eine (nicht zu unterschätzende) Wahrscheinlichkeit[24], als SchülerIn im Laufe des schulischen Lebens von restriktiven Maßnahmen eines Lehrers/einer Lehrerin in irgendeiner Weise selbst betroffen zu sein.

Ähnlich wie in Bezug auf die Akzeptanz seitens der LehrerInnen zeigt der Vergleich nach Jahrgangsstufen, dass das Verhältnis zu den LehrerInnen von der 7. bis zur 10. Jahrgangsstufe angespannter wahrgenommen wird als in den anderen Jahrgangsstufen, wenngleich auch hier immer noch auf einem durchschnittlich niedrigen Niveau (Mittelwert 2,3 – 2,4).

---

24  Zu bedenken ist, dass ein Lehrer/eine Lehrerin im Laufe seiner/ihrer Schulkarriere eine Vielzahl von Klassen mit durchschnittlich 20 bis 30 SchülerInnen unterrichtet. Selbst wenn es sich nur um einzelne ‚schwarze Schafe' handeln sollte (Lehrergewerkschaften in Österreich gehen beispielsweise von ca. 10% der LehrerInnen aus; vgl. Krumm/Weiß 2002), ist die Wahrscheinlichkeit groß, im Laufe der SchülerInnen-Biographie auch auf diese Lehrkräfte zu treffen.

*Abbildung 5.4: Restriktives Strafverhalten der LehrerInnen –*
*nach Geschlecht und Jahrgang*

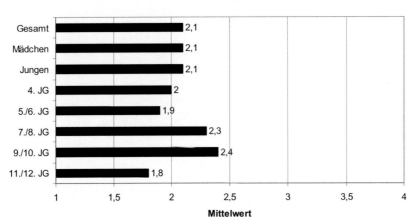

Quelle: NRW-Kids, N=6.392.

Gewalt an Schulen wird vornehmlich unter dem Aspekt der Gewalt von SchülerInnen gegen MitschülerInnen und LehrerInnen thematisiert. Krumm und Weiß (2002, S. 1) belegen in einer Studie, die sich mit der Frage ‚kränkenden' LehrerInnen-Verhaltens in Deutschland, Österreich und der Schweiz (in der knapp 3.000 Studierende befragt wurden) beschäftigt, „dass auch Lehrer gegenüber Schülern ein Verhalten ausüben, das Lehrer Gewalt nennen, wenn Schüler es praktizieren." Den AutorInnen zu Folge werden in den Standard-Untersuchungen über schulische Gewalt folgende Verhaltensweisen leicht übersehen: „Ignorieren, Vernachlässigen, ungerechte Behandlung, bestimmte Formen der Nachrede, Einreden von fehlender Begabung, Beschämung wegen Persönlichkeits- oder Herkunftsmerkmalen, Lächerlichmachen, Bloßstellen oder Belasten mit Schuldvorwürfen." (Ebd., S. 2)

Solche Formen schulischer Restriktivität tauchen auch in den Aufsätzen der von uns befragten SchülerInnen auf. Einige Beispiele:

*Im Moment sorge ich mich aber um meine Klasse. 4 Jahre lang ab der 5.*
*Klasse hatten wir so Glück mit unseren Lehrern, doch seit der 9. Klasse haben wir eine Lehrerin (Klassenlehrerin), mit der kein Schüler meiner Klasse zurechtkommt. Sie ist nicht gerecht und hat Spaß daran, die Schüler zu ver-*

*arschen. Ich habe Angst, dass sie uns das letzte wichtige Jahr hier verdirbt.
(Mädchen, 16 Jahre, Realschule)*
   *Doch nun möchte ich mal unsere Schule kritisieren. Was ich super mega
„scheiße" finde, ist dass mich meine Mathelehrerin oft blöd anmacht. Wenn
ich etwas nicht verstehe, werde ich direkt total „scheiße" angemacht [...]
Und richtig nette Lehrer haben wir nicht an der Schule. (Junge, 15 Jahre,
Realschule)*
   *Ich hoffe, ich kriege gute Noten. Und eine gute Ausbildung. Ich wünsche
mir, dass ich genug Geld habe. Einen guten Schulabschluss. Dass mich ein
gewisser Junge nicht mehr schlägt und hänselt. Dass die Lehrer mich ernst
nehmen, und dass nicht immer andere Kinder bevorzugt werden. (Junge, 11
Jahre, Gymnasium)*

## 5.5 Zusammenhänge

Wie Tabelle 5.1 zeigt, korrelieren die vier Dimensionen zur Qualität der Beziehungen zwischen den LehrerInnen und SchülerInnen nur mäßig miteinander –
wenngleich in der erwartbaren Richtung. Je mehr Akzeptanz und Vertrauen die
SchülerInnen seitens ihrer Lehrkräfte wahrnehmen, desto eher nehmen sie
gleichzeitig Möglichkeiten der Partizipation und Mitbestimmung wahr. Andererseits tritt restriktives Verhalten umso seltener auf, je stärker akzeptierende
und partizipative Verhaltensweisen seitens der Lehrkräfte ausgeprägt sind.

*Tabelle 5.1: Korrelationen zwischen den vier Dimensionen des
LehrerInnen-SchülerInnen-Verhältnisses*

|  | Akzeptanz | Mit-bestimmung | Restriktivität |
|---|---|---|---|
| Vertrauen | .26** | .25** | .05** |
| Akzeptanz |  | .39** | -.28** |
| Mitbestimmung |  |  | -.13** |

Quelle: NRW-Kids, LN=6.392. **: p <.01

Fassen wir die Ergebnisse der vorangegangenen Seiten zusammen, so zeigt sich,
dass die SchülerInnen mit ihren LehrerInnen im Großen und Ganzen einigermaßen zufrieden sind. Richten wir den Fokus auf einzelne Bereiche des SchülerInnen-LehrerInnen-Verhältnisses, so zeigen sich durchaus Defizite in Bezug auf
die Aspekte Vertrauen und Restriktivität. Betont werden damit teils starke Beziehungs-Unausgewogenheiten, die insbesondere restriktives und ungerechtes

Verhalten durch den Lehrer/die Lehrerin, auch Zwang und Gewalt und damit einen „Machtmissbrauch" (Krumm/Weiß 2002) bezeichnen, die einer vertrauensvollen Grundlage entbehren.

In dieser Beurteilung gibt es kaum Unterschiede zwischen Mädchen und Jungen. In Bezug auf das Alter bzw. die Jahrgangsstufen lässt sich eine konsistente Aussage treffen: Die Jugendlichen in der frühen bis mittleren Adoleszenz, die 7.- bis 10-Klässler, nehmen das Verhältnis zu ihren LehrerInnen im Vergleich zu anderen Jahrgangsstufen in einigen Bereichen als (etwas) angespannter wahr.

# 6 Die Klasse macht einen Unterschied

Wie in Kapitel 3 beschrieben, stellt die Klasse ein Sozialsystem sui generis dar, das sich durch eine Reihe markanter Merkmale auszeichnet. Wir nannten u. a. die kleingruppenspezifischen Interaktions- und Kommunikationsformate in der Klasse, die alters- und (zum Teil auch) herkunftsbezogene Homogenität sowie bestimmte Asymmetrien zwischen SchülerInnen und LehrerInnen. Damit konstituiert sich, wie wir u. a. auf der Grundlage der Arbeiten von Herzog (2009) zeigten, mit der Schulklasse eine mehr oder weniger autonome Eigenwelt der SchülerInnen innerhalb der Schule und des Unterrichts, die – neben anderen Entwicklungseinflüssen – von nicht zu unterschätzender Bedeutung u. a. für die Entwicklung schulleistungsrelevanter motivationaler Persönlichkeitsmerkmale der Heranwachsenden ist. So zeigt etwa Helmke (1997, S. 73) auf der Basis der SCHOLASTIK-Studie, dass die beobachtbaren Unterschiede im mathematikbezogenen Fähigkeitsselbstkonzept zwischen GrundschülerInnen zu 6 bis 10 Prozent durch die Zugehörigkeit zu einer bestimmten Klasse aufgeklärt werden können. Der Anteil der durch die Klassenzugehörigkeit aufgeklärten Varianz mit Blick auf die Lernfreude in Mathematik liegt mit 9 bis 12 Prozent sogar noch etwas höher.

Die Perspektive auf die Schulklasse als wirksame Entwicklungsumwelt hat in Zusammenhang mit Konzepten der sozial-ökologischen Sozialisationsforschung und der Entwicklung mehrebenenanalytischer Lehr-Lern-Modelle in der Schul- und Unterrichtsforschung dazu geführt, die Klasse als eigenständige Analyseeinheit einzubeziehen (Schwetz 2003, S. 217f.) Der Fokus auf den einzelnen Schüler bzw. die einzelne Schülerin wird dabei um kollektive Komponenten auf Klassenebene erweitert. Methodisch lässt sich diese Perspektivenerweiterung u. a. durch Datenerhebungsverfahren umsetzen, die die ganze Klasse (oder Teile davon) gleichzeitig in den Blick nehmen (z. B. im Rahmen von Videobeobachtungen von Unterrichtseinheiten; vgl. Klieme 2006), durch Verfahren, bei denen Analyse- und Auswahleinheit nicht Individuen, sondern die jeweiligen Aggregate selbst sind (z. B. SchulleiterInnen-Befragung über Schulmerkmale) und – vor allem in der Surveyforschung – durch die Aggregation von Individualdaten (vgl. Schwetz 2003). Mit Bezug auf die Schulklasse werden dabei die Angaben der SchülerInnen einer Klasse zu einem gemeinsamen Wert (Mittelwert) verrechnet, wodurch sich verschiedene Klassen anhand dieses Wertes miteinander vergleichen lassen.

## 6.1 Zusammenhalt und Konkurrenz in der Klasse

Da die Befragung der Kinder und Jugendlichen in der Siegener Studie NRW-Kids im Klassenverband durchgeführt wurde, können wir im Folgenden die Angaben der einzelnen SchülerInnen je Klasse zusammenfassen. Dies ermöglicht mit Blick auf das Sozialklima, Klassen mit (durchschnittlich) hohem von Klassen mit (durchschnittlich) niedrigem Zusammenhalt bzw. Konkurrenzverhalten voneinander zu unterscheiden.[25]

Betrachten wir zunächst den Zusammenhalt in der Klasse. Abbildung 6.1 zeigt, dass die Unterschiede zwischen den Klassen durchaus beachtlich ausfallen (vgl. ähnlich Schwetz 2003; Fend 1991b): Zwischen den Klassen mit dem niedrigsten (2,1) und dem höchsten Kohäsionswert (3,6) liegen 1,5 Skaleneinheiten – eine relativ hohe Spanne (die Skala reicht von min. 1 bis max. 4). Der Perzentilabstand für die mittleren 80 Prozent der Verteilung beträgt 0,7 Skaleneinheiten.

Die Variabilität des Zusammenhalts in der Klasse kann plastisch vor Augen geführt werden, wenn wir uns die Klassen mit dem niedrigsten bzw. mit dem höchsten Mittelwert näher ansehen. In Klassen mit einem Mittelwert von 2,4 oder darunter bedeutet dies, dass nahezu *alle* SchülerInnen in der Klasse die Frage nach dem Zusammenhalt der Klasse negativ beantworten.[26] Ebenso einhelliger Meinung sind die SchülerInnen aus Klassen, die einen Skalenmittelwert von 3,5 und darüber erreichen. In solchen Klassen sagen nahezu *alle*, dass in ihrer Klasse ein hoher sozialer Zusammenhalt herrscht. In den Klassen an den beiden Extrempolen der Verteilung gibt es nur geringe inter-individuelle Varianz in der Einschätzung des Klassenklimas.

---

25  In die folgenden Analysen gehen nur Klassen ein, in denen mindestens zehn SchülerInnen die jeweiligen Fragen vollständig ausgefüllt haben. Die Gesamtstichprobe umfasst damit 274 Klassen zwischen der 4. und 12. Jahrgangsstufe.

26  Wenn wir bei der Beschreibung des Antwortverhaltens der SchülerInnen innerhalb der Klassen von „Übereinstimmung" oder „einhelliger Meinung" sprechen, so muss betont werden, dass die SchülerInnen sich in der Erhebungssituation, also beim Ausfüllen des Fragebogens, nicht absprechen konnten. Übereinstimmung bezieht sich dementsprechend nur auf die (voneinander unabhängige) Übereinstimmung der Angaben, nicht auf einen bewussten Aushandlungsprozess, wie er sich etwa in Gruppendiskussionen in Kapitel 9 dokumentiert.

*Abbildung 6.1: Zusammenhalt zwischen den SchülerInnen*
*(auf Klassenebene aggregierte Mittelwerte)*

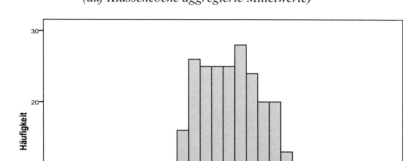

Quelle: NRW-Kids, N=274; MW=3,03; SD=0,30

Wie bereits in Kapitel 3 dargestellt, verändert sich die Einschätzung des Zusammenhalts in den Klassen mit dem Alter der Kinder und Jugendlichen nur geringfügig. Damit ist es als unwahrscheinlich anzusehen, dass die Varianz, die wir in Abbildung 6.1 auf Klassenebene erhalten haben, z. B. durch die Zugehörigkeit der Klassen zu unterschiedlichen Jahrgangsstufen hervorgerufen wird. Um hierin jedoch sicher zu gehen, haben wir die Analysen auf Jahrgangsebenen wiederholt. Abbildung 6.2 zeigt, dass wir auch innerhalb der Jahrgangsstufen auf erhebliche Varianz stoßen. In jeder der vier Jahrgangsstufen (jeweils zwei Jahrgangsstufen wurden zusammengefasst: 5/6, 7/8, 9/10 und 11/12[27]) beträgt

---

27 Auf die Darstellung der Klasse 4 (Grundschule) haben wir an dieser Stelle verzichtet, da nur 18 Klassen das Analysekriterium von mindestens zehn Fragebögen (siehe oben) erreichen.

*Abbildung 6.2: Zusammenhalt zwischen den SchülerInnen (auf Klassenebene*
*aggregierte Mittelwerte) – nach zusammengefassten*
*Jahrgangsstufen*

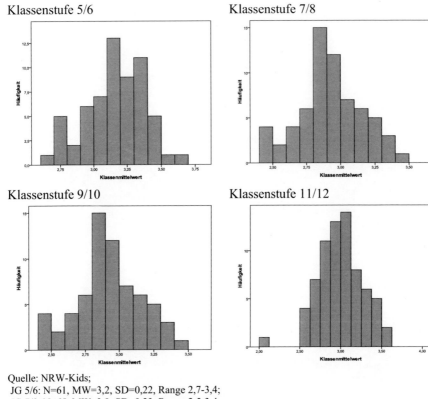

Quelle: NRW-Kids;
JG 5/6: N=61, MW=3,2, SD=0,22, Range 2,7-3,4;
JG 7/8: N=65, MW=2,9, SD=0,23, Range 2,5-3,4;
JG 9/10: N=59, MW=2,9, SD=0,29, Range 2,2-3,6;
JG 11/12: N=71, MW=3,0, SD=0,27, Range 2,1-3,6.

der Unterschied zwischen den Klassen mit dem geringsten und jenen mit dem
stärksten Zusammenhalt mindestens 1 bis 1,5 Skaleneinheiten. Das heißt, dass
wir in jeder Jahrgangsstufe Klassen finden, in denen der gegenseitige Zusammenhalt sehr gering und solche, in denen der Zusammenhalt überdurchschnittlich hoch ausgeprägt ist.

Die Variabilität des Klassenklimas zwischen den Klassen zeigt sich auch in Bezug auf die Skala Konkurrenz (siehe Abbildung 6.3). Auch hier stehen sich an den beiden Polen der Verteilungskurve Klassen gegenüber, in denen kaum Konkurrenzverhalten wahrgenommen wird, und Klassen, in denen Konkurrenz den Schul- und Unterrichtsalltag zu bestimmen scheint.

*Abbildung 6.3: Konkurrenz zwischen den SchülerInnen*
*(auf Klassenebene aggregierte Mittelwerte)*

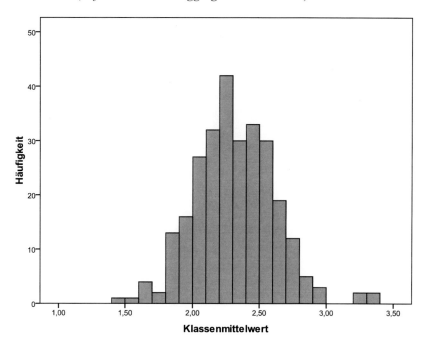

Quelle: NRW-Kids, N=274; MW=2,3; SD=0,30

Die Spannweite der aggregierten Klassenmittelwerte reicht von 1,5 (sehr wenig Konkurrenz) bis 3,4 (sehr hohe Konkurrenz), und beträgt damit 1,9 Skaleneinheiten. Die mittleren 80 Prozent liegen zwischen 2,0 und 2,6. Auch hier zeigt sich, dass die Variabilität in höheren Jahrgängen nicht abnimmt, sondern auf jeder Jahrgangsstufe vergleichbar groß bleibt (ohne Darstellung). Das heißt, dass sich auch im Falle des Konkurrenzverhaltens unabhängig des Alters der

Heranwachsenden deutliche Unterschiede hinsichtlich dieses Aspekts des Klassenklimas feststellen lassen.

## 6.2 Akzeptanz und Restriktivität seitens der LehrerInnen

Neben der Qualität der SchülerInnen-Beziehungen innerhalb der Klasse haben wir in Anlehnung an Eder (2001) als weiteren Aspekt des Sozialklimas in den Klassen das Verhältnis der SchülerInnen zu ihren LehrerInnen aufgenommen (siehe Kapitel 5). Wir hatten dabei vier Aspekte unterschieden: Vertrauen, Akzeptanz, Mitbestimmung/Partizipation und Restriktivität. Im Folgenden wollen

*Abbildung 6.4: Akzeptierendes Verhalten seitens der Lehrkräfte*
*(auf Klassenebene aggregierte Mittelwerte)*

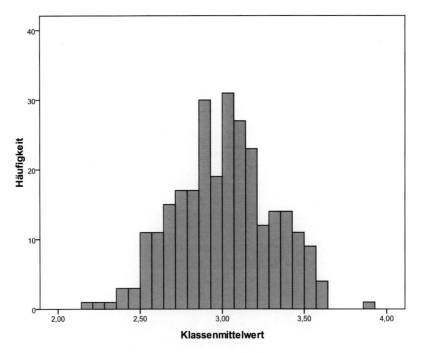

Quelle: NRW-Kids, N=275; MW=3,0; SD=0,29

wir uns aus Platzgründen auf die beiden Aspekte Akzeptanz und Restriktivität beschränken.

Die Spannweite der Klassenmittelwerte für die Skala Akzeptanz (siehe Abbildung 6.4) reicht von 2,2 bis 3,9 und umfasst damit 1,7 Skalenpunkte – die mittleren 80 Prozent der Verteilung bewegen sich zwischen 2,6 und 3,4. Dies zeigt, dass sich auch in der Einschätzung des LehrerInnen-Verhaltens die Klassen sehr deutlich voneinander unterscheiden. Zusätzliche Analysen auf Jahrgangsebene zeigen, dass sich die Variabilität des Verhaltens der Lehrkräfte in den einzelnen Jahrgangsstufen kaum verändert. Das heißt, dass die Erfahrung hoher Akzeptanz durch die Lehrkräfte sich nicht auf die unteren Jahrgänge beschränkt, sondern auch in höheren Jahrgängen erfahrbar ist. Andererseits bedeutet dies, dass auch in Klassen der unteren Jahrgangsstufen die gegenteilige Erfahrung ebenso wenig auszuschließen ist, wie in den höheren Jahrgängen.

*Abbildung 6.5: Restriktives Verhalten seitens der Lehrkräfte*
*(auf Klassenebene aggregierte Mittelwerte)*

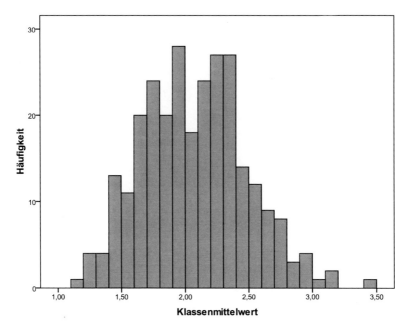

Quelle: NRW-Kids, N=275; MW=2,1; SD=0,40

Im Vergleich zu den bisher betrachteten Skalen weisen die Angaben zum restriktiven LehrerInnenverhalten eine noch größere Spannbreite auf (siehe Abbildung 6.5). In einem extremen Fall finden wir eine Klasse mit einem Mittelwert von 1,1, und damit eine Situation vor, in der die SchülerInnen restriktives
Verhalten seitens ihrer LehrerInnen so gut wie überhaupt nicht kennen. Das
andere Extrem zeigt eine Klasse (Mittelwert 3,4), in der fast alle SchülerInnen
unisono davon berichten, dass die LehrerInnen die SchülerInnen vor der Klasse
blamieren oder dass die LehrerInnen „schon mal handgreiflich" werden. Die
mittleren 80 Prozent der Verteilung liegen zwischen 1,6 und 2,6. Die Variabilität in den Klassenmittelwerten ist – wie im vorangegangenen Abschnitt mit
Blick auf die Skala Akzeptanz – in allen Jahrgangsstufen nahezu gleich. Das
heißt, (einzelne) Klassen, in denen die SchülerInnen von ausgeprägter Restriktivität ihrer LehrerInnen berichten, finden wir sowohl in den unteren als auch in
den höheren Jahrgängen.

Schließen wir die beiden Abschnitte zum Klassenklima (6.1 und 6.2) an dieser Stelle ab, so lässt sich als Fazit festhalten, dass wir zwischen den Klassen
erhebliche Varianzen in Bezug auf die Ausgestaltung des sozialen Klimas finden. Dies betrifft alle von uns untersuchten inhaltlichen Bereiche des Klassenklimas: die SchülerInnen-Beziehungen ebenso wie die Beziehungen zwischen
den SchülerInnen und ihren LehrerInnen. In allen vier Bereichen zeigen unsere
Analysen – wir haben dies exemplarisch in Abbildung 6.2 für den Zusammenhalt in der Klasse demonstriert –, dass die klassenbezogenen Unterschiede nicht
auf das Alter der SchülerInnen zurückzuführen sind und damit keinesfalls auf
den Umstand, dass sich die Beziehungen zu den LehrerInnen im Laufe der Zeit
– zumindest zwischen der 7. und 10. Jahrgangsstufe – verschlechtern (vgl. König 2010). In jeder Jahrgangsstufe finden wir eine vergleichbare Variationsbrei-
te, die je nach untersuchtem Bereich zwischen 1 und 2 Skaleneinheiten liegt.

## 6.3 Förderliches und hemmendes Sozialklima in den Klassen

Bisher haben wir die vier Aspekte des Sozialklimas – Zusammenhalt und Konkurrenz in der Klasse, akzeptierendes und restriktives LehrerInnenverhalten –
getrennt voneinander betrachtet. Im Folgenden werden diese Dimensionen gemeinsam vorgestellt. Ziel ist es, mittels eines statistischen Verfahrens Typen
von Klassen zu identifizieren, die sich – aus mehrdimensionaler Sicht – in ihrem
Sozialklima unterscheiden. Als Zielkriterium für die Qualität des sozialen Klimas bzw. dessen Wirkung ziehen wir die Schul- bzw. Lernfreude der SchülerInnen heran. Von den Merkmalen des Klassenklimas (vgl. Helmke 1997, der u. a.
die Lernfreude in Mathematik und in Deutsch untersuchte), ist vor allem ein

positiver Effekt auf die motivationalen Aspekte der SchülerInnenpersönlichkeit zu erwarten. Schul- und Lernfreude ihrerseits stehen in positivem Zusammenhang mit der Anstrengungs- bzw. Leistungsbereitschaft in der Schule (vgl. Fend 1997, S. 151) und stellen damit zwei wichtige Mediatorvariablen für den Schulerfolg dar. Dieser Zusammenhang zwischen schulischer Leistungsentwicklung und der Qualität der verschiedenen Dimensionen des atmosphärischen Klimas in der Schule wird in einer aktuellen Arbeit von Edlinger und Hascher (2008) aus der Perspektive der Stimmungsforschung aufgegriffen. Hinsichtlich unserer Fragestellung ist dabei vor allem ihr Hinweis bedeutsam, dass positive Lehrstrategien „Angst (Fear), Neid (Envy) und Ärger (Anger)" verringern und stattdessen das Verständnis füreinander und die Freude fördern sollten. Im Zusammenhang u. a. mit Lernzielen, die „Erfolge ermöglichen und in weiterer Folge Spaß, Lernfreude und Stolz nach sich ziehen" (Edlinger/Hascher 2008, S. 63) sind dies – wenngleich nicht die einzigen, so doch nicht zu unterschätzende – Grundlagen für eine positive Leistungsentwicklung. Die Autoren begründen dies u. a. damit, dass „positive Stimmung mit einem flexibleren Denkstil und der Verwendung höherer kognitiver Strategien einhergeht." (Ebd., S. 66) Je günstiger sich also die soziale Atmosphäre in der Klasse gestaltet (also je positiver die Beziehungen zwischen den SchülerInnen selbst und zu ihren LehrerInnen sind), desto förderlicher ist dies für die schulische wie auch die psychosoziale Entwicklung der Heranwachsenden.

Auf dieser Basis wollen wir mittels einer Clusteranalyse die Frage verfolgen, inwieweit sich unter den untersuchten Schulklassen in Bezug auf das Sozialklima unterschiedliche Typen von Klassen finden lassen und ob diese sich im Zielkriterium – der Schul- und Lernfreude – voneinander unterscheiden. Auf der Basis der genannten Arbeiten von Helmke (1997) und Edlinger und Hascher (2008) ist anzunehmen, dass in Klassen, in denen ein großer Zusammenhalt und wenig Konkurrenz zwischen den Heranwachsenden herrscht und gleichzeitig das Verhältnis zu den LehrerInnen positiv beschrieben wird, die SchülerInnen der Schule und dem Lernen positiver gegenüberstehen als SchülerInnen aus Klassen, in denen dies nicht der Fall ist.

In der Clusteranalyse lassen sich u. a. zwei Cluster (=Typen) von Klassen identifizieren.[28] In Abbildung 6.6 sind die Clustermittelwerte für die beiden Cluster dargestellt, dabei ist der Übersicht halber der jeweilige Gesamtmittelwert über alle Klassen auf den Wert 0 standardisiert. Die Mittelwerte des jeweiligen Clusters sind damit jeweils als Abweichung vom Gesamtmittelwert, also

---

28    Die Clusteranalyse ergibt zwei weitere Cluster von Klassen. Wir stellen hier aus Platzgründen nur die beiden ‚Extrem-Cluster' vor, das heißt das ‚klimatisch' positivste und das demgegenüber negativste Cluster. Durchgeführt wurde eine Two-Step-Clusteranalyse in SPSS (einbezogen wurden nur Klassen, in denen mindestens 10 SchülerInnen teilgenommen haben).

als Abweichung von 0 angegeben. Je stärker der Mittelwert von 0 verschieden ist, desto markanter ist dieser Wert für das Profil des jeweiligen Clusters.

Cluster 1 zeichnet sich durch ein hohes Maß an Klassenzusammenhalt aus (der Mittelwert in diesem Cluster liegt mit 3,3 deutlich über dem Referenzwert von 3,0) und ein relativ geringes Maß an Konkurrenzstreben zwischen den SchülerInnen (2,0) aus. Gleichzeitig nehmen die SchülerInnen ihre LehrerInnen als akzeptierend (3,3) und wenig restriktiv (1,6) wahr. In diesem Cluster finden wir entsprechend unserer bisherigen Argumentation ein insgesamt recht *positives Sozialklima* vor. Cluster 1 umfasst 19 Prozent der Klassen.

*Abbildung 6.6: Clusterprofile: Differenz der beiden Klassentypen 1 und 2 vom Referenzmittelwert der Gesamtgruppe*

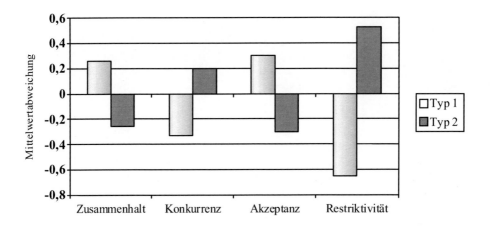

Cluster 2 (26% der Klassen gehören diesem Cluster an) hat ebenso ein sehr ausgeprägtes Profil. Die Kohäsion in der Klasse ist relativ gering, das Konkurrenzverhalten hingegen überdurchschnittlich hoch. Im Vergleich zu Cluster 1 liegen die Werte für Akzeptanz niedrig, für Restriktivität hoch. Im Gegensatz zu Cluster 1 repräsentiert dieser Cluster ein vergleichsweise *negatives Sozialklima*.

Beide Cluster bzw. Klima-Typen beschreiben damit je spezifische Qualitäten, Grenzen und Öffnungen, in denen sich Motivationen der SchülerInnen innerhalb einer Klasse entfalten können oder nicht.

Betrachten wir die Lern- und Schulfreude in den beiden Typen von Klassen, so zeigt sich, dass in Klassen des Typs 1 (Cluster 1) die durchschnittliche Lern- und Schulfreude bei weitem höher liegt als in den Klassen des Typs 2 (Cluster 2).

*Abbildung 6.7: Durchschnittliche Schul- und Lernfreude je Klassentyp*

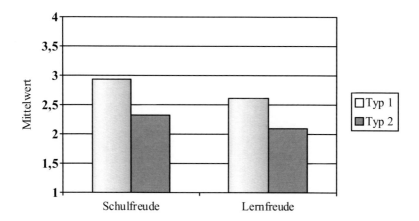

Quelle: NRW-Kids, N=275; Die Instrumente zur Schulfreude und zur Lernfreude wurden von Fend (1997) übernommen. Schulfreude: „Ich gehe ziemlich gerne in die Schule", „Ich freue mich schon auf die Zeit, in der ich von der Schule nichts mehr sehe" (invertiert); Lernfreude: „Ich gehöre zu den Schülern, die gerne lernen", „Ich betrachte das Lernen als notwendiges Übel" (invertiert). Als mögliche Antworten waren vorgegeben: 1=stimmt genau, 2=stimmt eher, 3=stimmt eher nicht, 4=stimmt nicht. Hohe Werte bedeuten hohe Ausprägungen auf der jeweiligen Dimension.

Dieser Befund zeigt deutlich, wie sehr das Sozialklima in der Klasse und die Schul- und Lernfreude der SchülerInnen miteinander verwoben sind. Insgesamt wird damit der *durchdringende* Charakter und Effekt des Sozialklimas auf motivationale Aspekte des Lernens und Zur-Schule-Gehens betont. Sowohl aus der Bedürfnisperspektive, die eine möglichst hohe Schul- und Lernfreude als eigenständiges Ziel von Unterricht und Schule auffasst, als auch aus der Leistungsperspektive, für die eine möglichst hohe Schul- und Lernfreude mit Hinblick auf deren Mediationspotenzial für die Entwicklung schulischer Leistungen im Mittelpunkt steht, gilt damit gleichermaßen die Forderung nach der Ausgestaltung einer positiven atmosphärischen Grundstimmung.

Unsere Befunde zur Unterschiedlichkeit des Klassenklimas und zu dessen Auswirkungen auf die entwicklungsrelevanten Bereiche Schul- und Lernfreude bedeuten, dass nicht nur die (Einzel-)Schule (vgl. Fend 1998b) bzw. die Schulart (vgl. Becker/Schubert 2006, S. 259) unterschiedliche Lern- und Leistungsmilieus darstellen, sondern – innerhalb dieser Mesoebenen – ebenso die Mikroebene der einzelnen Schulklassen. Hierzu bedarf es auch auf methodischer Seite spezifischer Verfahren, um diese Variabilität der Klasse als sozialem Lernmilieu gerecht zu werden. Ein solches spezifisches Verfahren haben wir mit der Clusteranalyse aufgezeigt. Darüber hinaus sind aber auch hierarchisch-lineare Modelle, die die Mehrebenenstruktur von Regressionszusammenhängen – im Dreiklang Individuum, Klasse, Schule – zu untersuchen erlauben, in diesem Anwendungskontext zu nennen (siehe die Entwicklung entsprechender Programme und Modelle; Bryk/Raudenbush 1987, 1989, 1992; Ditton 1993, 1998; Muthén/ Muthén 1998).

# 7 Lernemotionen

Die Motivationspsychologie hat vielfach belegt, dass die Motivation zum Lernen, neben dem Lerngegenstand selbst und der atmosphärischen Verfasstheit der Lernsituation (siehe Kapitel 4 bis 6), eng mit den affektiven Schul- und Lernerfahrungen und den damit zusammenhängenden prä- wie postaktionalen Empfindungen bzw. Gefühlen verknüpft ist (vgl. Edlinger/Hascher 2008; Hascher 2010; Pekrun/Schiefele 1996; Schmitz/Wiese 1999). Je positiver die lernbezogenen Erfahrungen und Gefühle, desto stärker sind intrinsische Lernmotivation und Lernfreude ausgeprägt, desto häufiger werden zielführende Lernstrategien angewandt und desto erfolgreicher verläuft der Lernprozess (Schmitz/Wiese 1999). Dies belegen Studien bereits für die ersten Jahre der Grundschule (Schneider 2005). In Studien zu negativen Lern- und Leistungsgefühlen, wie zum Beispiel aus der Forschung zur Prüfungsangst, zeigt sich, dass diese die Schulleistung negativ beeinflussen, die Anstrengungsbereitschaft verringern und Misserfolgserwartungen erhöhen (siehe Pekrun 1991, 1999).

Bislang stand in der quantitativen Forschung relativ selten die Frage im Fokus, wie die SchülerInnen das Lernen in der Schule erfahren und was sie dabei empfinden. Ist das Lernen etwas, das Erfolgserlebnisse oder Spaß vermittelt? Oder erleben die SchülerInnen dabei Ängste und Enttäuschungen? Dass beides möglich ist, wissen wir aus der Analyse von Einzelfällen. Wie verteilt sich dies jedoch in einer repräsentativen Stichprobe?

In der Regel erleben die SchülerInnen im Verlauf der Schulzeit alle einmal Gefühle von Enttäuschung, Angst etc. Das in der Studie LernBild eingesetzte Instrument zielt nicht auf diese einzelnen Erlebnisse und Situationen, sondern auf die summarische Beschreibung von Gefühlen und Empfindungen als Sediment langjähriger Erfahrungen (vgl. das Entwicklungsmodell von Pekrun 1999, S. 27ff.; vgl. Fend 1997, S. 53). „Aufgrund einer fortschreitenden Schematisierung von Erfahrungen durch Abstraktion, Generalisierung, Integration und Bedeutungszuschreibung entstehen – als eigenschaftsähnliche Ordnungsmanifestationen – dynamische generative Strukturen mit Leerstellen, deren ereignisabhängige Ausfüllung das konkrete Gefühlsleben ausmacht." (Ulich/Volland/Kienbaum 1999, S. 13) Diese relativ dauerhaften Gefühle und Empfindungen,

Ulich, Volland und Kienbaum sprechen hier von emotionalen Schemata (1999, S. 13), haben Einfluss auf das Lernverhalten der Kinder und Jugendlichen, das heißt, sie werden handlungswirksam, ähnlich wie dies aus der Selbstwirksamkeitsforschung bekannt ist (Jerusalem/Hopf 2002; Vrugt 1994; Schmitz/Wiese 1999). Sie steuern, inwieweit sich die SchülerInnen weiterer Lernaufgaben stellen (können), ob sie sie annehmen und als eine positive Herausforderung betrachten oder ob sie versuchen, Lernsituationen nach Möglichkeit zu vermeiden („emotionsspezifische Reagibilitäts-Schwellen") (Ulich/Volland/Kienbaum 1999, S. 13), da sie mit dem Lernen überwiegend angstvolle Gefühle verbinden. Hinter diesen Handlungsdispositionen wirken „emotionale Wertbindungen", die „gefühlsrelevante Wertbezogenheit und Wertpräferenzen" repräsentieren (ebd.). So zeigen Witkow und Fuligni (2007), dass unterschiedliche – erfolgversprechende wie vermeidende – Lerngrundhaltungen in hohem Maße mit den alltäglichen Schulerfahrungen in Zusammenhang stehen. „Performance approach-orientierte" SchülerInnen wenden mehr Zeit für die Hausarbeiten und das Lernen auf als andere Gleichaltrige, sie berichten häufiger von Erfolgserlebnissen im Schulalltag und geben häufiger an, sich als ein guter Schüler/eine gute Schülerin zu sehen, als andere. Das gilt ähnlich für „mastery approach-orientierte" SchülerInnen. Mastery approach-orientierte SchülerInnen geben darüber hinaus in hohem Maße an, gerne in die Schule zu gehen, und sich dort nicht zu langweilen. Beide Lerngrundhaltungen sind mit positiver Schulentwicklung verbunden. Vermeidungsorientierte Lerngrundhaltungen stehen deutlich in Zusammenhang mit negativen Schulerfahrungen (vgl. hierzu Kapitel 9 zu offensiven und defensiven SchülerInnen-Strategien). SchülerInnen, deren Grundhaltung als mastery avoidance-orientiert bezeichnet werden kann, wenden weniger Zeit für die Schule auf als andere, geben an, häufiger in der Schule etwas nicht zu verstehen, berichten seltener von Erfolgserlebnissen in der Schule, bezeichnen sich seltener als gute SchülerInnen als andere Gleichaltrige. Dagegen geben sie häufiger zu Protokoll, dass sie sich in der Schule langweilen und dass sie nicht gerne in die Schule gehen (Witkow/Fuligni 2007, S. 592). Des Weiteren zeigt Fend in diesem Zusammenhang, wie sich dauerhafter Erfolg bzw. Misserfolg in der Schule im Selbstbild der Heranwachsenden niederschlägt. Er vergleicht SchülerInnen mit dauerhaften Erfolgserlebnissen (überdurchschnittlicher Notenentwicklung) mit SchülerInnen mit dauerhaften Misserfolgserlebnissen (unterdurchschnittlicher Notenentwicklung) und stellt dabei fest, dass die „SpitzenschülerInnen" ein positiveres Begabungsselbstkonzept, höhere schulische Selbstwirksamkeitsüberzeugungen aufweisen, seltener Leistungsängste und somatische Belastungen empfinden, und mit ihrem Leben insgesamt (auch außerhalb der Schule) zufriedener sind als SchülerInnen, die dauerhaft Misserfolge erleben (1997, S. 266).

Der letzte Aspekt weist darauf hin, dass Lernemotionen, die beispielsweise aus den schulischen Erfahrungen resultieren, auch auf außerschulische (Lern-) Kontexte ausstrahlen und diese situativ bzw. situationsübergreifend konfigurieren. Diese Perspektive ist u. a. für die gegenwärtig in der Bildungsforschung vor allem mit Blick auf lebenslanges Lernen intensiv diskutierten non-formalen und informellen Lernprozesse bedeutsam, die in besonderem Maße von der aktiven Haltung der Heranwachsenden abhängen, das heißt in besonderem Maße von den emotionsbezogenen Reagibilitäts-Schwellen und Selektionsprozessen. Hier ist mit Fend zu erwarten, dass Kinder und Jugendliche, für die das Lernen in der Schule mit negativen Gefühlen besetzt ist, diese Gefühle auch auf mögliche außerschulische Lernsituationen übertragen und entsprechend bemüht sind, solche Lernsituationen zu vermeiden.

Die Auseinandersetzung mit den Lernemotionen lässt sich damit nicht allein aus der Perspektive der Beschreibung des schulischen Erlebens und der affektiven Grundstimmung der SchülerInnen begründen (Bedürfnisperspektive), sondern auch aus der Funktion der Emotionen als zentraler Mediatorvariablen hinsichtlich von Schulerfolg bzw. -misserfolg.

Zur Messung der lernbezogenen Emotionen der SchülerInnen gingen wir zunächst qualitativ vor. In verschiedenen Ideensammlungen im Rahmen von Einzelinterviews und Gruppendiskussionen mit SchülerInnen unterschiedlicher Jahrgangsstufen zum Thema Lernen („Was fällt euch zum ‚Lernen' alles ein?") bildeten sich verschiedene *emotionale* Zuschreibungen ab. Diese ließen sich negativ und positiv konnotierten Bereichen zuordnen:

Als Beispiele für negative Lernemotionen wurden genannt:

- *Gebundensein an den Ort* (z. B. „zu Hause sitzen") und *Verzicht auf Freizeit* (z. B. „Freizeit geht drauf"),
- *Langeweile* (z. B. „auswendig lernen", „viel üben" oder „wiederholen müssen") und
- *Stress erleben* („stressig", „schlechtes Gewissen"),

und als positive Lernemotionen:

- *Soziales Miteinander* (z. B. „mit anderen lernen", „zu zweit in Gruppen arbeiten", „zusammen was machen", „miteinander sprechen", „sich einfach was erzählen"),
- *das persönliche Erfolgserlebnis* (z. B. „man ist dann ein bisschen intelligenter", „wat wissen", „was verstehen" und „dazulernen") und
- *Spaß und Interesse am Lernen* (z. B. „Spaß an der Sache haben", „ich finde Lernen auch gut", „ich lerne auch gerne", „nicht nur vor dem Fernseher hocken").

In dieser Sammlung zum Stichwort Lernen bilden sich erste (noch grobe) Dimensionen ab, die u. a. auf den sozialen Aspekt des Lernens und die Bedeutung von Erfolg, Verstehen und Wissenszuwächsen beim Lernen, verbunden mit einem eigenen positiven (Lern-)Selbstbild und positiven Lernzuschreibungen, verweisen. Gleichzeitig beinhalten sie affektive Komponenten wie Stress, Langeweile, Lernerfolg oder Spaß. Diese affektiven Komponenten wurden anschließend in einen standardisierten Fragebogen übersetzt. Den quantitativen Zugang zu den Empfindungen und Gefühlen der SchülerInnen wählten wir über folgende Frage: Was fällt dir zum Thema Lernen in der Schule ein? „Lernen in der Schule ist für mich ..." Hierauf legten wir den Kindern und Jugendlichen 14 einzelne Aussagen vor (siehe Tabelle 7.1), zu denen wir sie um ihre Zustimmung oder Ablehnung baten: 1=stimmt nicht, 2=stimmt wenig, 3=stimmt teils/teils, 4=stimmt ziemlich, 5=stimmt völlig". Während in der motivationspsychologischen Forschung die Erfassung der affektiven Stimmung häufig über eine Beschreibung allgemeiner Gefühle erfolgt – wie „bedrückt", „aktiv" oder „munter" (Schmitz/Wiese 1999, S. 162) –, bezieht sich das hier verwendete Instrument unmittelbar auf die Lernsituation und die damit verbundenen Emotionen selbst und ermöglicht damit einen direkten Zugriff auf die lernbezogenen Affekte. Exploratorische Hauptkomponentenanalysen[29] zeigen, dass sich die 14 Aussagen des Instruments drei inhaltlichen *Dimensionen* zuordnen lassen (neben einigen Gefühlsaussagen im unteren Viertel von Tabelle 7.1, die sich keiner gemeinsamen inhaltlichen Dimension zurechnen lassen), die wir mit *Leistungsängste*, *Lernen als ‚soziale Action'* und *Lernen als Leistungserfolg* bezeichnen. Die Antworten auf die jeweils einer Dimension zugehörigen Fragen werden addiert und durch die Anzahl der (beantworteten) Fragen dividiert. So erhalten wir einen durchschnittlichen Wert für die jeweilige Dimension (Summenindex), der sich im Rahmen der ursprünglichen Skala zwischen 1 und 5 bewegt. Je höher der Wert, desto stärker wird die jeweilige Gefühlsdimension betont.

## 7.1 Leistungsängste

Tabelle 7.1 zeigt, dass das Erleben von Enttäuschung, Angst und Blamage nicht zu den allgemeinen Lernerfahrungen der Kinder und Jugendlichen gehört. Nur 8 Prozent der SchülerInnen verbinden mit dem Lernen, sich zu blamieren, 16 Prozent verknüpfen mit dem Lernen Angst und gut ein Viertel der SchülerInnen

---

29  Hauptkomponentenanalyse mit rechtwinkliger Varimaxrotation. Die Varianzaufklärung der drei Faktoren beträgt für die Gesamtgruppe der befragten Kinder und Jugendlichen: Faktor *Leistungsängste* 19,7%, *Lernen als ‚soziale Action'* 19,6% und *Lernen als Leistungserfolg* 10,9%. Zusammen klären die drei Faktoren 50,1% der Gesamtvarianz auf.

(27%) erlebt Enttäuschungen beim Lernen. Zu erinnern ist, dass es sich entsprechend unseres Instruments dabei nicht um einmalige, sondern um wiederkehrende regelmäßige Erfahrungen handelt, die die jungen Menschen zu Protokoll geben und die sich auf affektiver Ebene in relativ dauerhaften emotionalen eini-

*Tabelle 7.1: Gefühle beim Lernen in der Schule – 4. bis 12. Jahrgangsstufe*

| Lernen in der Schule ist für mich ... | stimmt teils teils | Stimmt völlig/ stimmt ziemlich | *Mittelwert (SD)* |
|---|---|---|---|
| *Faktor 1: „Leistungsängste"* | | | *2,4 (0,91)* |
| ... Enttäuschung erleben | 37% | 27% | |
| ... Angst haben | 28% | 16% | |
| ... sich blamieren | 20% | 8% | |
| *Faktor 2: „Lernen als ‚soziale Action'"* | | | *3,1 (0,91)* |
| ... sich geborgen fühlen | 29% | 20% | |
| ... Action | 29% | 26% | |
| ... Spaß haben | 26% | 56% | |
| ... mit Freunden/Freundinnen zusammen sein | 20% | 60% | |
| ... spannend | 30% | 30% | |
| *Faktor 3: „Lernen als Leistungserfolg"* | | | *3,9 (0,81)* |
| ... Erfolg haben | 22% | 72% | |
| ... etwas leisten | 23 % | 70 % | |
| *Sonstige Fragen[1)]* | | | -- |
| ... wütend werden | 24% | 9% | |
| ... Stress haben | 34% | 31% | |
| ... einsam sein | 14% | 6% | |
| ... Langeweile haben | 30% | 24% | |

Quelle: LernBild (N=873). Die Reihenfolge der Fragen in der Tabelle entspricht nicht der Reihung der Fragen im Fragebogen. 1) Diese Fragen lassen sich nicht in eine Faktorenlösung integrieren.

ige dieser Analyseergebnisse durchaus alarmierend (vgl. ähnlich Holtappels 2003, S. 186f.). In der Literatur wird auf den Zusammenhang zwischen Leistungsangst und schulischer Leistungsentwicklung hingewiesen, wobei ausgeprägte Leistungsängste mit geringem Schulerfolg einhergehen (vgl. Helsper/ Böhme 2002, S. 578f.). In unserer Studie zeigt sich übereinstimmend, dass mit zunehmend negativer affektiver Bewertung des Lernens in der Schule die Durchschnittsnoten (in Deutsch und Mathematik) schlechter ausfallen (Stecher 2006b, S. 249).[30]

In der Forschung zu negativen Leistungsgefühlen, wie etwa der Prüfungsangst, wird darauf hingewiesen, dass diese von der Qualität der Entwicklungsumwelt (in unserem Fall der schulischen Umwelt) abhängen. Pekrun (1991) etwa zeigt an einer Stichprobe von Münchener SchülerInnen, dass je höher der schulische Leistungsdruck und je restriktiver das Strafverhalten der LehrerInnen von den Schülerinnen wahrgenommen werden, desto intensiver werden auch Prüfungsängste erlebt. Holtappels (2003, S. 192, 194) berichtet signifikante gegensinnige Korrelationen zwischen der Häufigkeit des Auftretens von Leistungsängsten und einem hohen Zusammenhalt in der Klasse ($r$=-.26) sowie einer positiven LehrerInnen-SchülerInnen-Beziehung ($r$=-.22) und gleichsinnige Korrelationen hingegen zwischen Leistungsängsten und ausgeprägtem Konkurrenzverhalten in der Klasse ($r$=.21). Insgesamt zeigt sich damit (mit Blick auch auf Kapitel 4 und 5), dass Leistungsängste umso seltener auftreten, je positiver das soziale Klima in der Klasse ausgeprägt ist.

## 7.2 Lernen als ‚soziale Action'

Die positiven Seiten des Lernens zeigen sich in den Ergebnissen zur Dimension Lernen als ‚soziale Action', die positive Lernemotionen und das Aktive und Soziale betont. Der Prozentsatz derjenigen, die sich in der Schule und beim Lernen geborgen fühlen, fällt mit 20 Prozent nicht sehr hoch aus, und auch ‚Action' wird nur von einem Viertel der Befragten mit dem Lernen assoziiert. Immerhin sagen aber über die Hälfte der Befragten (56%) aus, dass sie Spaß beim Lernen haben und vor allem, dass es ihnen gefällt, beim Lernen in der Schule mit ihren Freunden und Freundinnen zusammen zu sein (60%). Ein Befund, der nochmals auf die Bedeutung der Gleichaltrigen für das Erleben von Schule wie für die Gestaltung von Lehr-Lern-Prozessen hinweist (vgl. Tschira 2005; siehe

---

30  Leistungsängste zeigen einen eigenständigen Einfluss auf die Durchschnittsnoten auch nach regressionsanalytischer Kontrolle anderer Variablen wie Geschlecht und Alter.

Kapitel 2 und 6). Mit Spannung verknüpft sich Lernen hingegen nur für etwa ein Drittel der SchülerInnen.

## 7.3 Lernen als Leistungserfolg

Dass Lernen für viele eine Möglichkeit ist, Erfolge zu erleben und die Erfahrung zu machen, etwas zu leisten, zeigen die Ergebnisse zur dritten Dimension, die wir mit Lernen als Leistungserfolg überschrieben haben (siehe Kapitel 2.1). In dieser Dimension bezieht sich die individuelle affektive Besetzung des Lernens auf den Leistungszusammenhang von Schule bzw. genauer: auf den Leistungserfolg im kompetitiven Rahmen der Schule (vgl. Fend 2006, S. 81ff.). Wie bedeutsam eine positive affektive Besetzung des Lernens für das Selbstkonzept und den Schulerfolg des Einzelnen ist, haben wir u. a. bei Fend (1997, S. 266) und Witkow und Fuligni (2007) gesehen.

Über zwei Drittel der Befragten bringen Erfolg und das Gefühl, etwas zu leisten, mit dem Lernen in Verbindung. Lediglich 6 bis 7 Prozent (berechnet aus 100% minus der Summe aus Spalte 1 und 2) sehen das Lernen nicht in Verbindung mit positivem Leistungserleben und Erfolgen. Für diese kleine Gruppe von SchülerInnen ist das Lernen offensichtlich dauerhaft mit Misserfolgen verbunden.

Nach dem schönsten und schlimmsten Erlebnis mit dem Lernen im Rahmen von Gruppendiskussionen (siehe Kapitel 9.2) befragt, betonen die SchülerInnen insbesondere ihre leistungsbezogenen Erfolgs- bzw. Misserfolgserfahrungen. Dies belegen beispielhaft folgende Auszüge aus einer Gruppendiskussion in einer siebten Realschulklasse:

(„schöne Erlebnisse")
Luis (Namen geändert): *Also ich hab einmal richtig was getan; und ehm dann auf einmal schreib ich die Arbeit, und dann zwei Tage danach krieg ich `se wieder, nee ich hab keine Lust reinzugucken, auf einmal guck ich rein, auf einmal schreib ich `ne Zwei!*
Julia: *Und ich weiß, in der fünften Klasse war das, da hab ich gleich bei der ersten Arbeit die beste Note gehabt, und da war ich auch froh über mich, weil das war die erste Englischarbeit und ich dachte immer: Oooh Englisch, das wird so schwer sein und so. Aber dass ich da schon die beste Note hatte, da war ich auch ganz glücklich.*

(„schlimme Erlebnisse")
Julia: *Das war in der Grundschule, da hieß es, dass wir an einem Tag, am Mittwoch glaub ich, da sollten wir die Arbeit schreiben oder das Diktat bes-*

*ser gesagt, und dabei haben wir es einen Tag vorher geschrieben und, ja, ich konnte nicht üben und da hatte ich eben `ne Fünf geschrieben.*

Serji: *Also das war jetzt noch im letzten Schuljahr, in Deutsch, da hab ich ganz viel geübt, aber ich hab am Thema vorbei geübt, und dann hab ich `ne ganz schlechte Arbeit geschrieben.*

Luis: *Also ich hab mal für `ne Englischarbeit geübt. Ich hab sogar mehrmals geübt, mehr als sonst. Und ich stand schon Fünf beim Halbjahreszeugnis und dann hab ich was getan. Und dann hab ich doch `ne Sechs geschrieben.*

Die weiteren Aussagen in Tabelle 7.1: Relativ selten (9%) geben die Befragten an, dass sie wütend beim Lernen in der Schule werden; dass sie sich dabei einsam fühlen, geben 6 Prozent zu Protokoll. Dies deckt sich mit unseren Ergebnissen weiter oben, die zeigen, dass viele der SchülerInnen Lernen in der Schule im Sinne eines sozialen Erlebens (das auch Spaßcharakter haben kann) bewerten (siehe Kapitel 7.2). Welche negativen Gefühle Lernerfahrungen im Einzelfall begleiten können, zeigt sich im folgenden Ausschnitt einer Gruppendiskussion (RealschülerInnen 6. Klasse, siehe auch Kapitel 9.2).

Tim: *Ja wo ich das gesehen hab das erste Mal äh die fünf (.) hab ich gedacht, oh Scheiße jetzt krieg ich Ärger bestimmt zu Hause*
Interviewer: hm
Tina: *Das ist ne Wut man könnt sich selber in den Arsch treten*
Tanja: *Das is (u)*
Tina: *Man könnt sich selber umbringen*
Interviewerin: Mhm
Tanja: *(u) Traurigkeit (.) ich hab auch (.) ne fünf in Englisch geschrieben (.) (u) traut man sich auch nicht mehr zu fragen.*

Nicht zu übersehen ist jedoch die Gruppe derjenigen, die Lernen mit Langeweile verbindet – knapp ein Viertel antwortet in diesem Sinne. Wenngleich es bislang kaum Studien gibt, die sich mit der schulischen Langeweile beschäftigen, weisen Götz und Frenzel (2006, S. 149) auf „die Relevanz schulischer Langeweile im Hinblick auf psychosoziale und physiologische Probleme wie Dropout, Absentismus, deviantes Verhalten, Delinquenz, Abusus psychotroper Substanzen, Spielsucht, Übergewicht und schwache Leistungen" hin. In einer Studie von Götz, Frenzel und Haag (2006, S. 126ff.) wurden als die häufigsten Ursachen von schulischer Langeweile die Unterrichtsgestaltung (62% der Befragten gaben dies als allgemeinen Grund an) und die Unterrichtsinhalte und -themen (45%) genannt. Die Person des Lehrers/der Lehrerin und seines/ihres Verhaltens wurde von etwa einem Viertel genannt. Mit Blick auf die Unterrichtsgestaltung sind es vor allem ein nicht abwechslungsreich gestalteter Unterricht, die schlechte Qualität des LehrerInnen-Vortrags und die Tatsache, dass die SchülerInnen zu viel schreiben müssen, die aus SchülerInnensicht kritisiert werden.

Noch größer als die Gruppe, die sich im Unterricht häufig langweilt, ist mit knapp einem Drittel die Gruppe derjenigen, die angeben, dass Lernen in der Schule für sie (auch) Stress bedeutet. Wir dürfen also nicht übersehen, dass neben all der positiven emotionalen Bewertung, die das Lernen insgesamt erfährt, sich Lernen für eine zahlenmäßig ernst zu nehmende Gruppe von SchülerInnen (dauerhaft) mit Stress verbindet. Auf den Zusammenhang und das Zusammenwirken von Stress, psychosomatischen Beschwerden und negativer Leistungsentwicklung ist vielfach hingewiesen worden (vgl. Freitag 1998, S. 55ff.; Engel/Hurrelmann 1989). So zeigen etwa Wenz-Gross et al. (1997) bei 7.- und 8.-Klässlern, dass es mit zunehmendem Stressempfinden – bei gleichzeitig geringen Bewältigungsressourcen beispielsweise durch elterliches Unterstützungsverhalten – zu einer Abnahme der allgemeinen Schulfreude, einer Verschlechterung des akademischen Selbstkonzepts und zu einer Zunahme depressiver Verstimmungen kommt.

Dazu ein kleiner Einblick zum Umgang mit Stress bzw. Stressabbau aus einer Gruppendiskussion mit SchülerInnen einer achten Realschulklasse (vgl. hierzu auch Ziegler 1996):

Torti: *Ich lerne – und dann hab ich meistens ,nen heißen Kopf, und dann sach ich: Gut, jetzt hab ich gelernt. Und dann schmeiß ich die Sachen in die Ecke. Danach schalt ich den Fernseher an, leg mich auf mein Bett und verbanne die Schulsachen dann bis zum nächsten Tag.*
Angelina: *Ich lern erst, dann beschäftige ich mich mit was anderem, was mir Spaß macht wie zeichnen. Und dann, nach einer Stunde oder zwei, fang ich dann wieder an zu lernen.*
Andy: *Dann hau ich immer gegen den Boxsack 'ne Viertelstunde.*

Neben einer Liste, die verschiedene Empfindungen und Erfahrungen vorgab, baten wir die Kinder und Jugendlichen in einer offenen Frage, ob sie noch andere – von uns nicht aufgelistete – Gefühle beim Lernen in der Schule haben. Etwa 200 Befragte nutzten diese Möglichkeit und schrieben ihre ,Schul-Gefühle' auf. Hier einige Auszüge:

*"einfach glücklich sein"*

*"rot werden"*

*"wie lange noch"*

*"Verzweiflung"*

*"von älteren geschlagen zu werden"*

*"Angst vor dem Lehrer"*

*"Gefühl, dem Druck nicht standhalten zu können"*

*"erste große Liebe"*

*"Hunger"*

*"Hass"*

*"Kater" und "Kotzreiz"*

*"Liebeskummer"*

„*Druck von Lehrern und Eltern*"

„*Ein bisschen Spaß, aber auch viel harte Arbeit*"

„*Etwas Nützliches für das Leben lernen*"

„*Fäulnis*"

Die SchülerInnen nennen eine Reihe von Gefühlen, die unsere Liste punktuell ergänzen und differenzieren. Da aber nur etwa 20 Prozent der Kinder und Jugendlichen von dieser Möglichkeit der offenen Antwort Gebrauch machten, können wir davon ausgehen, dass unsere standardisierte Liste die zentralen Gefühle und Erfahrungen im Zusammenhang mit dem Lernen in der Schule abbildet.

## 7.4 Lernemotionen und Alter

Im Hinblick auf das Erleben von SchülerInnen zeigt sich, dass Mädchen (signifikant) häufiger von Angst beim Lernen berichten als Jungen. Der Skalenmittelwert beträgt für die Mädchen 2,5, bei den Jungen 2,3. Auf den anderen beiden Dimensionen, Leistungserfolge und Lernen als ‚soziale Action', unterscheiden sich Mädchen und Jungen nicht bedeutsam voneinander.

Anders das Bild nach *Jahrgangsstufen* (siehe Abbildung 7.1). Zunächst lässt sich beobachten, dass die Leistungsängste im Durchschnitt von der 4. bis zur 12. Klasse leicht zunehmen – wobei vergleichsweise hohe Werte bei den 7.-/8.-Klässlern und bei den 11.-/12.-Klässlern auftreten. Ähnlich berichtet auch Fend vor allem von einem Anstieg von Leistungsängsten von der 6. zur 7. Jahrgangsstufe (1990, S. 84). Am geringsten verbreitet ist die Leistungsangst bei den GrundschülerInnen der 4. Klasse und in der Orientierungsstufe, das heißt in der 5. und 6. Jahrgangsstufe.

In etwas stärkerem Maß als die Ängste und Enttäuschungserfahrungen zunehmen, nehmen die Erfolgserfahrungen mit dem Lernen, vor allem bei den 7.- bis 10.-Klässlern, in der Schule ab.

*Abbildung 7.1: Gefühle beim Lernen in der Schule –*
*4. bis 12. Jahrgangsstufe*

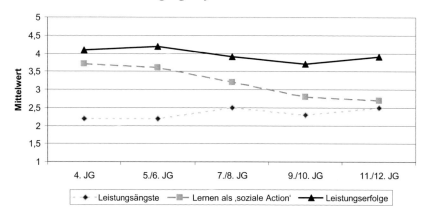

Quelle: LernBild, $N_{Gesamt}$>884. *Leistungsängste*: ANOVA: F=3,66; p=.006. *Lernen als ‚soziale Action'*: ANOVA: F=42,90; p<.000. *Leistungserfolge*: ANOVA: F=7,46<.000.

Eine noch deutlichere Abnahme von Jahrgangsstufe zu Jahrgangsstufe erfährt die Dimension Lernen als ‚soziale Action'. Während der Skalenmittelwert bei den 4.-Klässlern noch bei 3,7 liegt, sinkt dieser kontinuierlich auf 2,8 bei den 9.- bis 12.-Klässlern. Diese Differenz von 0,9 Skaleneinheiten beschreibt eine deutliche Veränderung, die bedeutet, dass Spaß, Action und Spannung beim Lernen in der Schule mit zunehmendem Alter der Befragten abnehmen. Ebenso verliert es mit fortschreitender Jahrgangsstufe an Relevanz, beim Lernen mit Freunden und Freundinnen zusammen sein zu können. Dies deckt sich mit Befunden, die zeigen, dass auch die Lernfreude mit zunehmendem Alter der SchülerInnen – zumindest bis zur Mitte der Sekundarstufe I – abnimmt. Unsere Daten erlauben es, diesen Befund u. a. auf der Basis einer sich verändernden affektiven Aufladung des Lernens, mit zu begründen.

# 8 Die persönliche Ordnung erwünschter Fähigkeiten und Fertigkeiten

Zur langen Tradition der Bildungsforschung gehört die grundlegende Frage, was unter Bildung zu verstehen ist und welche Fertigkeiten, Fähigkeiten und Merkmale das gebildete Subjekt auszeichnen. Jenseits der allgemeinen Bestimmung des Bildungsbegriffs als Ideal einer umfassend entwickelten Persönlichkeit (Humboldt), eines mündigen und kritikfähigen Bürgers (Roth) oder eines demokratischen, antirassistischen Subjekts (Scherr) exemplifizieren die meisten AutorInnen ihr Bildungsverständnis anhand leistungs- und/oder anwendungsorientierter Teilaspekte. Diese Teilaspekte werden dabei mit den Begriffen Fähigkeiten, Fertigkeiten oder Qualifikationen bzw. vor allem in jüngerer Zeit mit dem Begriff der Kompetenz belegt (vgl. Nieke 2008, S. 205f.; zur Unterscheidung zwischen den Begriffen siehe Erpenbeck/Heyse 1999, S. 23f.). So beschreibt etwa Heinrich Roth (1971, S. 180) in seiner Pädagogischen Anthropologie, dass „Mündigkeit" als eines der zentralen Bildungsziele auf drei grundlegende Kompetenzen angewiesen ist: Die Selbst-, die Sach- und die Sozialkompetenz (wir werden weiter unten noch im Detail auf diese Kompetenzen eingehen). De Boer (2008, S. 20) führt dazu aus, dass Roth mit diesen Kompetenz-Differenzierungen betont, „dass Mündigkeit nicht über das rein fachliche Lernen zu erzielen ist und die gezielte Förderung sozialer Prozesse neben kognitiven in der Schule zu leisten sei."

In allgemeiner Form werden Kompetenzen als „kohärente Komplexe von Fähigkeiten und Fertigkeiten [verstanden; d. V.], die vorhanden sein müssen und im kognitiven Selbstmanagement effektiv eingesetzt werden können, um vorgegebene Aufgaben zu lösen" (Nieke 2008, S. 206). In diesem Sinne zielen Kompetenzen auf für das Subjekt erweiterte Handlungsmöglichkeiten (Holodynski/Rückriem/Seeger 1986).

Der Begriff der Kompetenz hat dabei in jüngster Zeit vor allem durch die internationalen Leistungsvergleichsstudien an Prominenz gewonnen. Angesprochen werden darin vor allem die so genannten Hard-Skills, das heißt die schulisch vermittelten, fachlichen sowie fachübergreifenden Kompetenzen wie etwa Lesekompetenz, mathematisch-naturwissenschaftliche Kompetenz oder Lernstrategien. In der Forschung stehen derzeit unter dem Stichwort der Kompetenzdiagnostik Fragen der Messung und der Modellierung dieser Kompetenzen bzw. Kompetenzniveaus im Mittelpunkt des Interesses (Hartig/Klieme 2007; Hartig 2008; Hartig et al. 2008).[31]

Parallel und teils in Abgrenzung hierzu hat sich eine Diskussion rund um die so genannten Soft-Skills entwickelt. Hierunter fallen Kompetenzen, die sich häufig schwerer als die fachlichen Kompetenzen statistisch modellieren lassen. Konzepte in diesem Zusammenhang beziehen sich etwa auf „Medienkompetenz" als Art und Weise des Umgangs mit Medien (Mikos 2004; Schorb 1998), „Regelkompetenz" als Fähigkeit der situationsadäquaten Anwendung moralischer Normen (Brumlik 1998) oder „Sozialkompetenz" als die Fähigkeit, auf der Basis einer angemessenen mehrperspektivischen Situationsinterpretation „interaktiv und situativ konstruierte Bedeutungen" mit anderen Beteiligten herzustellen (de Boer 2008, S. 29; Rohlfs 2008, S. 298) – um nur einige zu nennen.[32] Gemeinsam ist den Konzepten im Bereich der Soft-Skills im Allgemeinen die Betonung, dass die „Orte", an denen diese Formen von Kompetenzen entwickelt werden (können), sich nicht auf die formalen Bildungsinstitutionen beschränken, sondern im Besonderen non-formale und informelle Bildungsgelegenheiten miteinbezogen werden müssen (Erpenbeck 2003).

Jenseits der Tatsache, dass sich die jeweiligen Kompetenzmodelle bzw. Konzepte auf unterschiedliche Teilbereiche eines in der Regel umfassenderen oder auch ganzheitlicheren Bildungsbegriffs beziehen, haben die fachbezogene wie die außerfachliche Perspektive auf Kompetenzen eines gemeinsam: Kern und Inhalt der jeweils benannten Kompetenz werden im Sinne wünschenswerter Fähigkeiten und Fertigkeiten definiert. Das heißt, sie sind teleologisch ausgerichtet, anwendungs-, leistungs- oder zielorientiert mit Blick auf spezifische Fähigkeitsbereiche. Diese Inhalte werden aus der Erwachsenenperspektive definiert. Ausgangspunkt dieser ‚pädagogischen Einheitskonzeption von Kompetenzen' ist, dass sich die Kinder und Jugendlichen von der Notwendigkeit des Erwerbs dieser Kompetenzen überzeugen lassen, um sich sowohl hinsichtlich der

---

31    Siehe etwa das aktuelle Schwerpunktprogramm der DFG „Kompetenzmodelle zur Erfassung individueller Lernergebnisse und zur Bilanzierung von Bildungsprozessen"; siehe: http://www.dipf.de/de/projekte/spp-km.
32    Zur Kritik an der Unschärfe der Konzepte im Bereich der Soft-Skills siehe Reichenbach (2008).

eigenen Persönlichkeitsentwicklung als auch hinsichtlich der späteren Arbeitsmarktplatzierung die besten Start- und Wettbewerbsbedingungen zu sichern.
Problematisch aus der Sicht einer bildungsbezogenen subjektorientierten Kindheits- und Jugendforschung, die in diesem Band vertreten wird, ist dabei allerdings die Transitionsperspektive, die in dieser Grundkonzeption des Kompetenzerwerbs enthalten ist. Nach Zinnecker (1996, S. 49) basiert dies auf einem pädagogischen Handeln und einer Sichtweise, die „notorisch zukunftsbezogen motiviert und begründet ist" – die Kindheits- und Jugendphase wird dabei als eine Durchgangsphase hin zum reifen und mündigen Erwachsenen (Roth) gesehen. Die neuere soziologische Kindheitsforschung hingegen streicht die Gegenwartsorientierung heraus, und zwar über das Bild eines Kindes, das nicht in erster Linie als „Werdendes", sondern „als hier und jetzt so ‚Seiendes', als Subjekt, als vollwertiges Mitglied der Gesellschaft" (Wilk 1996, S. 57) verstanden werden muss. Daraus stellt sich für die Bildungs- bzw. Kompetenzdiskussion zwangsläufig die Frage, ob jene Kompetenzen, seien dies Hard- oder Softskills, die als zentral für die erfolgreiche Beteiligung an der Erwachsenenwelt von den PädagogInnen für die Heranwachsenden gelten, Kompetenzen darstellen, die auch in der gegenwartsorientierten Welt der Gleichaltrigen, in der Kinder- und Jugendkultur, als erstrebenswert gelten. Auf die hohe referenzielle Bedeutung der Peerkultur haben wir an verschiedenen Stellen schon hingewiesen.
Dieses Thema wurde in der Studie LernBild umgesetzt, indem die jungen Menschen selbst zu ihrem Verständnis über wichtige Kompetenzen befragt wurden. Wir verwenden dabei statt des Kompetenzbegriffs die Begriffe Fähigkeiten und Fertigkeiten, da diese stärker an die Erfahrungs- und Lebenswelt der Kinder und Jugendlichen anknüpfen.
In Einzelinterviews während der Pre-Test-Phase der Studie sowie in Gruppendiskussionen zeigte sich zunächst, dass für die Heranwachsenden in punkto bedeutsame Fähigkeiten und Fertigkeiten die Schule eine ganz entscheidende Rolle spielt. Häufig wurde der Erwerb schulischen Wissens als wichtig erachtet. Andererseits konturierte sich jedoch ein Kompetenzbereich, der nichts mit der Schule zu tun hat. Die Statements der Heranwachsenden umfassten hier beispielsweise Kompetenzwünsche bzw. Fähigkeiten und Fertigkeiten, wie „im Schwimmbad vom Drei-Meter-Brett springen", „Musik wie ein DJ auflegen" und „mit Alkohol umgehen" zu können oder, wie ein Mädchen dies nannte, „sich nicht von älteren Männern ausnutzen" zu lassen. Wenngleich diese Fähigkeiten durchaus mit pädagogischen Intentionen und Kompetenzperspektiven kompatibel sind, verdeutlichen sie, dass Kinder und Jugendliche durchaus eigene Kompetenz-Akzente setzen – und damit ihre spezifische Lebenswelt definieren und gestalten.

Die Auskünfte aus dem Pre-Test und den Gruppendiskussionen übersetzten wir in ein standardisiertes Fragebogeninstrument. Dies enthielt insgesamt 41 Fähigkeiten und Fertigkeiten. Um die individuelle Bedeutung der einzelnen Fertigkeiten zu erfassen, fragten wir: „Wie wichtig sind die folgenden ... für Dich persönlich? – diese Fertigkeiten und Fähigkeiten sind für mich wichtig ...". Dabei sollte die Wertigkeit anhand von fünf Antwortvorgaben eingestuft werden: 1=stimmt nicht, 2=stimmt wenig, 3=teils/teils, 4=stimmt ziemlich und 5=stimmt völlig.

In Tabelle 8.1 sind die jeweiligen Fertigkeiten und Fähigkeiten, geordnet nach der durchschnittlichen Zustimmung bzw. Ablehnung, aufgeführt. Die Anordnung der einzelnen Items beruht dabei auf einer exploratorischen Hauptkomponentenanalyse (mit rechtwinkliger Variomaxrotation), die auf der Grundlage aller 41 vorgegebenen Kompetenzaspekte fünf inhaltliche Dimensionen sichtbar werden lässt. (Dabei lassen sich nicht alle Kompetenzaspekte diesen fünf Dimensionen zuordnen; auf eine Darstellung dieser Einzelitems haben wir aus Gründen der Übersichtlichkeit verzichtet.) Die Antworten zu jeder (Fragen-) Dimension werden addiert und durch die Anzahl der (beantworteten) Fragen geteilt. Daraus ergibt sich für jede der fünf Dimensionen ein Mittelwert, der sich im Rahmen der Ursprungsskala, die von 1 bis 5 reicht, interpretieren lässt. Je höher der jeweilige Mittelwert ausfällt, desto bedeutsamer wird die jeweilige Kompetenzdimension von den Kindern und Jugendlichen angesehen.

Besonders wünschenswerte Fähigkeiten und Fertigkeiten sind nach Ansicht der SchülerInnen Kompetenzen, die wir als *schul- und bildungsbezogen* definieren. Hierunter fallen die Aussagen, „einen guten Schulabschluss zu machen" mit 91 Prozent Zustimmung, „sich auf Prüfungen gut vorbereiten zu können" mit 82 Prozent und „gute Noten in der Schule zu bekommen" mit 78 Prozent Zustimmung. Dieser Befund zeigt, dass Heranwachsende in allererster Linie offensichtlich an Eigenschaften denken, die mittelbar bzw. unmittelbar mit der Schule zu tun haben und sich damit vor allem auf fachliche und leistungsbezogene, die so genannten Hard-Skills, beziehen. Dies belegt, dass wir es mit einer Generation von Kindern und Jugendlichen zu tun haben, für die schulische Ausbildung bzw. schulischer Erfolg eine zentrale biographische Rolle spielen. Die Imperative der Bildungsgesellschaft sind bei den Jugendlichen angekommen. Fast ausnahmslos gehen sie davon aus, dass sie einen guten Schulabschluss brauchen, um es im Leben zu etwas zu bringen (vgl. Stecher 2003). Die vergleichsweise geringe Standardabweichung von 0,67 weist darauf hin, dass die Kinder und Jugendlichen sich in der Einschätzung der Bedeutung von Bildungskompetenzen vergleichsweise „einig" sind. In Kapitel 2 hatten wir aus der Perspektive des Schullebens von der leistungsbezogenen Aufladung der SchülerInnen-Rolle gesprochen.

*Tabelle 8.1: Erwünschte Fertigkeiten und Fähigkeiten –*
     *4. bis 12. Jahrgangsstufe*

| Diese Fertigkeiten und Fähigkeiten sind für mich wichtig … | stimmt teils/teils | stimmt völlig/ stimmt ziemlich | *Mittelwert (SD)* |
|---|---|---|---|
| *Faktor 1 „Bildungskompetenzen"* | | | 4,3 (0,67) |
| Gute Noten in der Schule bekommen | 17% | 78% | |
| Einen guten Schulabschluss machen | 7% | 91% | |
| Sich auf Prüfungen gut vorbereiten können | 15% | 82% | |
| *Faktor 2: „Biographische Kompetenzen"* | | | 4,2 (0,73) |
| Eine gute Berufswahl treffen können | 11% | 87% | |
| Später einmal Kinder gut erziehen können | 15% | 79% | |
| Seine Lebensziele in die Tat umsetzen können | 21% | 72% | |
| Genau wissen, wie man verhütet | 17% | 69% | |
| *Faktor 3: „Bürgerkompetenzen"* | | | 3,2 (0,80) |
| Eine Tageszeitung verstehen können | 30% | 53% | |
| Die Hauptstädte vieler Länder kennen | 35% | 44% | |
| Politik verstehen können | 36% | 42% | |
| Viele Jahreszahlen aus der Geschichte wissen | 35% | 24% | |

*Tabelle 8.1: Erwünschte Fertigkeiten und Fähigkeiten –*
*4. bis 12. Jahrgangsstufe (Fortsetzung)*

| Diese Fertigkeiten und Fähig-keiten sind für mich wichtig ... | stimmt teils/teils | stimmt völlig/ stimmt ziem-lich | *Mittelwert (SD)* |
|---|---|---|---|
| *Faktor 4: „Jugendkulturelle Kompetenzen"* | | | 2,9 (0,84) |
| In Suchmaschinen (Internet) alles finden, was man sucht | 33% | 49% | |
| Sich schick kleiden können | 32% | 48% | |
| Wissen, wie man flirtet; Jungen/Mädchen für sich gewinnt | 31% | 47% | |
| Wissen, wie man Musik aus dem Internet herunter lädt | 24% | 28% | |
| Autos/Mofas „tunen" können | 21% | 26% | |
| Musik auflegen wie ein DJ | 22% | 23% | |
| Wissen, wie man schummelt, um gute Noten zu bekommen | 25% | 21% | |
| Vom 3-Meter-Brett einen Kopfsprung (Köpper) springen | 18% | 19% | |
| Im Fernsehen erfolgreich auftreten | 19% | 19% | |
| Neueste Geräte bedienen können | 33% | 40% | |
| *Faktor 5: „Musikalische Kompetenzen"* | | | 2,6 (1,01) |
| Gut singen können | 24% | 19% | |
| Ein Instrument gut spielen können | 27% | 25% | |
| Gut tanzen können | 28% | 24% | |

Quelle: LernBild, $N_{min}$=903. Die Reihenfolge der Fragen in Tabelle 8.1 entspricht nicht der Reihung der Fragen im Fragebogen.

Mit Bildungskompetenzen in ihrer Bedeutung vergleichbar sind Fähigkeiten und Fertigkeiten, die wir mit dem Begriff der *biographischen Kompetenzen* umschreiben können. Im Besonderen betonen die SchülerInnen hierin, dass sie sich wünschen, „eine gute Berufswahl treffen zu können" (87%), dass sie „später einmal Kinder gut erziehen können" (79%) oder dass sie sich wünschen, ihre „Lebensziele in die Tat umsetzen zu können" (72%). Dieser Faktor bezieht sich allgemein auf Fähigkeiten, die Eigenständigkeit und eine erfolgreiche Gestaltung des eigenen Lebenslaufs betonen. Mit Heinrich Roth (1971, S. 180) können wir diese biographischen Kompetenzen als Teil der „Selbstkompetenz" bezeichnen. Roth fasst unter dem Begriff der Selbstkompetenz die „Fähigkeit, für sich selbst verantwortlich handeln zu können" (ebd.). Mit Blick auf selbstverantwortliches Handeln lassen sich die einzelnen Items dieses Faktors relativ gut interpretieren. Auch die Kompetenz „zu wissen, wie man verhütet" lässt sich unter diesen Verantwortungsaspekt subsumieren.

Die Selbstkompetenz verantwortlicher Lebensführung ist für Roth eine Dimension, die auf das allgemeine Erziehungsziel der „Mündigkeit" zielt (1971, S. 180). Eine weitere Dimension der Mündigkeit beschreibt Roth mit dem Begriff der Sachkompetenz. Darunter versteht er die „Fähigkeit, für Sachbereiche urteils- und handlungsfähig und damit zuständig sein zu können" (ebd.). Sachkompetenzen für den „Zuständigkeitsbereich" des mündigen und informierten Bürgers stehen im Mittelpunkt des dritten Faktors, den wir mit Bürgerkompetenzen überschrieben haben. Dabei steht die Fähigkeit zu einer allgemeinen politischen und gesellschaftlichen Orientierung im Mittelpunkt: wie zum Beispiel „eine Tageszeitung verstehen zu können" (53% Zustimmung), die Hauptstädte vieler Länder zu kennen (44%) oder Politik verstehen zu können mit 42 Prozent Zustimmung.

Im weitesten Sinne als zuständigkeitsorientierte Sachkompetenzen können wir auch die Fähigkeiten und Fertigkeiten, die unter den Faktor 4 „Kinder- und jugendkulturelle Kompetenzen" fallen, fassen. In diesem Faktor finden wir Kompetenzen versammelt, die sich ihrem Inhalt nach *nicht* bzw. kaum in pädagogischen Kompetenzkonzepten bzw. pädagogischen Zielvorstellungen finden. In diesen Kompetenzen drückt sich im Besonderen das aus, was wir weiter oben als eigenständige Kompetenzbereiche der Kindheits- und Jugendphase angedeutet haben, und die in der Regel nicht zum erwachsenenzentrierten Kompetenz- und Bildungskanon zählen. Bei diesen wünschenswerten Fähigkeiten und Fertigkeiten kommt es vor allem darauf an, das Internet für sich erfolgreich nutzen zu können (49% Zustimmung), Sachkompetenz im Bereich der Mode zu besitzen (48% wünschen sich, „sich schick kleiden zu können") als auch Kompetenzen, die sich auf die (beginnende) Gestaltung geschlechtlicher Beziehungen, wie das Flirten, beziehen. Im Allgemeinen wird angenommen, dass der Ausbau romantischer Beziehungen vornehmlich in der Jugendphase stattfindet. Stöckli (2005, S. 308) zeigt jedoch an einer Stichprobe von 4.-Klässlern (Durchschnittsalter etwa 10 Jahre), dass 59 Prozent der SchülerInnen (unabhängig des Geschlechts) romantische Interessen über die Geschlechtergrenzen hinweg aufweisen. Damit stellt der Aufbau gegengeschlechtlicher Beziehungen, ebenso wie das Umgehen damit, bereits am Ende der Grundschulzeit ein zahlenmäßig bedeutsames Phänomen und einen wichtigen Kompetenzbereich dar.

Unter kinder- und jugendkulturelle Kompetenzen im weitesten Sinne fällt auch der letzte hier zu beschreibende Faktor „musikalische Kompetenzen". Denn, wie in zahlreichen Studien beschrieben, gehört Musik zu den zentralen Aspekten der Kinder- und Jugendkultur (siehe Rhein/Müller 2009; Preiß 2004). Während in Faktor 4 jedoch vorwiegend Aspekte eines mehr oder weniger passiven Musikkonsums angesprochen sind, versammelt Faktor 5 Fähigkeiten, die sich auf die aktive Produktion von Musik wie Gesang bzw. das Spielen eines Instrumentes beziehen.

*Tabelle 8.2: Korrelationen der Kompetenz-Faktoren*

|  | biographische Kompetenzen | Bürgerkompetenzen | Bildungskompetenzen | musikalische Kompetenzen |
|---|---|---|---|---|
| kinder-/jugendkulturelle Kompetenzen | ,19** | ,31** | ,17** | ,44** |
| biographische Kompetenzen |  | ,35** | ,41** | ,12** |
| Bürgerkompetenzen |  |  | ,41** | ,33** |
| Bildungskompetenzen |  |  |  | ,22** |

Quelle: LernBild, $N_{min}$=903. **=p<.01.

Tabelle 8.2 zeigt, dass die musikalischen Kompetenzen des Faktors 5 mit den jugendkulturellen Kompetenzen des Faktors 4 am stärksten korrelieren ($r$=0,44). Auffällig ist darüber hinaus, dass der Faktor, der sich auf die Bildungskompetenzen bezieht, sowohl mit dem Faktor „Bürgerkompetenzen" als auch mit dem Faktor „Biographische Kompetenzen" (mäßig) korreliert ($r$=0,41). Kompetenzen, die sich auf bildungsrelevante Aspekte und Zielsetzungen wie „gute Noten" und „guter Schulabschluss" beziehen, bilden eine Allianz mit Kompetenzen, die für eine verantwortungsvolle und auf Informiertheit basierende Lebensführung (Roth) stehen. Alle drei Aspekte lassen sich damit aus unserer Sicht im Sinne des Konzepts der verantwortlichen Lebensführung, wie wir es mit Anschluss an Roth formuliert haben, interpretieren.

Bislang haben wir die erwünschten Fähigkeiten und Fertigkeiten der Heranwachsenden für die Altersspanne der 4. bis 12. Jahrgangsstufe, das heißt, der etwa 10- bis 18-Jährigen allgemein betrachtet. Wie die Kindheits- und Jugendforschung vielfach belegen konnte, finden jedoch in dieser Alterspanne umfassende und einschneidende Veränderungen der jeweiligen Referenzsysteme bei den Heranwachsenden statt. Einige unserer Befunde in den vorangegangenen Kapiteln haben dies bestätigt. Aus dieser Perspektive erscheint es notwendig, die unterschiedlichen Kompetenzen für unterschiedliche Altersgruppen getrennt zu betrachten. Die durchschnittliche Wertigkeit der einzelnen Kompetenzdimensionen sind in Abbildung 8.1 für die Jahrgangsstufen 4 bis 12 dargestellt. Einfaktorielle Varianzanalysen (siehe die Legende zu Abbildung 8.1) zeigen, dass wir in jedem Kompetenzbereich signifikante Veränderungen mit dem Älterwerden der SchülerInnen beobachten können. Dabei verdeutlicht die Abbildung, dass insgesamt vier der fünf betrachteten Kompetenzdimensionen von Jahrgangsstufe zu Jahrgangsstufe an Bedeutung verlieren. Dies betrifft am stärksten die musikalischen und die kinder- und jugendkulturellen Kompetenzen. Liegen für beide Kompetenzbereiche die durchschnittlichen Mittelwerte in der vierten Jahrgangsstufe mit 3,3 bzw. 3,2 noch knapp über der theoretischen Mitte der Skala (d. h. die positiven Bewertungen überwiegen im Durchschnitt), so sinkt die durchschnittliche Bedeutung beider Kompetenzbereiche bis zur 12. Jahrgangsstufe relativ kontinuierlich und stark ab. Der Mittelwert für die musikalischen Kompetenzen beträgt am Ende der 12. Jahrgangsstufe noch 2,2 und für die kinder- und jugendkulturellen Kompetenzen 2,5. Leichte Bedeutungsverluste lassen sich hinsichtlich der Bürger- und Bildungskompetenzen beobachten. Allerdings liegen diese Veränderungen im Bereich weniger Zehntel Skalenpunkte. Der einzige Kompetenzbereich, der von der 4. bis zur 12. Jahrgangsstufe kontinuierlich an Bedeutung gewinnt, bezieht sich auf die biographischen Kompetenzen, also das, was wir mit Roth als Selbstkompetenz bezeichnen. Liegt die durchschnittliche Bedeutung der biographischen Kompetenz mit 3,9 in der vierten Jahrgangsstufe noch deutlich unter der Bewertung für die Bildungskompetenzen (4,5), so

*Abbildung 8.1: Erwünschte Fertigkeiten und Fähigkeiten –*
*nach Jahrgangsstufen*

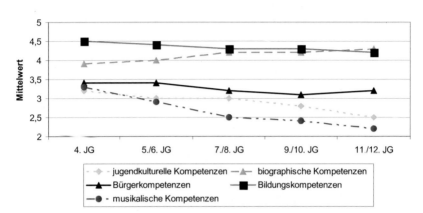

Quelle: LernBild, $N_{Gesamt}>904$. *Kinder- und jugendkulturelle Kompetenzen*: ANOVA: F=21,02; p<.000; *biographische Kompetenzen*: ANOVA: F=8,97; p<.000; *Bürgerkompetenzen*: ANOVA: F=4,78; p<.001; *Bildungskompetenzen*: ANOVA: F=4,74; p<.001; *musikalische Kompetenzen*: ANOVA: F=31,24; p<.000.

pendelt sich die Bedeutung beider Kompetenzbereiche in der 11. bzw. 12. Jahrgangstufe auf nahezu gleichem Niveau bei einem Mittelwert von 4,2 bzw. 4,3 ein.

Lassen sich aus den hier dargestellten Befunden Folgerungen für die Schule bzw. die Arbeit in den Schulen ableiten? Zum einen ist ersichtlich, dass sich jenseits der curricularen Inhalte der Schule, in denen sich die aus der Erwachsenenperspektive wünschenswerten Kompetenzen für junge Menschen herleiten lassen, zahlreiche Kompetenzen und Fertigkeitsbereiche finden, die, außerhalb des Funktionsbereichs von Schule liegend, (selbst)kompetente und eigenverantwortliche Antworten der Heranwachsenden auf neuartige gesellschaftliche Anforderungen und Erwartungen beschreiben. Speziell die in unserer Studie unter dem Begriff der kinder- und jugendkulturellen Kompetenzen zusammengefassten Fähigkeiten und Fertigkeiten sind in der Regel nicht Kern der schulischen Vermittlung.

Deutlich wird, zweitens, dass fach- und leistungsbezogene Kompetenzen, zum Beispiel, einen guten Schulabschluss zu erreichen, für die Heranwachsenden durch alle Phasen ihrer SchülerInnenbiographie hindurch, eine zentrale Rolle spielen. Betont wird darin einmal mehr die Bedeutung der Schule als sozialisations- und biographierelevante Institution. Vor dem Hintergrund, dass der schulische Erfolg der SchülerInnen variiert, sie jedoch um den Wert eines guten Schulabschlusses oder einer möglichst guten Ausbildung, die eine Zukunft erst ermöglichen, wissen, muss der Misserfolg in der Schule auch aus dieser Sicht in vielerlei Hinsicht als identitätsgefährdend wahrgenommen werden (siehe Kapitel 7).

Drittens lässt sich aus den Daten ablesen, dass die jeweiligen Fähigkeiten und Fertigkeiten mit dem Älterwerden der SchülerInnen deutlichen Wandlungen unterliegen. So verlieren kinder- und jugendkulturelle Kompetenzen an Bedeutung, während biographische Kompetenzen, je näher das Ende der Schulzeit rückt, zunehmend von den Heranwachsenden als wünschenswert und bedeutsam wahrgenommen werden.

Fassen wir die hier dargestellten Befunde als eine Art „Curriculum von unten" auf, so bedeutet dies für die Schule nicht nur, auf die einzelnen inhaltlichen Bereiche reagieren, sondern diese auch flexibel von Jahrgangsstufe zu Jahrgangsstufe verändernd gestalten zu müssen. Während dies etwa für die unteren Jahrgangsstufen bedeuten könnte, sich speziell mit jugendkulturellen Fähigkeiten auseinander zu setzen, bedeutet dies für die höheren Jahrgangsstufen, auf den Erwerb von Fähigkeiten und Fertigkeiten abzuzielen, die mit einer verantwortlichen und erfolgreichen Lebensgestaltung verknüpft sind.

Ansätze dazu finden sich beispielsweise in vielen Haupt- und Realschulen (vgl. Wiezorek 2007) aber auch Gymnasien (vgl. Knauf/Oechsle 2007), die verstärkt die berufliche Orientierung der SchülerInnen thematisieren. Unsere Befunde verweisen jedoch auf ein darüber hinausgehendes Spektrum: Überlegenswert erscheint eine Erweiterung der Berufsorientierungsperspektiven über den engeren beruflichen Bereich hinaus um solche Themen wie allgemeine biographische Planung, Reflexion oder Orientierung mit Blick auf den weiteren Lebensweg (vgl. Wiezorek 2007). Hinsichtlich der Entscheidungsfindung für einen bestimmten Beruf wird häufig eine mangelnde biographische Kompetenz und Selbstkenntnis bei den Jugendlichen beklagt (vgl. Voigt 2009, S. 196). Dies erscheint problematisch, wenn wir bedenken, dass Berufsfindungsprozesse ‚Lebensfindungsprozesse' darstellen, die biographisch weit über die Wahl eines konkreten Berufes hinausweisen, denn mit der Entscheidung für einen Beruf sind weit reichende Konsequenzen für Laufbahn, Lebensstil, letztlich für das ‚Selbst' verbunden (vgl. Brendel 1998, S. 214ff.).

# 9 SchülerInnen-Strategien

In Kapitel 1 haben wir auf eine Entwicklung in der Kindheits-, Jugend- und Bildungsforschung hingewiesen, die die subjektive Sichtweise der Kinder und Jugendlichen bzw. der SchülerInnen zunehmend in den Blick der Forschung rückt. Die an der Subjekt-Perspektive von SchülerInnen orientierte Forschung weist verschiedene Ansätze auf, die sich u. a. danach unterscheiden, welcher methodische Zugang für die Herausarbeitung der Sicht der Heranwachsenden gewählt wurde. Einer dieser Ansätze ist verbunden mit dem Begriff der so genannten *SchülerInnen-Strategien*. Dieser Ansatz steht im Mittelpunkt des folgenden Kapitels.

Einflussreiche Arbeiten wurden hierzu u. a. von Hoferichter (1980) bereits zu Beginn der 1980er-Jahre vorgelegt (siehe auch Eder 1987). Hoferichter fragte Kinder und Jugendliche, welche Tipps sie ihren jüngeren Geschwistern geben würden, „damit diese gut durch die Schule kommen" (1980, S. 418). Diese Frage zielt *inhaltlich* auf das schulische *Organisations-* oder *Betriebswissen* der SchülerInnen, in dem sich die Erwartungen und hierarchischen Strukturen, die die Schule konstituieren, spiegeln. Dieses Wissen verbindet sich zu (relativ) konsistenten Theorien über das Funktionieren der Schule und die *eigene Stellung und Rolle* innerhalb des institutionell strukturierten Interaktionszusammenhangs. Hoferichter ging es darum, aus den Angaben der SchülerInnen Aussagen über die Qualität der Institution Schule und u. a. sich daraus ergebende didaktische Konsequenzen für die pädagogische Profession abzuleiten. Möglich werden über die schulischen Innen-Ansichten der SchülerInnen institutionenbezogene Einblicke. Eine grundlegende Annahme dabei ist, dass die Strategien der SchülerInnen in realen Interaktions*erfahrungen* gründen, die sie im Laufe ihrer schulischen Laufbahn im Rahmen des hierarchisch gegliederten Systems der Schule sammeln. Zu diesen Erfahrungen zählt nicht nur das vordergründige, von den Erwachsenen intendierte schulische Geschehen, sondern auch das nicht-intendierte wie es etwa Zinnecker (1975) unter dem Stichwort des heimlichen Lehrplans beschreibt. Dabei sind diese Erfahrungen nicht einfach als kognitive

Repräsentationen im Gedächtnis des Einzelnen zu verstehen. In dem Maße, in dem die Schule Erfolg und Misserfolg, Anerkennung und Zurückweisung verteilt, und damit tief in die Entwicklung des Selbst der SchülerInnen und deren Identität hineinreicht (Fend 1997; Pekrun/Fend 1991), sind die Erfahrungen stark affektiv besetzt und in den Tiefenstrukturen der SchülerInnenpersönlichkeit abgespeichert (Eder 1987, S. 101; siehe Kapitel 7). Darüber hinaus ist das schulisch Erfahrbare nicht auf das Subjekt allein beschränkt, sondern dort, wo es eine ganze Gruppe betrifft – wie etwa die Schulklasse – entsteht ein gemeinsam geteilter, ein kollektiver Erfahrungsraum (Bohnsack 2003; siehe Kapitel 3.1), auf dessen Hintergrund spezifische kollektive Strategien zur Anwendung kommen können (Maschke/Stecher 2006).

Der Begriff ‚Strategie' ist dabei nicht als durchgängig bewusster Prozess zu verstehen. Auf der Basis von Bourdieus Habituskonzept verstehen wir Strategien als „Produkt[e] von Dispositionen", „die von den immanenten Erfordernissen des Feldes geformt wurden, sich diesen spontan, ohne ausdrückliche Absicht oder Berechnung, anzupassen tendieren. Demzufolge ist der Akteur nie ganz Subjekt seiner Praxis" (Bourdieu 2001, S. 178; siehe Kapitel 9.2). Die Schule stellt ein solch formendes bzw. prägendes „Feld" dar, zugleich erfüllen die Strategien jedoch auch eine individuelle Funktion, indem sie den schulischen Alltag aus der Sicht der SchülerInnen zu bewältigen helfen.

Das von uns eingesetzte standardisierte Frageinstrument beinhaltet Empfehlungen („Tipps") erfahrener SchülerInnen an unerfahrene, wie man gut durch die Schule kommt. Solche Empfehlungen oder auch Einschätzungen knüpfen dabei an die eigene schulische Erfahrungswelt und damit auch an das in dieser Erfahrungswelt gewonnene Wissen an. Dieser Zusammenhang kann in seiner Differenziertheit nur über standardisierte *und* offene Verfahren abgebildet bzw. rekonstruiert werden. Um also einen möglichst breiten Zugang zu den SchülerInnen-Strategien zu eröffnen, kombinieren wir im Folgenden quantitative (aus der schriftlichen Befragung; Kapitel 9.1) mit qualitativen Daten aus Gruppendiskussionen (Kapitel 9.2).

### 9.1 SchülerInnen-Strategien – die quantitative Perspektive

Das standardisierte Instrument zu den SchülerInnen-Strategien wurde in Anlehnung an Hoferichter (1980) und Eder (1987)[33] konstruiert. Auf die Einleitung

---

33   Das Instrument wurde wie in der Quellliteratur mit folgender Frage eingeleitet: Würdest du
     deiner jüngeren Schwester oder deinem jüngeren Bruder, wenn sie neu zur Schule kommen,
     die folgenden Tipps und Ratschläge geben? (Wenn du keine jüngeren Geschwister hast, stell
     dir vor, du hättest einen Bruder oder eine Schwester.)

„Damit du gut durch die Schule kommst, musst du (...)" folgen 16 einzelne Strategien, die von 1 „stimmt nicht" bis 5 „stimmt völlig" bewertet werden konnten. Exploratorische Hauptkomponentenanalysen[34] zeigen, dass sich 12 der 16 Strategien drei inhaltlichen Dimensionen, das heißt inhaltlich zusammengehörenden Strategiebündeln, zuordnen lassen, die wir mit *Lernarbeit, Beziehungsarbeit* und *Selbstbehauptung* bezeichnen.

*Tabelle 9.1: Tipps, um gut durch die Schule zu kommen –*
*4. bis 12. Jahrgangsstufe*

| Damit du gut durch die Schule kommst, musst du ... | stimmt teils teils | Stimmt völlig/ stimmt ziemlich | *Mittelwert (SD)* |
|---|---|---|---|
| *Faktor 1: „Lernarbeit"* | | | *4,3 (0,63)* |
| ... regelmäßig lernen. | 18% | 78% | |
| ... im Unterricht aufpassen und ständig mitarbeiten. | 16% | 82% | |
| ... die Schule ernst nehmen. | 10% | 87% | |
| ... immer die Hausaufgaben machen. | 12% | 84% | |
| *Faktor 2: „Beziehungsarbeit"* | | | *3,7 (0,72)* |
| ... ein gutes Verhältnis zu den Lehrern/Lehrerinnen suchen. | 31% | 58% | |
| ... mit den Lehrern/Lehrerinnen zusammenarbeiten. | 33% | 47% | |
| ... gegenüber den Lehrern/ Lehrerinnen immer freundlich sein. | 21% | 72% | |
| ... dich für die Rechte der Mitschüler/Mitschülerinnen | 33% | 51% | |

---

34   Hauptkomponentenanalyse mit rechtwinkliger Varimaxrotation. Die Varianzaufklärung der Faktoren beträgt: Faktor *Lernarbeit* 16,4%, Faktor *Beziehungsarbeit* 13,2% und Faktor *Selbstbehauptung* 11,6%. Damit klären die drei Faktoren zusammen 40,2% der Gesamtvarianz auf.

*Tabelle 9.1: Tipps, um gut durch die Schule zu kommen –*
*4. bis 12. Jahrgangsstufe (Fortsetzung)*

| Damit du gut durch die Schule kommst, musst du … | stimmt teils teils | Stimmt völlig/ stimmt ziemlich | *Mittelwert (SD)* |
|---|---|---|---|
| *Faktor 3: „Selbstbehauptung"* | | | *4,0 (0,68)* |
| … dir nicht alles gefallen lassen. | 30% | 61% | |
| … den Lehrern/ Lehrerinnen immer Recht geben. (-)[1] | 31% | 19% | |
| … dich nicht wehren. (-)[1] | 12% | 7% | |
| … deine eigene Meinung vertreten. | 11% | 8% | |
| *Keinem Faktor zuzuordnende Items* | | | |
| … bei Klassenarbeiten ruhig mal schummeln | 18% | 14% | |
| … dem Lehrer/der Lehrerin zeigen, dass du ein fleißiger Schüler bist | 24% | 70% | |
| … dich im Unterricht nicht erwischen lassen | 14% | 66% | |
| … den Lehrern/Lehrerinnen aus dem Weg gehen | 19% | 9% | |

Quelle: LernBild, $N_{min}$=1.925. Die Reihenfolge der Fragen in Tabelle 9.1 entspricht nicht der Reihung der Fragen im Fragebogen. 1) Bei den mit einem Minuszeichen (-) gekennzeichneten Fragen werden die Antwortvorgaben für die Summenbildung je Faktor/Dimension invertiert (d. h. stimmt völlig erhält den Wert 1 statt den Wert 5 und umgekehrt).

Tabelle 9.1 zeigt, dass die Strategien der Lernarbeit insgesamt die höchste Zustimmung erfahren. Geraten wird, die Schule ernst zu nehmen (87%), immer die Hausaufgaben zu machen (84%), im Unterricht aufzupassen und ständig mitzuarbeiten (82%) sowie regelmäßig zu lernen (78%).

Im Durchschnitt sichtlich geringer fällt die Zustimmung zu *Strategien der Beziehungspflege* gegenüber den LehrerInnen aus. 58 Prozent sind der Meinung, die Geschwister sollten ein gutes Verhältnis zu den LehrerInnen suchen und nur 47 Prozent, dass sie mit den LehrerInnen zusammenarbeiten sollten. Etwas positiver wird die Strategie bewertet, gegenüber den LehrerInnen immer freundlich zu sein, 72 Prozent der Befragten würden dies ihren Geschwistern raten.

Gut durch die Schule zu kommen, reduziert sich aus der Perspektive der SchülerInnen nicht nur darauf, den institutionellen Anforderungen, wie dies teilweise in den Strategien der Lern- und Beziehungsarbeit zum Ausdruck kommt, nachzukommen, sondern offensichtlich auch, im ‚aufrechten Gang' durch die Schulzeit zu gehen und sich *als Person zu behaupten* (vgl. hier Kapitel 1 zu Informalisierungs- und Demokratisierungsprozessen in der Schule). Sich nicht alles gefallen zu lassen befürworten 61 Prozent der Befragten und 88 Prozent, die eigene Meinung zu vertreten. Deutlich abgelehnt werden dagegen die Aussagen, sich nicht zu wehren (81% lehnen dies ab) und den LehrerInnen immer Recht zu geben (50% lehnen dies ab). In der Einleitung haben wir auf den Zusammenhang zwischen institutionellem Erfahrungswissen und Strategieempfehlung hingewiesen. Dies beinhaltet offensichtlich auch, dass die Schule von den SchülerInnen als ein Ort erlebt wird, der Strategien der Selbstbehauptung erfordert, um die Schulzeit „gut" durchlaufen zu können.

Die Einzelstatements in Tabelle 9.1, die sich keinem (statistischen) Faktor zuordnen lassen, zeigen zum einen, dass das Schummeln bei Klassenarbeiten, und den LehrerInnen aus dem Weg zu gehen, nur von einer Minderheit der SchülerInnen (von 14 bzw. 9%) als Erfolg versprechende Strategie gesehen werden. Diese Strategien, die für eine weitgehende Abkehr und Ablehnung der grundlegenden Prinzipien der Schule – Lernleistung und Zusammenarbeit mit den Lehrkräften – stehen, kommen für die meisten also nicht in Frage und repräsentieren nicht das schulische Bild der Mehrheit der SchülerInnen.

Eder (1987) hat in seiner Studie zu den SchülerInnen-Strategien darauf hingewiesen, dass es auch Strategien gibt, die darauf zielen, bei den Lehrkräften den *Eindruck* entstehen zu lassen, man sei bei der Sache und ein fleißiger Schüler. Hinweise auf eine hohe Zustimmung zu solchen *demonstrativen* Strategien, wie Eder sie nennt („Image-Pflege" bei Hoferichter), finden sich auch in unseren Daten. 70 Prozent der befragten Kinder und Jugendlichen sind der Meinung, dass man den LehrerInnen zeigen muss, dass man fleißig ist. Das heißt, es kommt nicht nur darauf an, zu lernen und die Schule ernst zu nehmen, wie dies die Statements des Faktors Lernarbeit zusammenfassen, sondern es kommt u. a. auch darauf an, diese Bemühungen für die Lehrkräfte sichtbar werden zu lassen. In diesen Kontext gehört auch das Statement, sich nicht erwischen zu lassen (was für die meisten eine akzeptable Strategie darstellt) – also den äußeren

Schein eines angepassten Schülers aufrecht zu erhalten. Die vergleichsweise hohe Standardabweichung von 1,44 jedoch weist darauf hin, dass sich die SchülerInnen in der ,Erfolgs'-Bewertung dieser Strategie recht uneins sind. Dies gilt im Übrigen auch für die Bewertung des Schummelns als schulische Strategie. Auch hier ist die Standardabweichung mit 1,29 verhältnismäßig hoch.

Betrachten wir im Folgenden (anhand des Pearson-Korrelationskoeffizienten) die drei Strategiebündel im Zusammenhang.

*Tabelle 9.2: Korrelationen zwischen den drei Strategiebündeln –*
*nach Jahrgangsstufen*

| Jahrgangsstufe | | Beziehungsarbeit | Selbstbehauptung |
|---|---|---|---|
| 4. | Lernarbeit | .35 | ns |
| 5./6. | | .38 | -.21 |
| 7./8. | | .42 | -.15 |
| 9./10. | | .43 | -.12 |
| 11./12. | | .46 | -.11 |

Quelle: LernBild, N=1.925. Koeffizienten mindestens auf dem 5-%-Niveau signifikant, ns=nicht signifikant.

Zwischen den Strategien der Lernarbeit und der Beziehungspflege besteht ein deutlicher statistischer Zusammenhang (.34<$r$<.47). Je stärker die Lernarbeit als Erfolg versprechende Strategie bevorzugt wird, desto stärker wird auch in der Beziehungspflege zu den Lehrkräften eine solche Wirkung gesehen. Dieser Zusammenhang verfestigt sich sichtlich bei den höheren Schuljahrgängen. Während die Korrelation zwischen Lern- und Beziehungsarbeit in der 4. Jahrgangsstufe .35 beträgt, steigt diese bis zur 11./12. Jahrgangsstufe nahezu linear auf .46 an.

Zu den Selbstbehauptungsstrategien besteht seitens der Lernarbeit ein deutlich geringerer und zudem negativ gerichteter Zusammenhang. Das heißt, dass mit einer starken Betonung der Lernarbeit die Bedeutung der Selbstbehauptungsstrategien zurückgeht – und umgekehrt. Wie der sinkende Korrelationskoeffizient zeigt, verdichtet sich der Zusammenhang mit steigender Jahrgangsstufe. In etwas geringerem Maß gilt dies auch für den Zusammenhang zwischen den Beziehungsstrategien und den Selbstbehauptungsstrategien (ohne Darstellung).

Im Rahmen einer Clusteranalyse, auf die wir an dieser Stelle nicht weiter eingehen können (siehe Maschke/Stecher 2006), lassen sich zwei markante Typen von Klassen hinsichtlich ihrer kollektiven Strategieprofile unterscheiden: Das erste Cluster bezeichnen wir als *Nähe-Cluster*. Es zeichnet sich dadurch aus, dass die SchülerInnen der darin versammelten Klassen sowohl der Lernarbeit als auch der Beziehungsarbeit zu den LehrerInnen großes Gewicht beimessen, während die Dimension der Selbstbehauptung deutlich unterdurchschnittlich ausgeprägt ist. Der Begriff der ‚Nähe' – und auch der Begriff der ‚Distanz'(siehe unten) – bezieht sich in diesem Zusammenhang auf die allgemeine Akzeptanz gegenüber dem Schulsystem. Sie drückt sich in der Betonung der systemfunktionalen Strategien der Lern- und Beziehungsarbeit und einer (vergleichsweise) geringen Absetzung des Einzelnen gegenüber der Schule durch Selbstbehauptungsstrategien aus.

Ein kontrastierendes Profil hierzu weist das so genannte *Distanz-Cluster auf*. Die Überzeugungen hinsichtlich der Lernarbeit und einer positiven Beziehungsarbeit zu den LehrerInnen sind deutlich unterdurchschnittlich ausgeprägt, während gleichzeitig die Selbstbehauptung als erfolgreiche Strategie überdurchschnittlich betont wird. Hervorgehoben wird die Distanzierung zur Institution Schule, indem die dort geltenden Regeln beispielsweise nicht befolgt oder zeitweise unterlaufen werden.

Auswertungen zu passiven Clustermerkmalen zeigen, dass die kollektive Strategiewahl, wie sie in den unterschiedlichen Clustern repräsentiert ist, im Besonderen mit der Jahrgangsstufe variiert. Je niedriger die Jahrgangsstufe, desto eher fallen die Klassen in das Nähe-Cluster.

## 9.2 SchülerInnen-Strategien – die qualitative Perspektive

Der methodischen Herangehensweise im vorangegangenen Kapitel, die SchülerInnen-Strategien mittels eines standardisierten Instruments zu erheben, liegt die Annahme zu Grunde, dass die entsprechenden Handlungsstrategien dem Einzelnen mehr oder weniger bewusst zugänglich, Teil eines ‚Kalküls' sind. Der Begriff der Strategie weist jedoch, worauf wir bereits hinwiesen, über die Oberflächenstruktur des bewusst Zugänglichen und Intentionalen hinaus (vgl. Maschke/Stecher 2006). Hier schließen wir an die Theorie des Habitus bei Bourdieu an, die davon ausgeht, dass die Strategien dem Einzelnen umso weniger (reflexiv) zugänglich oder Teil eines zielgerichteten Vorgehens sind, je stärker diese Strategien in den habituellen Dispositionen des Einzelnen verankert sind. Die Strategien des Umgangs mit der Schule und dem Lernen öffnen sich der Forschung in einer standardisierten Fragebogenerhebung damit nur zum Teil. Tiefer gehende Einblicke sind hier nur mittels qualitativer Verfahren zu gewinnen. Diesen Zugang ermöglicht die Studie LernBild über Gruppendiskussionen.

Bei der Gruppendiskussion, zwanzig wurden mit Kindern und Jugendlichen insgesamt durchgeführt, handelt es sich um ein offenes Erhebungsverfahren, das thematische Vorgaben und Interventionen vermeidet – und den Relevanzthemata der Befragten folgt (Bohnsack 2003; Maschke/Schittenhelm 2005). Dabei wird die Gruppe als Ganzes und die einzelnen TeilnehmerInnen als RepräsentantInnen dieser Gruppe angesehen.

Eine ergiebige, selbstläufige Diskussion kommt vor allem in den Gruppen zustande, die über eine gemeinsame und kollektiv geteilte Erfahrungsbasis verfügen (Loos/Schäffer 2001, S. 44), in so genannten „Realgruppen" (in unseren Beispielen handelt es sich um Gruppen von SchülerInnen aus Klassenverbänden). Ausgewählt wurden im Folgenden die Passagen aus den Gruppendiskussionen, in denen eine wechselseitige Steigerung des Diskurses zum Ausdruck kommt, die so genannten „Fokussierungsmetaphern" (ebd., S. 70). In ihnen manifestieren sich die zentralen Themen im gemeinsamen Erleben der Gruppe.

Zur Analyse von Gruppendiskussionen hat sich in der Forschung das Verfahren der dokumentarischen Methode, die in der Tradition der Wissenssoziologie Karl Mannheims (1964; zuerst 1921) steht, etabliert. Die dokumentarische Methode ist ein rekonstruktives Analyseverfahren und zielt darauf, die Konstruktionen der sozialen Akteure, deren Alltagshandeln, zu rekonstruieren. Die Grundlage oder das Material der Rekonstruktion bildet das „implizite Wissen" der Erforschten. Ein Wissen der Akteure über ihre Handlungspraxis, Regeln, Muster und Orientierungen, die „den Erforschten zwar wissensmäßig verfügbar sind, die sie aber – je tiefer diese in ihrer habitualisierten, routinemäßigen Handlungspraxis verankert sind – umso weniger selbst zu explizieren vermögen" (Bohnsack 2003, S. 198). Analysiert werden kollektive Orientierungen, das handlungsleitende Wissen der Akteure. Dabei folgt die Analyse einem mehrstufigen Verfahren (u. a. Bohnsack 2003, 2009; Bohnsack/Nentwig-Gesemann/ Nohl 2001): sie wechselt von dem, *was* die gesellschaftliche Realität in der Perspektive der Akteure ist hin zur Frage, *wie* diese Realität in der Praxis hergestellt wird. Die formulierende Interpretation nimmt zunächst eine thematische Feingliederung von Textpassagen vor. Die reflektierende Interpretation rekonstruiert anschließend die zentralen Orientierungen über die formale Diskursorganisation einer Gruppe. Verwendet werden verschiedene diskursanalytische Begriffe wie Proposition, Elaboration, Exemplifizierung etc. (Loos/Schäffer 2001, S. 66f.). Weitere Schritte bestehen in der komparativen Fallanalyse (u. a. Bohnsack 2003) und der Typenbildung (Bohnsack 2001). Wir werden aus Platzgründen vor allem den Schritt der reflektierenden Interpretation an verschiedenen Diskussionsbeispielen nachvollziehen.

Die Analysen der Gruppendiskussionen zeigen, dass in den Strategien zwei grundlegende Arten des Welt- bzw. Selbstbezugs zum Ausdruck kommen, die sich nicht allein mit dem im quantitativen Teil erwähnten Gegensatzpaar (institutioneller) Nähe und Distanz beschreiben lassen. Den Strategien liegt ein allgemeines Grundmuster des Weltbezugs zu Grunde, das wir auf der Basis der Arbeiten von Thomas Ziehe (1996) als offensiven und defensiven Welt- bzw. Selbstbezug bezeichnen. Die „Selbstbezüglichkeit" und die „eigenen Aneignungsgewohnheiten" (Ziehe 1996, S. 937) beziehen wir im Rahmen der SchülerInnen-Strategien zum einen auf eine *offensive, aktive und (selbst)gestalterische Lern-Haltung*, zum anderen auf eine *defensive, eher passive* und zum Teil *lernvermeidende Haltung.*

*Offensive und defensive SchülerInnen-Strategien*

Zu Beginn ein Auszug aus einer Gruppendiskussion mit Schülerinnen der 5. Klasse eines Mädchengymnasiums, in dem sich Lernarbeit und Lernfreude verbinden (*Beispiel A*).

(„T" zeigt den Teilnehmer/die Teilnehmerin an (Ziffern wurden zur Unterscheidung hinzugefügt), „I" den Interviewer; der Zusatz „m" steht für männlich, „w" für weiblich.)

T3w: *Also viele [LehrerInnen; d. V.] glauben ja auch die Kinder würden sich nicht so für Schule interessieren also manchen macht das ja auch wirklich sehr viel Spaß zu lernen*

Iw: *Mhm*

T3w: *(u) Manche Fächer machen jetzt Spaß und manche nicht und ehm ja und man ich finde man da- ehm einem können ja nicht alle Fächer Spaß machen, aber dass man dass die Lehrer das zumindest versuchen, weil manche-manche denken vielleicht die- den Kindern gefallen sowies- ge- gefallen meine ehm Arbeiten sowieso nicht und wie ich das überhaupt mache dann-dann kann ich ja sowieso nur Arbeitszettel rausgeben ehm weil manche interessiert das ja wirklich und wenn die dann nur so Langweiliges- also vorher hat die vielleicht Geschichte total interessiert und wollten ganz viel da drüber wissen und jetzt wo sie das dann als Fach haben und wo das dann nur so langweilig ist und dann haben sie gedacht oh nee das finde ich ja total doof das will ich aber nicht mehr machen (...) deswegen- das find` ich ein bisschen besser wenn (.) jeder sich das so (.) wenn jeder wissen würde dass ehm den Kindern das ja auch Spaß machen kann oder so-so versuchen dass das allen Spaß macht*

Im: *Mhm*

T3w: *Wenigstens mal versuchen*
Mehrere: *(leises Lachen)*
T2w: *Ja (.) ich hab` noch zwei Sachen zu sagen, einmal zu Mathe jetzt ehm da ist es meistens so den Kinder macht Schule Spaß aber sie wollen cool sein und sagen mir macht die Schule keinen Spaß*
Im: *Mhm*
T2w: *Das das verstehe ich auch- also ich finde das auch so ich- mir macht eigentlich die Schule Spaß aber die meisten Freunde sagen (schon) oh ist wieder Schule keinen Spa- macht keinen Spaß und so aber eigentlich innendrin macht es einem doch Spaß wieder zur Schule zu gehen nach den Ferien zum Beispiel*
Im: *Mhm*
T2w: *Weil`s so langweilig war*
Mehrere: *(Lachen)*
T1w: *(u) unser Englischlehrer zum Beispiel der Herr H. der ist sehr witzig und ehm er macht oft Sch- Scherze im Unterricht und dann ist er und dann macht er den Unterricht eben den Englischunterricht sehr erträglich*
*Mehrere: (Lachen)*
T1w: *Das finden auch alle aus der Kla- also die meisten aus der Klasse (schon auch so)*
Mehrere: *(Lachen)*

Die Schülerinnen wechseln in diesem Auszug zu einem Thema (eine Proposition wird gesetzt), das zwei divergierende Sichten zum Gegenstand hat: die Sicht der LehrerInnen und die der Schülerinnen. Dazu im Einzelnen: T3 führt an, dass die LehrerInnen „glauben", dass sich „Kinder (…) nicht so für Schule interessieren". Dieser LehrerInnen- und Erwachsensicht setzt die Schülerin („also") entgegen, dass das „Lernen" manchen (SchülerInnen) jedoch „wirklich sehr viel Spaß" mache.

Auffällig ist, dass in diesem Kontext, wie eher zu erwarten gewesen wäre, nicht vom „Schüler", sondern vom „Kind" die Rede ist. Der Begriff „Kind", so eine Lesart, verweist auf die generationale Beziehung von Kind und Erwachsenem und betont die Asymmetrie im (Deutungs-)Verhältnis beider Generationen, insbesondere aber zwischen „Kind" und „Lehrer".

T3 setzt das Thema fort (Elaboration), führt aber eine Differenzierung ein: Es „können" ja nicht alle Fächer „Spaß" machen. Die Diskutantin argumentiert („aber"), dass die Lehrer jedoch zumindest „versuchen" sollten, Spaß für die Fächer zu vermitteln. Die Schülerin entwickelt entlang dieses Themas einen recht komplexen Begründungszusammenhang: Wenn, so die Argumentation (in der, teils in wörtlicher Rede, die Perspektive des Lehrers eingenommen wird),

„den Kindern" die „Arbeiten" des Lehrers „sowieso nicht" gefallen, „dann-dann [...] kann ich ja sowieso nur Arbeitszettel rausgeben". Darin klingt auch eine verallgemeinernde und stereotype Haltung[35] des Lehrers gegenüber den Schülerinnen an. Die Schülerin T3 präsentiert dazu ein Gegenbild: „weil", „manche interessiert das ja wirklich". Wenn sie aber „dann" nur „so Langweiliges" vorgesetzt bekommen (dies exemplifiziert die Schülerin am Fach Geschichte), hat das zur Konsequenz, dass das der Schüler „nicht mehr machen" will. Langeweile bzw. eine langweilige Gestaltung des Unterrichts, so die Argumentation, tötet das Interesse und die Freude am Fach.

Die Schülerin empfiehlt, ihren Diskussionsbeitrag abschließend, dass es „besser" wäre, „wenn jeder wissen würde, dass ehm den Kindern das ja auch Spaß machen kann" oder wenn die Lehrer „versuchen" würden, dass „das allen Spaß macht". Dies wird von den anderen Diskussionsteilnehmerinnen von zustimmendem (leisen) Lachen begleitet.

T2 greift den Diskussionsfaden auf und führt das Thema (sie kündigt „zwei Dinge" an) weiter aus (exemplifizierende Elaboration): Betont wird, aus der Perspektive der Schülerin bzw. des Kindes heraus, eine ambivalente Situation: Einerseits „macht" Schule „Spaß", andererseits wollen die „Kinder" aber „cool sein" und müssen nach außen hin aussagen, dass ihnen Schule keinen Spaß macht. Angesprochen ist damit die Bedeutung der Selbst- und Außendarstellung („cool sein"), die sich mit dem Einfluss der Peers verbindet. T2 verdeutlicht, dass sie dies nachvollziehen könne („verstehe ich") und zugleich weiß („aber eigentlich"), dass es „innendrin" (...) einem doch Spaß" machen kann, beispielsweise „nach den Ferien" wieder zur Schule zu gehen. Da es, so die Begründung, „so langweilig" in der schulfreien Zeit war. Außendarstellung (Peers) und inneres Empfinden stehen sich also gegenüber und erzeugen beim Schüler/bei der Schülerin Ambivalenzen. T2 führt das Thema weiter aus (Elaboration mit Exemplifizierung), indem sie das Beispiel des Englischlehrers und Unterrichts anführt. Über die „witzig[e]" Gestaltung des Unterrichts wird der Unterricht für die SchülerInnen „erträglich". Zur Verstärkung des Diskussionsbeitrags und Sachverhalts führt T1 an, dass das „alle" oder doch „die meisten" aus der Klasse „finden" (Konklusion des Themas und der Orientierung), was durch zustimmendes Lachen validiert wird.

Dass in diesem Beispiel eine kollektive Orientierung entfaltet wird, zeigt sich am Verlauf der Gruppendiskussion: eingebracht wird ein Thema, ein Orientierungsgehalt in Form einer Proposition, der im Laufe der Diskussion verhan-

---

35  Ein Thema, das sich durch viele Gruppendiskussionen, auch mit älteren SchülerInnen, zieht. Ein Beispiel aus einer Berufsschulklasse: „T1.: Ja und vor allem die Lehrer sagen oder überhaupt wird immer die Jugend von heute hat ja keine Lust zu lernen und die machen ja eh nix".

delt und elaboriert wird. Die Gruppe kommt insgesamt zu einem übereinstimmenden Abschluss der Diskussion (Konklusion; vgl. Przyborski 2004).

Zentrales Thema (und Orientierung) in diesem Diskurs ist der „Spaß" am Lernen, der aus Schülerinnen-Position verteidigt und aus der Perspektive der LehrerInnen in Frage gestellt wird. Beide Perspektiven werden im Verlauf der Diskussion (teils konfrontativ) gegenübergestellt. Die Schülerinnen selbst formulieren für sich die Aufgabe, eine Balance zwischen äußeren Bedingungen (Peers und „cool sein") und inneren (Lern-)Einstellungen zu finden.

Ein Analyseergebnis, bezogen auf das strategische Vorgehen dieser Diskussionsgruppe, rückt die Lernarbeit in den Vordergrund, die sich eng mit der Freude am Lernen verbindet. Eine solche Lernfreude scheint zwar intrinsisch („innendrin"); benannt werden aber auch unterstützende äußere (schulische) Bedingungen, die die Schülerinnen insbesondere an die Unterrichtsgestaltung des Lehrers/der Lehrerin knüpfen.

Die Orientierung an der Lernfreude rückt eine spezifische Variante der Aneignung von Schulischem bzw. von Lernen in den Blick: Lernen kann sich unter günstigen Umständen mit positiven Emotionen verbinden, die einen Kreislauf von Lernen und (Eigen-)Motivation in Gang bringen (siehe hierzu Kapitel 7). Lernen unter solchen Vorzeichen betont individuelle Aspekte und einen schulischen (Lern-)Zugang, der das Gestalterische und Offensive im Vorgehen hervorhebt. Dem schulischen Lernen ‚liefern' sich diese Schülerinnen nicht einfach aus, vielmehr artikulieren sie eigene Lern*dispositionen* und *-bedürfnisse*. Unter günstigen Bedingungen (die die Schülerinnen formulieren) können schulische Lernangebote produktiv genutzt werden. Sichtbar wird eine aktive Strategie schulischer Aneignung, die wir als „offensiv" bezeichnen.

| *Beispiel A* | *offensiv* |
| --- | --- |
| *Institution Schule* | *Nähe;* Akzeptanz |
| *Strategie* | Aktive und gestalterische Lernarbeit (Lernfreude und Lernoffenheit) |

Einen Kontrast zur offensiven Strategie finden wir in einer Gruppendiskussion mit RealschülerInnen einer 6. Klasse, die auf Beziehungsarbeit und Lern-Frustrationen verweisen (*Beispiel B*).

T4m: *Ja wo ich das gesehen hab das erste Mal äh die fünf (.) hab ich gedacht, oh Scheiße jetzt krieg ich Ärger bestimmt zu Hause*
Im: *hm*

T5w: *Das ist ne Wut man könnt sich selber in den Arsch treten*
T7w: *Das is (u)*
T5w. *Man könnt sich selber umbringen*
Iw: *Mhm*
Tw7: *(u) Traurigkeit (.) ich hab auch (.) ne fünf in Englisch geschrieben (.)*
*(u) traut man sich auch nicht mehr zu fragen*

Die Gruppendiskussion stellt nur einen kurzen Ausschnitt aus einem längeren Diskurs dar. Kurz zuvor werden „schlechte Noten" thematisiert, die als „voll der Betrug (u) Scheiße" bezeichnet werden. Die SchülerInnen spiegeln ihre kollektiv geteilten Misserfolgserlebnisse wider, die einen gemeinsamen schulischen Erfahrungshintergrund abbilden. Diese Misserfolge werden mit großer Intensität geradezu körperlich erlebt: von „Wut" ist die Rede, die sich gegen die eigene Person richtet (vgl. Kapitel 7). Davon, dass man sich „selber umbringen" könnte, weil die Lernbemühungen von vornherein zum Scheitern verurteilt sind. T7 drückt eine weitere emotionale Variante aus (Elaboration), die „Traurigkeit". Darin schwingt Resignation mit; man „traut" sich nicht mehr zu fragen, gibt auf, *klinkt sich aus dem Lernprozess aus*. Insgesamt legt dieses Beispiel nahe, dass sich die SchülerInnen (institutionell) weitestgehend fremdbestimmt und ausgeliefert fühlen. Sichtbar wird ein Lern-Habitus (als kollektive Orientierungsfigur), der das ‚Immer-wieder-Scheitern' an den schulischen Lernbedingungen und -anforderungen beschreibt.

Ulrike Popp (2007, S. 27) führt aus, dass Individuen mit „problematischen Schulkarrieren und negativen Erfahrungen im Lern- und Leistungsbereich" Lernen als „Entfremdung" wahrnehmen und „mit außengesteuertem Zwang und notwendigem Übel" assoziieren. Geprägt wird damit eine Lern-Einstellung, die solche negativen Erfahrungen zu meiden sucht.

Dazu ein weiteres Beispiel aus der Gruppendiskussion der 6. Klasse, das das spezifische strategische Vorgehen dieser Gruppe verdeutlicht:

T3m: *Der Herr G. der macht (.) das find ich auch (.) sehr gut weil der (.) äh*
*zwar auch etwas streng ist, aber der macht das auch so schön, der erklärt*
*das immer (u)*
T?: *(u)*
T3m: *Und wenn man dann auch mal was fragt dann, erklärt der das auch*
*alles so schön*
T1m: *Der ist streng aber gerecht.*
T5w: *(u) der D. (.) wenn der irgendwas falsch sagt dann wird der an der*
*Ohren hoch gezogen, also das regt mich voll auf*
Iw: *(u) wird der was?*

T8w: *Wird der so an (.) hier so hoch gezogen [...]*
T?: *Ja auch (.) aber manchmal ist das auch kein Spaß mehr*
T1m: *Der ist streng aber gerecht*
Mehrere: *Ja (u)*
T2m: *Der sagt auch manchmal du Penner aus Spaß [...]*
T?: *Ja und du Schlampe*
Iw: *Ja*
T2m: *Du Printe*
T4m: *Alle auf der Schule finden den Herrn G. am besten weil der 'n guter Klassenlehrer ist [...]*

An der Tagesordnung sind körperliche (an den Ohren hochziehen, es wird auch im weiteren Verlauf der Diskussion noch von „Kopfnüssen" berichtet) und verbale Übergriffe. Die Grenze zwischen Spaß und Ernst („ist das auch kein Spaß mehr") scheint aufgehoben und die SchülerInnen der Willkür des Lehrers ausgeliefert. Auf Seiten der SchülerInnen kommt zum Ausdruck, dass sie jedoch dem Lehrer solche Grenzüberschreitungen (Beleidigungen wie „Printe", „Schlampe" etc.) ‚durchgehen' lassen. Auch die körperlichen Übergriffe werden eher noch als Spaß gewertet. Die kritische Stimme (siehe T5w) kann sich an dieser Stelle (und auch im weiteren Verlauf der Diskussion) nicht durchsetzen. Zudem werden dem Lehrer *positive Attribute* (z. B. „gerecht") *zugeschrieben*. Unterm Strich wird Herr G. als jemand etikettiert, der „das auch so schön [macht; d. V.]", zwar „streng", aber „gerecht" ist.

Die SchülerInnen erleben einen überaus eingeschränkten schulischen Handlungsraum, dem sie sich ausgeliefert fühlen: Zulässig scheinen als Konsequenz allein Handlungsweisen, die auf eine Anpassung an die vorgegebenen schulischen Strukturen zielen. In Opposition zu gehen scheint keine Erfolg versprechende Alternative (deutlich vor allem in dem erfolgreichen Bemühen, die kritische Stimme eines Schülers ‚auf Linie' zu bringen). Es zeigt sich eine schulische Praxis und Strategie, die als eine Art resignativer Anpassung erscheint. Zugleich stellt sie jedoch auch einen Versuch dar, Beziehungen zu bearbeiten bzw. ein positiveres Lehrerbild zu *konstruieren*. Zugeschrieben werden dem Lehrer vor allem positive *pädagogische* Eigenschaften, wie „der erklärt das immer" oder auch, dass er zwar streng, aber eben auch „gerecht" sei. Die besondere Funktion oder der Nutzen einer solchen Strategie des positiven Zuschreibens verbindet sich damit, eine Situation der Lehrer-Willkür (die auf Seiten der SchülerInnen Ausgeliefertsein bedeutet), da sie schon nicht aufgehoben werden kann, so doch zumindest durch eine, wenn auch paradox erscheinende, ‚Positiv-Deutung' des Lehrerverhaltens zu entschärfen (er ist immerhin ein „guter Klassenlehrer"). Verbunden ist damit das Bemühen um Selbst-Sicherung bzw. -Schutz, und zwar in Form einer existenziell bedeutsamen *Anpassungs-* und Bewältigungsstrategie. Genutzt wird hier im weitesten Sinne die Strategie der *Beziehungsarbeit.* Sie deutet jedoch in diesem Fall über die quantitative Analyse hinaus: sie weist keinen Austausch zwischen LehrerIn und SchülerInnen auf, vielmehr ist sie in ihrer Beziehungsrichtung *einseitig.* Konstruiert wird die ‚Illusion' des guten Lehrers. (Inwieweit solche Zuschreibungen und Konstruktionen auch Veränderungen in der Wahrnehmung bedeuten, indem der Lehrer auch positiver *empfunden* wird, kann an dieser Stelle nicht geklärt werden.)

Vor dem Hintergrund frustrierender schulischer (Lern-)Erfahrungen (Lernen als „Entfremdung" und Lernvermeidung) zeigt sich ein strategisches Vorgehen, das bemüht ist, schulische Nähe durch die Konstruktion eines positiven Lehrer-Bildes herzustellen. Da sich damit vor allem schulische Konformitätszwänge verbinden, bezeichnen wir diese Strategie als defensiv.

Eine weitere Gruppendiskussion (HauptschülerInnen, 12 bis 14 Jahre alt, teils mit Migrationshintergrund) geht vertiefend auf den Aspekt eines anpassenden Verhaltens als Teil der Beziehungsarbeit ein. Hier geht die Frage nach den Empfehlungen, wie man gut durch die Schule kommt, voraus (*Beispiel C*):

T6w: *Mit den Lehrern*
T1m: *Dat die-dat die sich mit denen gut verstehen müssen*
[…]
T1m: *Also*
T6w: *Immer zuhören nicht ehm dazwischenreden nicht irgendwas in die Klasse reden*
T4m: *Aussprache (.) wie man mit denen redet*

Transportiert wird ein Bild einer SchülerInnen-LehrerInnen-Beziehung, die von den SchülerInnen fordert, „sich mit denen [den LehrerInnen; d. V.] gut verstehen [zu; d. V.] müssen". Das Verstehen wird exemplifiziert; empfohlen wird am Beispiel einer Unterrichtssituation: „immer zuhören", nicht „dazwischenreden", nicht „irgendwas in die Klasse reden". Eine Regel, die, ohne Ausnahmen zuzulassen („immer"), eine Art schulischen Verhaltensstandard darstellt. In einem weiteren Beispiel, das von T4 eingebracht wird, erhält ‚Verstehen' noch eine andere Bedeutung: im wörtlichen Sinne auch das Verstanden-Werden, um das sich der Schüler durch seine „Aussprache", in dem, „wie man mit denen redet" zu bemühen hat. Eine Interpretationsmöglichkeit bezieht sich auf den Erfahrungshintergrund Migration in dieser Diskussionsgruppe, aus dem heraus sich die Bedeutung der sprachlichen Verständigung zwischen SchülerIn und LehrerIn ableitet. Beziehungsarbeit ist auch in diesem Beispiel eine einseitige, vom

Schüler/der Schülerin ausgehende, eine auf den Lehrer/die Lehrerin zentrierte. Eine existenzielle Notwendigkeit besteht für den Schüler/die Schülerin darin (will er/sie „gut durch die Schule kommen"), sich den (sprachlichen) Standards, die durch die LehrerInnen gesetzt werden, anzupassen.

| *Beispiel B und C* | *defensiv-anpassend* |
| --- | --- |
| *Institution Schule* | *Nähe;* Akzeptanz |
| *Strategie* | Einseitige Beziehungsarbeit (stark anpassend) |

Eine andere Gruppendiskussion, ebenfalls mit 6.-Klässlern einer Realschule durchgeführt, zeigt eine weitere Differenzierung im defensiv-strategischen Vorgehen (*Beispiel D*):

> T3m: *Also ich würd (u) zum Beispiel nem kleinen Bruder der dann in die Schule käm (.) ähm dem würd ich sagen (...)*
> T5w: *Ja (u) bei den Lehrern erst mal voll einzuschleimen*
> Iw: *Äh wie wie machste das?*
> T5w: *(u) keine Ahnung immer aufzeigen und so*
> [...]
> T3m: *Oder wenn ähm (u) zum Beispiel wenn Lehrer (.) dann würd ich auch (.) wenn wir das aufhätten dann würd ich noch mehr dafür tun dann also (.) noch mehr schreiben (u) dem das dann extra so vorlegen so (u)*
> T4m: *Oder in ner Arbeit wenn man nicht alles direkt weiß nen Spickzettel machen (u) legen so verdeckt so*
> Mehrere: *(u)*
> T8w: *(u) das haben wir gestern gemacht*

Das Thema (‚Empfehlungen') wird von der Interviewerin in die Diskussion eingebracht. T3 greift das Thema dem Wortlaut nach fast gleichlautend auf. Geraten wird von T5, sich beim Lehrer „erst mal voll einzuschleimen". In der Anfangszeit („erst mal") geht es vor allem darum, sich als SchülerIn möglichst günstig dem Lehrer gegenüber zu präsentieren, sich u. a. aufgesetzt freundlich, einschmeichelnd zu verhalten, es dem Lehrer recht zu machen. Auf Nachfrage der Interviewerin hin wird „einschleimen" weiter spezifiziert. In die alltägliche unterrichtsbezogene Handlungspraxis übersetzt, bedeutet dies „immer aufzeigen", sich also als vordergründig präsent, mitwirkend und dem Unterricht folgend zu verhalten. Über die bloße Einhaltung der Regeln hinaus (etwa: ‚In der Schule muss man aufzeigen, wenn man etwas sagen will') wird ein „immer aufzeigen" empfohlen, das dem Lehrer/der Lehrerin suggeriert, der Schüler sei permanent konzentriert und präsent. Zudem wird in einer weiteren Exemplifizierung geraten, über das übliche Maß der Anforderung hinaus „noch mehr" zu arbeiten und dies auch sichtbar zu machen („extra so vorlegen"). Verhaltensweisen, die als „demonstrative Strategie" im Sinne Eders (1987) gelten können. Die Bewältigung des Schulalltags bedarf somit aus der Perspektive der SchülerInnen eines zur Schau gestellten Verhaltens. Die Verhaltensempfehlungen haben leistungsbezogene Kriterien zum Thema, deren Funktion darin besteht, Leistungsbereitschaft zu *suggerieren*. Kern der Beziehungsarbeit ist ein schulkonformes Verhalten, das demonstrativ und aufgesetzt wirkt. Eine solche Demonstration eines (vermeintlich) schulkonformen Verhaltens scheint den SchülerInnen weitestgehend bewusst zu sein, und zwar im Sinne einer Intention oder eines Kalküls. Auch in diesem Fall ist die Beziehungsarbeit eine einseitige, die jedoch ein spezifisches Ziel verfolgt: Präsenz der eigenen Person, Leistungsbereitschaft und -fähigkeit zu suggerieren und positiv vom Lehrer/der Lehrerin wahrgenommen zu werden. Als Alternative dazu wird das „verdeckte" Arbeiten mit dem Spickzettel empfohlen. Im Gegensatz zum ersten Beispiel der Gymnasiastinnen (Beispiel A) werden keine individuellen Aspekte in der Lerngestaltung und -motivation betont. Das demonstrative Vorgehen darf nicht darüber hinwegtäuschen, dass die Anpassung an schulische Erwartungen und Konformitätszwänge eine große Rolle spielt. Damit neigt sich diese Strategie dem defensiven Pol zu.

| *Beispiel D* | *defensiv-demonstrativ* |
|---|---|
| *Institution Schule* | *Nähe;* Akzeptanz |
| *Strategie* | Einseitige Beziehungsarbeit; demonstrative Lernarbeit |

Je älter die Befragten sind, so ein Ergebnis der statistischen Analyse, desto weniger sind sie der Meinung, dass man mit Lernarbeit und einer intensiven (einseitigen) Beziehungspflege gut durch die Schule kommt. Vielmehr kommt es aus der Sicht der SchülerInnen verstärkt darauf an, sich selbst zu behaupten. Diese Entwicklung führt dazu, dass den Heranwachsenden ab etwa der 9. Jahrgangsstufe die Selbstbehauptungsstrategien wichtiger sind als Lern- und Beziehungsarbeit (siehe Kapitel 9.1).

Zur Selbstbehauptung ein Beispiel aus einer Gruppendiskussion mit GymnasiastInnen der 11. Klasse, 16 und 17 Jahre alt. Sie beschreiben darin eine spezifische Form der ‚Unterrichtsvermeidung' (*Beispiel E*):

T2w: *Ja, das ist wie 'ne Kettenreaktion im Unterricht (.) Nehmen wir ein gutes Beispiel Frau C. (.) Also ich weiß nicht wo die Frau so ihr Gedächtnis hat aber (.) wir hab'n also es war in eine der Anfangsstunden letztes, vorletztes Jahr (.) Da haben wir mit ihr, haben wir keine Lust gehabt Unterricht zu machen und da haben wir gesagt? liebe Frau C. können wir nicht spielen und dann meint sie: ,och ja liebe Kinder' (.) die ist wie alt ist die (.) 30, 32*
T3w: *ja, und wir haben Wahrheit oder Pflicht gespielt*
T4w: *und sind dann alle, dann hab' ich so gemeint, ja Frau C. entweder sie gehen diese Stunde raus (.) nächste oder übernächste (.) Hielt die sich noch total für schlau und meinte sie geht diese Stunde raus.*
T2w: *[Lachen] Dann ist sie die ganze Stunde rausgegangen (.)*
T4w: *Ist sie die ganze Stunde rausgegangen und wir sind alle aus dem Fenster geklettert*
Mehrere: *[Lachen]*
T5m: *Voll die Anarchie eh*

Rückblickend (Klasse 9 oder 10) wird ein Ereignis beschrieben, das auf den ersten Blick wie ein Streich wirkt, den die SchülerInnen der Lehrerin spielen. Schauen wir näher hin, erkennen wir eine Strategie, die sich mit dem Bemühen um Selbstbehauptung verknüpft. An den in die Diskussion eingebrachten Begriff der „Kettenreaktion", der eine Art Automatismus kennzeichnet, wird „ein gutes Beispiel" angehängt. Die SchülerInnen beschreiben in ironisierender Weise („liebe Kinder", die „spielen" wollen) eine Unterrichtssituation, in der eine junge Lehrerin (die „sich noch für total schlau" hält) *entmachtet* wird. T5 fasst das, was dort geschieht, mit dem Begriff der „Anarchie" zusammen und damit als eine Situation, in der schulische Regeln außer Kraft gesetzt werden. Als Teil des „Hinterbühnengeschehens" ist dieses (strategische) Verhalten nicht eindeutig als Verstoß gegen schulische Normen zu identifizieren (und damit auch nicht zu sanktionieren).

In einem weiteren Auszug aus dieser Gruppendiskussion wird eine Lern-Einstellung deutlich, die Aspekte der Selbstständigkeit oder auch Eigenverantwortung für das Lernen hervorhebt.

T2w: *Also ich finde selbstständiges Lernen ist wichtig in der Schule (.) Es ist zwar wichtig, dass man in der Grundschule vielleicht beigebracht bekommt, wie man lernt, aber später sollte man das schon selbstständig können (.) Also ich muss, man muss ja später im Leben auch alles selbstständig machen (.)*
T3w: *Ich würde sagen, im Moment kommt jetzt so langsam die Phase, wo man jetzt die ersten Klausuren schreibt und so (.) dann lernt man zu Hause*

*wahrscheinlich eher so (.) bereitet sich auf die Klausuren vor und so (.) Aber ich denke ähm (.) was jetzt abseits der Schule ist, dass man durch den ganzen Alltag immer irgend was lernt (.) Man lernt eigentlich nie aus, also man lernt die ganze Zeit immer irgendwas Neues (.) Wie gesagt, was sie schon gesagt hat, dass man sich das auch behalten muss sonst bringts ja nichts (.)*
*(...)*
*T5m: Ja das ist wirklich so, dass man (.) oder ich zumindestens zu Hause, wenn ich lerne, meist für die Schule lerne, um in den Klausuren eben gute Noten zu kriegen, ein guten Abschluss zu kriegen (.) Aber das, was wirklich wichtig ist, denk ich mal, lernt man von selbst zum Beispiel (.) durch das Weltgeschehen[36], wenn man sich damit befasst (.) Das ist für mich auch Lernen (.) nämlich selbst denken lernen, das ist viel wichtiger und das macht man dann eher im Privaten für sich (.) das wird in der Schule nie beigebracht (.)*

Als neues Thema (Setzung einer Proposition) wird das „selbstständige" Lernen eingebracht. Dieses Thema entfaltet sich in der Gegenüberstellung von „beigebracht" bekommen und selbsttätigem Lernen. T3 elaboriert dieses Thema über den Begriff der „Phase", die „so langsam" kommt und die einerseits institutionell über die Notwendigkeit, „Klausuren" zu schreiben, definiert wird. Andererseits wird aber auch die Eigenständigkeit der Klausurvorbereitungen betont. Das Lernen für die Schule, um „gute Noten zu kriegen", wird dabei als eine (gesellschaftliche geforderte) Notwendigkeit dargestellt. T3 bringt eine Variation des Themas ein (Elaboration mit Exemplifizierung), das sich auf das Lernen bezieht, das „abseits der Schule" erfolgt – und einen Gegenhorizont zum schulischen Lernen darstellt. In den Fokus gerückt wird das lebenslange Lernen, das zugleich Zukunftsperspektiven mit einschließt und sich auch neuen Erfahrungen öffnet und diese in das Lern-Selbstkonzept integriert („man lernt die ganze Zeit immer irgendwas Neues"). Verknüpft sind damit auch neue und biographisch bedeutsame Lernprozesse, die eine neue Sicht auf die Welt erlauben („das Weltgeschehen") und zugleich ein neues Verhältnis von Selbst und Welt, auch in Form der Ausdehnung des eigenen Lernhorizontes, beschreiben. Hervorgehoben wird von T5, der damit zugleich zu einer Konklusion des Themas (und zu einer abschließenden Übereinstimmung in Bezug auf die verhandelte Orientierungsfigur) kommt, eine Lernqualität, die sich auf das „selbst denken lernen" bezieht.

---

36   Angesprochen wird hier ein Aspekt von Bildung, den wir in Kapitel 8 unter dem Begriff der „Bürgerkompetenzen" beschrieben haben.

Wie Popp (2007, S. 27) beschreibt, geht aus verschiedenen empirischen Studien hervor, „dass bestimmte Lerntypen und Lernvoraussetzungen wie eine analytische Orientierung, soziale Unabhängigkeit, Individualismus und ein profiliertes Selbstkonzept für selbstgesteuertes Lernen von Vorteil sind." In unserem Beispiel zeigt sich eine Lern-Orientierung, die die eigenen Gestaltungsmöglichkeiten, insbesondere aber den individuellen (auch Abgrenzungs-)Aspekt betont, weshalb wir diese Strategie als offensiv-gestaltend bezeichnen.

| *Beispiel E* | *offensiv-gestaltend* |
|---|---|
| *Institution Schule* | *Distanz;* Regeln werden ‚ausgehebelt' (Lehrerin wird überlistet), insgesamt aber Akzeptanz |
| *Strategie* | Selbstbehauptung (gestaltend); Lernöffnung |

In eine andere Richtung der Selbstbehauptung verweist das nachfolgende Beispiel (F) einer Berufsschulklasse (die SchülerInnen sind zwischen 17 und 21 Jahre alt).

T1w: *also aber (...) der Andere [Lehrer; d. V.] war halt (.) total (.) verpeilt also wir haben ihn auch total fertig gemacht [...]*
T3m: *Ne-ne wenn der Unterricht gut gestaltet is passiert das ja nich ?,*
T2m: *Ja das stimmt das sind alles die Lehrer schuld also*
T1w: *Ja eben*
Mehrere: *[Lachen]*
T3m: *is aber so*
T2m: *Die könnten das Leben viel einfacher haben*
*[...]*
T?.: *Ja*
T3m: *Und- je strenger man sowas der Unterricht ist, okay desto stiller sind vielleicht die Leute , aber irgendwann reicht's den Leuten dann auch (.) und dann ne, dann kommen solche Aktionen wie Beschmeißen oder sonst irgendwas*
T?: *Mmh*
Mehrere: *[Lachen]*

Im Vordergrund steht die strikte Distanzierung der SchülerInnen von den LehrerInnen. Im Gegensatz zum vorherigen Beispiel (E) ist das strategische Vorgehen konfrontativ; die SchülerInnen gehen konkret gegen einen Lehrer vor, machen ihn „total fertig". Eine Exemplifizierung bezieht sich auf „Aktionen wie Beschmeißen" eines Lehrers, das, wie die SchülerInnen an späterer Stelle kurz erläutern, von „vielen Leuten" aus „gleichzeitig" erfolgt. Trotz des konfrontativen Charakters steht das Defensive im Vordergrund, die ‚Reaktion' auf schulische Erfahrungen, das Bemühen um (konfrontative) Selbstbehauptung, die sich in Form einer äußerst schroffen und unversöhnlichen Abwehrhaltung äußern.

| *Beispiel F* | *defensiv-konfrontativ* |
|---|---|
| *Institution Schule* | *Distanz;* Regelverstoß, keine Akzeptanz |
| *Strategie* | Selbstbehauptung (konfrontativ) |

Die Strategie der Selbstbehauptung beinhaltet (mehr oder weniger eindeutig, wie wir sahen) Regelverstöße: Einmal (Beispiel E) geht es vor allem darum, die schulischen Regeln zumindest für eine begrenzte Zeit außer Kraft zu setzen, die Lehrerin zu ‚überlisten'. Ein Vorgehen, das durchaus auch konstruktive Züge trägt – die SchülerInnen ‚gestalten' den Unterricht auf ihre Weise. Im anderen Fall (Beispiel F) ist der Regelverstoß direkter und konfrontativer, auch aggressiver. Die SchülerInnen reagieren in einer unmissverständlich ablehnenden Art auf den Lehrer. In diesen Distanzierungsbemühungen zeigt sich, im Gegensatz zu Beispiel E, kein gestalterischer Aspekt, durch den Schule *anders,* d. h. individuell *angeeignet* werden könnte.

Zusammenfassend sehen wir, wie die verschiedenen Strategien den Bedingungen der schulischen (Lern-)Felder Rechnung tragen (siehe Übersicht 9.1): Analysiert wurden auf der einen Seite strategische Ansätze, die darauf zielen, sich die schulische Realität *individuell gestaltend* zu eigen zu machen (sowohl in distanzierenden Bemühungen der Schule gegenüber als auch in Nähe suchenden). Widerstände werden überwunden bzw. die vorgegeben schulischen Rahmenbedingungen für einen Moment ‚ausgehebelt'. Handlungsweisen, die wir als *offensive Strategie* bezeichnet haben. Damit einher geht eine Lern-Haltung, die sich mit positiven Lern-Emotionen (vgl. Kapitel 7) verbindet (u. a. „Spaß zu lernen" etc.) und die damit die Basis für Lernfreude legt. Die Lernfreude verbindet sich in diesen Analysen nicht in erster Linie mit einem ‚messbaren' leistungsbezogenen Lernerfolg, sondern äußert sich in einer individuellen (wie kollektiven) Lern-Offenheit mit selbstgestalterischen Zügen.

*Übersicht 9.1: Zusammenfassung der vorgefundenen qualitativen*
        *Strategie-Varianten:*

| Nähe | Distanz |
|---|---|
| *Bsp. A offensiv-gestaltend* <br> • Strategie der *aktiven und gestalterischen Lernarbeit* <br> • Lernfreude und Lernoffenheit | *Bsp. E offensiv-gestaltend* <br> • Strategie der *gestaltenden Selbstbehauptung* <br> • Eigene Regel- und Rahmenbedingungen gestalten; Lernoffenheit |
| *Bsp. B und C defensiv* <br> • Strategie der *einseitigen Beziehungsarbeit* (anpassend; Zuschreibung/Konstruktion eines pos. Lehrerbildes) <br> • Resignativ; Lernvermeidung <br><br> *Bsp. D Nähe defensiv-demonstrativ* <br> • Strategie der *einseitigen Beziehungsarbeit; demonstrative Lernarbeit* | *Bsp. F defensiv-konfrontativ* <br> • Strategie der *konfrontativen Selbstbehauptung* |

Auf der anderen Seite können wir *defensive Strategien* ausmachen. Ihnen gehen emotionale Lern-Enttäuschungen voraus, schulische Entfremdungser-fahrungen etc., die Distanz zur Schule, zum Lernen bzw. Lernvermeidung bedeuten. Teils wird diese Distanz durch konfrontativ-selbstbehauptendes Verhalten noch ver-stärkt, teils wird in einer Art (Über-)Anpassung die schulische Anbindung und Nähe gesucht. In einem Fall wird sogar das unpädagogische Verhalten eines Lehrer ‚geschönt', um in diesem schulischen Feld ‚überleben' zu können.

Gerade bezogen auf die letzten Befunde können wir uns Popp (2007, S. 19f.) anschließen. Ihrer Auffassung nach befördert Schule geradezu „die Produktion ‚nicht flexibler' Identitäten" und entwickelt SchülerInnen-Identitäten, die, auf-grund schulischer „Entfremdungs-, Anpassungs- und Normierungszwänge" Strategien ausbilden, „die Schule mit möglichst geringem Aufwand unbeschadet zu überstehen." Differenzierend dazu lässt sich festhalten, dass der „Aufwand" dabei jedoch kein geringer ist. Vielmehr sind solche Strategien für die Schüle-rInnen, wie wir gesehen haben, zum Teil mit erheblichem Aufwand und ‚bio-graphischen Folgekosten' (vgl. zum Begriff der „biographischen Kosten" Nittel 1992, S. 320) verbunden.

# 10 Schluss

Seit Beginn/Mitte der 1970er-Jahre lässt sich in der Schul- und Unterrichtsforschung eine zunehmende Einbeziehung der SchülerInnen-Perspektive konstatieren. Eine Reihe von gesellschaftlichen und schulbezogenen Entwicklungen ist dafür verantwortlich. In Kapitel 1 führten wir in diesem Zusammenhang u. a. die peer-kulturelle Aufladung der Schule durch die zunehmende Bedeutung der Gleichaltrigen für das schulische Leben an und einen Informalisierungsschub der schulischen Ordnung, der die SchülerInnen-LehrerInnen-Beziehungen (teilweise) demokratisierte und die Machtverhältnisse zwischen den schulischen Akteuren in gewissem Rahmen verschoben hat. Auf der Seite der Forschung korrespondierten diese sozio-kulturellen Veränderungen mit der insbesondere in der Sozialisationsforschung aufkommenden Überzeugung, die Heranwachsenden in der Schule als eigenständige Akteure zu verstehen, die aktiv ihre Entwicklung und die sie umgebenden sozialisatorischen Umwelten beeinflussen. Diese Perspektive wurde von der seit etwa Anfang der 1990er-Jahre an Einfluss gewinnenden neuen soziologischen Kindheitsforschung weiter vorangetrieben. Das Kind bzw. der Heranwachsende standen nicht mehr nur als Objekt der Forschung, sondern zunehmend als Subjekt im Mittelpunkt des Forschungsprozesses. Die Hervorhebung der Eigenständigkeit des kindlichen Akteurs kulminierte mit Blick auf Persönlichkeitsentwicklung und Bildungsaneignung u. a. in Begriffen wie Selbstsozialisation oder Selbstbildung (siehe unten).

Die Aufwertung der SchülerInnen-Rolle, die sich mit diesen Entwicklungen verband, führte jedoch nicht zu einer Aufhebung einer vornehmlich adultistisch orientierten Bildungsforschung (zumindest nicht im Bereich der quantitativen Forschung). Trotz der Betonung des Bildungssubjekts in der und für die Schule, wurde diese Perspektive häufig unter dem Blickwinkel der Leistungsentwicklung und Leistungsförderung funktionalisiert. Dem steht die SchülerInnen-Kultur-Forschung gegenüber, die das kulturelle Eigenleben der Kinder und Jugendlichen in der Schule ins Zentrum rückte. Diese Forschungstradition, die vornehmlich mit qualitativen Methoden arbeitet(e), brachte zahlreiche Studien und bedeutsame Befunde hervor, konnte sich aber unserer Einschätzung nach gegenüber dem Mainstream der Bildungsforschung nicht behaupten. Typische Begriffe dieser Forschungtradition wie *Schulleben* oder *SchülerInnen-Kultur* finden sich in den die Bildungs- und Schulforschung kanonisierenden aktuellen Handbüchern nur selten.

Die an der SchülerInnen-Kultur orientierte Bildungsforschung hat neben qualitativen Studien auch eine Reihe von quantitativ orientierten Untersuchungen hervorgebracht. Zu nennen sind hier vor allem die Arbeiten des Siegener Zentrums für Kindheits-, Jugend- und Biografieforschung um Imbke Behnken und Jürgen Zinnecker. In dieser Tradition steht der vorliegende Band, der die beiden letzten Kinder- und Jugendstudien des Zentrums zum Inhalt hat. In beiden Studien – NRW-Kids und LernBild – wurden mehrere Tausend SchülerInnen der 4. bis 12. Jahrgangsstufen repräsentativ für das bevölkerungsreichste Bundesland Nordrhein-Westfalen befragt. Im folgenden Abschnitt sind die zentralen Befunde beider Studien noch einmal zu einem Gesamtbild zusammengefasst.

## 10.1 Gesamtbild

*Schulleben*

Fragt man SchülerInnen der Jahrgangsstufen vier bis zwölf (mehrheitlich sind sie zwischen 10 und 18 Jahre alt), was ihnen am Schulleben besonders gefällt, so sind es in erster Linie die Freunde, die ihnen dabei in den Sinn kommen. Im historischen Rückblick auf die 1950er-Jahre zeigt sich, dass dies nicht immer so war. Vor gut 50 Jahren waren es vor allem einzelne Unterrichtsfächer sowie Schulveranstaltungen, die der Positivseite des Schullebens zugerechnet wurden. Nur acht Prozent der SchülerInnen dachten dabei vor allem an ihre MitschülerInnen. Heute beträgt der Anteil derer, die die angenehmen Seiten des schulischen Alltags in erster Linie mit ihren Freunden und Freundinnen verbinden, je nach Jahrgangsstufe zwischen 60 und 70 Prozent. Dieser Befund macht zweierlei deutlich: Zum einen bestätigt er die zunehmende Bedeutung der Gleichaltrigen in der Institution Schule – die wir als jugendkulturelle Aufladung der SchülerInnen-Rolle bezeichneten. Zum anderen wird darin (einmal mehr) sichtbar, dass die Freunde und Gleichaltrigen eine zentrale Rolle im Hinblick auf Sozialisation und Identitätsarbeit in Kindheit und Jugend einnehmen.

Neben den Freunden zählen auch bestimmte Aspekte des schulischen Leistungssystems zu den positiven Seiten des Schullebens – dies gilt im ‚Erfolgsfall' (wenn die Noten gut ausfallen) und mit Blick auf einzelne Fächer für 40 bis 50 Prozent der SchülerInnen. Auf der anderen Seite zählen bestimmte Fächer und schulische Misserfolge, ausgedrückt in schlechten Noten, für gut ein Drittel der SchülerInnen zu den negativen Seiten des Schullebens. In den 1950er-Jahren kam es nicht vor, dass die SchülerInnen bei der Einschätzung der positiven und negativen Seiten der Schule an leistungsbezogene Aspekte dachten. Auch in dieser Hinsicht hat sich ein historischer Wandel vollzogen. Wir bezeichnen ihn als leistungsbezogene Aufladung der SchülerInnen-Rolle.

Zu den Fächern, die die Schülerschaft polarisieren, gehört beispielsweise das Fach Mathematik. Für etwa ein Drittel der SchülerInnen zählt Mathematik zu den Lieblingsfächern, fast ebenso groß ist die Gruppe, die Mathematik zu den unbeliebtesten Fächern rechnet (Zinnecker et al. 2003). In den unteren Jahrgängen sind es aber nicht bestimmte Fächer und schulische Misserfolge, die auf der schulischen Negativseite zu Buche schlagen; beklagt werden von mehr als 60 Prozent der 4.- bis 6.-Klässler „zu viele" Hausaufgaben. Die Belastung durch die Hausaufgaben nimmt mit höheren Jahrgangsstufen deutlich ab. Nur noch etwas mehr als ein Viertel der 11.- bis 12.-Klässler stört dies an der Schule.

*Übersicht 10.1: Positive und negative Seiten des Schullebens*

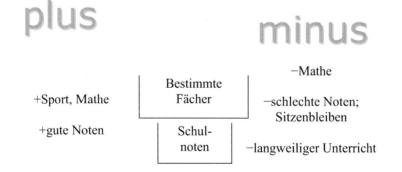

Dagegen nimmt die Kritik am Unterricht in den höheren Jahrgängen zu. Mehr als die Hälfte aller 9.- bis 12.-Klässler kritisiert insbesondere „langweiligen Unterricht". Über (fast) alle Jahrgänge hinweg jedoch bleibt die Kritik an den Lehrkräften recht konstant: Mehr als die Hälfte aller SchülerInnen nennt, wenn sie über die negativen Seiten der Schule nachdenken, den ungerechten Lehrer/die ungerechte Lehrerin.

*Was man tun muss, um in der Klasse beliebt zu sein*

Die Jugend- und Sozialisationsforschung hat vielfach herausgestrichen, dass die Anerkennung in der Welt der Gleichaltrigen wesentlich die sozialisatorischen Erfahrungen und die Entwicklungsqualität der Heranwachsenden prägt. Verschiedentlich wurde dabei mit Blick auf die Schule konstatiert, dass diesen Anerkennungsmustern in der Klasse Wertorientierungen zugrunde liegen (können), die im Widerspruch zur leistungs- und anpassungsorientierten Ordnung der Schule steht. Unter anderem Coleman hatte bereits zu Beginn der 1960er-Jahre auf der Basis einer Untersuchung amerikanischer High-Schools darauf hingewiesen, dass Anerkennung in der Klasse dort weniger durch gute Schulleistungen als vielmehr durch sportliche Erfolge und die Zugehörigkeit zu bestimmten Gruppen (z. B. bei den Mädchen zu den Chear-Leadern) gesucht wird. Die Gegenkulturthese, die Coleman in seiner Studie auf der Basis dieser Befunde entfaltet, ist anhand unserer Befunde für deutsche Verhältnisse zu relativieren. Zwar nehmen die SchülerInnen auf die Frage, was man tun muss, um in ihrer Klasse beliebt zu sein, starken Bezug auf die Gleichaltrigen. Dabei sind es aber weniger Coolness, sportliche Erfolge oder sich körperlich durchsetzen zu können, was Anerkennung in der Klasse verspricht. Vielmehr zählt vor allem empathisches, hilfsbereites Verhalten den MitschülerInnen gegenüber (prosoziales Verhalten). Verhaltensweisen, die eindeutig gegen die schulische Ordnung gerichtet sind, wie beispielsweise Widerstand gegen die Lehrkräfte und sich von den LehrerInnen ‚nichts gefallen' zu lassen, stehen in den Klassen im Allgemeinen nicht hoch im Kurs. Die Gegenkulturhese lässt sich anhand unserer Befunde nicht erhärten.

*Sozialklima – die Beziehungen zwischen den SchülerInnen*

Wie sich aus den Befunden zu den positiven Seiten des Schullebens und den prosozial bezogenen Anerkennungsmustern und Wertorientierungen in der Klasse ableiten lässt, kommt der psychosozialen Qualität der Beziehungen zu den MitschülerInnen eine besondere Bedeutung für das schulische Erleben zu. Das Sozialklima in den Klassen ist Gegenstand zahlreicher Studien (siehe zusammenfassend Eder 2001; Raufelder 2010). Dabei wird in der Literatur immer wieder hervorgehoben, dass die SchülerInnen sich in einem Spannungsverhältnis zwischen dem Zusammenhalt in der Gruppe (Kohäsion) und den individualisierenden Ansprüchen des schulischen Leistungswettbewerbs bewegen (vgl. Fend 1997). Unsere Befunde zum Zusammenhalt und zum Konkurrenzverhalten in den Klassen zeigen, dass die meisten SchülerInnen diesen Widerspruch zugunsten des Zusammenhalts auflösen. Die Kohäsion in den Klassen ist im Durchschnitt deutlich höher ausgeprägt als das Konkurrenzverhalten. (Wobei wir in Kapitel 6 zeigen konnten, dass Zusammenhalt und Konkurrenz in einzelnen Klassen durchaus sehr unterschiedlich ausfallen können.) Ein interessanter Befund zeigt sich in diesem Zusammenhang mit Blick auf die vierte Grundschulklasse. Hier finden wir ein im Vergleich zu allen anderen Jahrgangsstufen überraschend hoch ausgeprägtes Konkurrenzverhalten (bei gleichzeitig hohen Zusammenhaltswerten). Begründen lässt sich dieser Befund durch den bevorstehenden Übergang in die Sekundarstufe I. Vielfach wurde in der Literatur auf die erfolgsselektive Ausrichtung der letzten Grundschuljahre hingewiesen.

Wenngleich sich das soziale Klima in den meisten Schulklassen alles in allem recht positiv darstellt, zeigen nicht nur Einzelfallstudien, dass die Schule für manche SchülerInnen zum Ort des Leidens wird. In unseren Studien beziehen wir uns auf das Konzept des Bullying, das sowohl physische als auch psychische Gewalthandlungen gegenüber MitschülerInnen erfasst. Gefragt, ob sie im letzten halben Jahr erlebt hätten, gehänselt oder geschlagen worden zu sein oder dass ihnen „absichtlich Sachen kaputt gemacht" oder „weg genommen" worden sind, gibt über die Hälfte der SchülerInnen der 4. bis 12. Jahrgangsstufe an, mindestens einmal eine entsprechende Erfahrung gemacht zu haben. Dauerhafte Erfahrungen damit, gehänselt oder geärgert zu werden, geben 18 Prozent der Jungen und 13 Prozent der Mädchen zu Protokoll. Die stärker gewaltbetonten Formen des Bullying kommen demgegenüber deutlich seltener vor. Gehen wir davon aus, dass das Erleben von Mobbing zum einen durch relativ dauerhafte und regelmäßige Angriffe seitens der MitschülerInnen geprägt ist, und zum anderen durch Angriffe sowohl psychischer als auch physischer Natur, so können wir den Anteil von Mobbingopfern anhand unserer Daten mit etwa 5 bis 10 Prozent angeben. Dabei nehmen die gewalttätigen Handlungen zwischen den SchülerInnen mit zunehmendem Alter ab. Dies bestätigt Forschungsbefunde, die darauf hinweisen, dass mit einer augeprägteren Diskurs- und Konfliktfähigkeit der Heranwachsenden gewalthaltige Formen interpersonaler Auseinandersetzungen in ihrer Häufigkeit abnehmen (vgl. Engel/Hurrelmann 1993).

*Sozialklima – das Verhältnis zu den LehrerInnen*

Aus der Unterrichtsforschung ist bekannt, dass ein am einzelnen Schüler/an der einzelnen Schülerin orientiertes LehrerInnenhandeln zu einem guten Unterricht gehört und u. a. leistungsfördernd wirkt. Aus dieser Perspektive haben wir uns mit vier Dimensionen der Qualität von SchülerInnen-LehrerInnen-Beziehungen beschäftigt, die sich so auch in der einschlägigen Forschungsliteratur finden: Vertrauen, Akzeptanz, Mitbestimmung und restriktives Strafverhalten. Unsere Befunde hierzu zeigen, dass sich die meisten SchülerInnen von ihren LehrerInnen akzeptiert fühlen und dass sie bestimmte Möglichkeiten der Mitbestimmung und Partizipation im Unterricht wahrnehmen. Dass die LehrerInnen auf die persönlichen Eigenarten und Probleme der SchülerInnen eingehen oder dass die SchülerInnen mit ihnen Privates besprechen können (Vertrauensdimension), geben die SchülerInnen dagegen deutlich seltener zu Protokoll.

Restriktives Verhalten seitens der LehrerInnen findet sich in unterschiedlichen Formen und Ausprägungen. 20 Prozent der SchülerInnen geben an, dass ihre LehrerInnen „schon mal handgreiflich" werden. Der Prozentsatz derer, die davon berichten, dass SchülerInnen von LehrerInnen „vor der ganzen Klasse blamiert werden", liegt mit 47 Prozent deutlich höher.

Während sich die Angaben der SchülerInnen zum Grad an Vertrauen, Akzeptanz und Mitbestimmung zwischen den Jahrgangsstufen kaum unterscheiden, sind es mit Blick auf das restriktive Verhalten vor allem die SchülerInnen der 7. bis 10. Jahrgangsstufe, die über ein entsprechendes Verhalten ihrer LehrerInnen berichten. In den unteren und den Jahrgängen 11 und 12 werden vergleichsweise selten solche Verhaltensweisen berichtet.


*Die Klasse macht einen Unterschied*

Bezogen sich die bisherigen Analysen ausschließlich auf die Perspektiven der einzelnen SchülerInnen, so wechselten wir in Kapitel 6 die Perspektive und werteten klassenweise aus. Dahinter steht die Frage, ob sich die Klassen mit Blick auf die Qualität der SchülerInnen-Beziehungen und die Qualität der Beziehungen zu den LehrerInnen signifikant voneinander unterscheiden. Die Befunde zeigen, dass zwischen den einzelnen Klassen zum Teil erhebliche Varianz mit Blick auf das soziale Klima auftritt. Wenngleich sich die Klassen dabei in der Regel um den Gesamtmittelwert normalverteilt gruppieren, so zeigen sich an den Rändern der Verteilung teilweise extreme Klassensituationen. Es finden sich Klassen in unserer Stichprobe, in denen nahezu alle SchülerInnen darin übereinstimmen, dass beispielsweise restriktives LehrerInnenverhalten nicht zu beobachten ist. Andererseits finden sich Klassen, in denen nahezu alle SchülerInnen angeben, dass es zu den alltäglichen Erfahrungen gehört, von den LehrerInnen vor der ganzen Klasse blamiert zu werden. Die Varianz der Klassenmittelwerte bleibt über alle von uns erhobenen Sozialklima-Merkmale beachtlich groß und verändert sich nicht mit Blick auf die verschiedenen Jahrgangsstufen. Positive und negative Extremfälle finden sich damit in allen Jahrgangsstufen zwischen der 4. und 12. Klasse. Es ist Schwetz (2003) darin zuzustimmen, dass die Klasse einen wichtigen Unterschied macht und in einzelnen Klassen überaus unterschiedliche Sozialisations- und Entwicklungsmilieus vorzufinden sind. Diese Befunde bestätigen die in der Bildungsforschung bestehende Überzeugung, dass es neben dem Individuum und der Schule auch die Klasse als Zwischenebene im Sinne mehrebenenanalytischer Zusammenhangsmodelle stärker mit einzubeziehen gilt. Weitere Analysen zeigen, dass in Klassen, die sich durch ein (mehrperspektivisch) positives Sozialklima auszeichnen – das heißt, durch hohen Zusammenhalt, geringes Konkurrenzverhalten und ausgeprägtes schülerorientiertes Verhalten seitens der LehrerInnen –, auch die Schul- und Lernfreude der SchülerInnen überdurchschnittlich positiv ausgeprägt sind. Schul- und Lernfreude sind ihrerseits bedeutsame Mediatorvariablen mit Blick auf die individuelle Leistungsentwicklung

*Lernemotionen*

Neben dem Sozialklima in der Klasse zeigen Studien, dass der affektiven Besetzung des Lernens in der Schule eine wichtige Bedeutung u. a. für die Leistungsentwicklung zukommt (vgl. Edlinger/Hascher 2008; Hascher 2010). In der Studie LernBild erfragten wir die Gefühlsassoziationen der SchülerInnen zum Lernen in der Schule mittels eines quantitativ standardisierten Frageinstruments. Im Mittelpunkt stehen dabei nicht einzelne konkrete Erlebnisse, sondern die summarischen, auf dauerhafte Erfahrungen abzielenden Einschätzungen der SchülerInnen. Dabei zeigt sich zunächst, dass positive Gefühle, wie Erfolg haben oder etwas zu leisten, von den SchülerInnen am häufigsten mit dem Lernen verbunden werden. Etwa 70 Prozent der SchülerInnen verknüpfen das Lernen in der Schule mit Leistungserfolg(en). 56 Prozent assoziieren es mit „Spaß haben", und 60 Prozent mit Freunden und Freundinnen zusammen sein zu können. Leistungs*ängste* im Zusammenhang mit dem Lernen in der Schule werden dagegen deutlich seltener genannt. Jedoch verbindet mehr als ein Viertel der SchülerInnen mit dem Lernen in der Schule das Erleben von Enttäuschung(en). Dabei zeigen sich starke altersabhängige Veränderungen. Während die Leistungsängste von der 4. bis zur 12. Jahrgangsstufe leicht zunehmen, nimmt im gleichen

Zeitraum vor allem der *soziale* Bezug des Lernens ab. Je höher die Jahrgangsstufe, desto seltener berichten die SchülerInnen davon, Spaß mit Lernen verknüpfen und Lernen gemeinsam mit Freunden erleben zu können. Mit dem
Älterwerden der SchülerInnen nimmt ebenfalls die Häufigkeit ab, mit der das
Lernen in der Schule mit positiven Leistungserfolgen in Verbindung gebracht
wird.

*Die persönliche Ordnung erwünschter Fähigkeiten und Fertigkeiten*

Mit Blick auf das Ziel von Lernprozessen dominieren die Bildungsforschung
Begriffe wie Fähigkeiten, Fertigkeiten bzw. Qualifikationen und/oder Kompetenzen. Die meisten der in dieser Hinsicht entwickelten Konzepte haben gemeinsam, dass sie aus einer erwachsenenzentrierten Sicht jene Wissensinhalte
und Fähigkeitsbereiche definieren, die die wünschenswerte Richtung der individuellen Entwicklung bei den Heranwachsenden vorgeben. Mit Rückgriff auf die
Perspektive des jugendkulturellen Eigenlebens der Heranwachsenden fragten
wir die SchülerInnen selbst, was sie als wünschenswerte Fähigkeiten und Fertigkeiten für Menschen ihres Alters betrachten. Erfasst wird hier gewissermaßen
ein Curriculum ‚von unten'. Dabei zeigt sich zunächst, dass den schulischen und
Bildungskompetenzen, wie einen guten Schulabschluss zu erreichen bzw. gute
Noten zu schreiben, für die SchülerInnen eine zentrale Bedeutung zukommt.
Kaum weniger bedeutsam – vor allem für die SchülerInnen höherer Jahrgänge –
sind Kompetenzen, die sich auf die biographisch verantwortliche Gestaltung des
eigenen Lebens richten. Wir nannten dies mit Roth (biographische) Selbstkompetenz. Hierzu gehört die Fähigkeit, eine gute Berufswahl treffen zu können,
später Kinder einmal gut erziehen oder die eigenen Lebensziele in die Tat umsetzen zu können. Etwa 80 Prozent der Befragten halten solche Kompetenzen
für bedeutsam. Betont werden darüber hinaus, wenngleich mit bereits deutlich
weniger Nachdruck, so genannte Bürgerkompetenzen, die sich auf die (politische) Beteiligung im öffentlichen Leben richten. Hierzu gehört, eine Tageszeitung oder politische Zusammenhänge verstehen zu können. Erst auf Rang vier
der gewünschten Fertigkeiten und Fähigkeiten stehen Kompetenzen, die wir als
spezifische jugendkulturelle Kompetenzen bezeichnen. Fähigkeiten, die in diesem Bereich von den Heranwachsenden gewünscht werden, betreffen beispielsweise den Umgang mit dem Internet und Suchmaschinen, sich „schick kleiden"
zu können oder aber auch zu wissen, wie man mit Jungen bzw. Mädchen flirtet.
Hierzu gehört auch die Fähigkeit, neueste Geräte gut bedienen zu können. Eine
vergleichsweise kleine Gruppe von Heranwachsenden betont als fünften Kom-

petenzbereich darüber hinaus (aktive) musikalische Fähigkeiten, wie beispielsweise gut singen oder ein Instrument spielen zu können. Korrelationsanalysen zeigen, dass vor allem biographische Kompetenzen, Bürgerkompetenzen und Bildungskompetenzen miteinander in Verbindung stehen. Mit dem Älterwerden der Heranwachsenden lassen sich deutliche Veränderungen in der persönlichen Gewichtung der verschiedenen Kompetenzen bzw. Bereiche feststellen. Während jugendkulturelle Kompetenzen und (aktives) Musikmachen von der 4. bis zur 12. Jahrgangsstufe sehr deutlich an Boden verlieren – was in geringerem Umfang auch für die Bildungskompetenzen zutrifft – so nimmt der Wunsch nach biographischen Kompetenzen im gleichen Zeitraum sichtlich zu. Je näher das Ende der Schule rückt, desto bedeutsamer werden die biographischen Aspekte der Selbstkompetenz.

## Offensive und defensive SchülerInnen-Strategien

Im letzten Kapitel fragten wir die SchülerInnen, was man tun muss, um gut durch die Schule zu kommen. Die von den SchülerInnen zu Protokoll gegebenen Antworten auf diese Frage können wir als subjektives Organisationswissen über die Institution Schule und als individuelle Ressourcen zur Bewältigung der schulischen Anforderungen deuten. Entsprechend der grundlegenden Arbeiten von Hoferichter (1980) und Eder (1987) konnten drei zusammengehörende Strategiebündel bzw. Dimensionen identifiziert werden: Lernarbeit, Beziehungsarbeit und Selbstbehauptung.

*Lernarbeit.* Die Strategien der Lernarbeit beziehen sich darauf, die Schule ernst zu nehmen, immer die Hausaufgaben zu machen, im Unterricht aufzupassen und ständig mitzuarbeiten sowie regelmäßig zu lernen. Diese Strategien erfahren von den SchülerInnen der 4. bis 12. Jahrgangsstufe im Durchschnitt die höchste Zustimmung.

*Beziehungsarbeit.* Geringer fällt die Zustimmung zu Strategien der Beziehungspflege zu den LehrerInnen aus. Knapp die Hälfte der Befragten betont, dass es wichtig ist, ein gutes Verhältnis zu den LehrerInnen zu haben und mit ihnen zusammenzuarbeiten. Knapp ein Drittel empfiehlt, dass man den LehrerInnen gegenüber immer freundlich sein müsse, um gut durch die Schule zu kommen.

*Selbstbehauptung.* Dieses Strategiebündel bezieht sich vor allem darauf, sich als Person zu behaupten. Die eigene Meinung zu vertreten, zählt dabei zu den stärksten Empfehlungen (über 80% der SchülerInnen empfehlen dies). Sich nicht alles gefallen zu lassen, befürworten 61 Prozent. Abgelehnt wird die Aussage, sich nicht zu wehren (81%). Den LehrerInnen immer Recht zu geben, lehnt die Hälfte der Befragten ab. Schule wird damit nicht ausschließlich als Ort der funktionalisierenden Unterordnung in das lernbezogene Leistungssystem gesehen, sondern als Teil einer durch die eigene Meinung gestaltbaren Lebenswelt. Dies können wir als ein weiteres Indiz für die jugendkulturelle Aufladung der Schule und die Informalisierung und Demokratisierung der LehrerInnen-SchülerInnen-Beziehungen bzw. der hierarchischen Ordnung der Schule lesen.

Anhand von Clusteranalysen (auf Klassenebene) lassen sich die Schulklassen entsprechend ihres von der Mehrheit bevorzugten Strategieprofils unterscheiden. Als zwei polarisierende Cluster lassen sich dabei u. a. ein so genanntes *Nähe-Cluster* von einem so genannten *Distanz-Cluster* unterscheiden. Das Nähe-Cluster zeichnet sich dadurch aus, dass die darin versammelten Klassen sowohl der Lernarbeit als auch der Beziehungsarbeit großen Wert beimessen, während die Dimension der Selbstbehauptung deutlich unterdurchschnittlich ausgeprägt ist. Im Distanz-Cluster wird hingegen vor allem die Selbstbehauptung als erfolgreiche Strategie betont, weniger die Lern- und Beziehungsarbeit. Die Begriffe Nähe und Distanz lassen sich anhand der empirischen Profile über die allgemeine Akzeptanz gegenüber dem Schulsystem, die darin zum Ausdruck kommt, definieren. Wobei sich im Nähe-Cluster über die Betonung der systemfunktionalen Strategien der Lern- und Beziehungsarbeit bei gleichzeitiger Ablehnung ausgeprägter Selbstbehauptungsstrategien insgesamt eine geringe Absetzung des Einzelnen gegenüber der Schule feststellen lässt. Gerade dies ist jedoch im Distanz-Cluster der Fall.

Die Perspektive auf die SchülerInnen-Strategien wurde in einem zweiten Schritt auf der Basis der qualitativen Daten zahlreicher Gruppendiskussionen vertieft und differenziert. Über die Konzeption von Nähe und Distanz hinausgehend, lassen sich zwei grundlegende Strategien in den Gruppendiskussionen auf der Basis der Dichotomie „offensiv vs. defensiv", die Thomas Ziehe mit Blick auf die unterschiedlichen Formen der Selbst- und Weltbezüglichkeit von SchülerInnen beschreibt, analysieren. Während sich die defensiven Strategien durch eine Anpassung an schulische Bedingungen auszeichnen und kaum individuell-eigenständige bzw. oppositionelle Züge tragen, werden offensive Strategien im Umgang mit der Schule von Elementen der Selbstbestimmung bzw. Selbstgestaltung geprägt, die aktiv einen schulischen Handlungsraum strukturieren.

Auf der Basis unterschiedlicher schulischer Erfahrungen und Lernemotionen lassen sich für offensive und defensive Strategien zusätzlich verschiedene Lern-Haltungen unterscheiden, die sich als lernoffen bzw. lernvermeidend bezeichnen lassen.

## 10.2 Selbstsozialisation und Gestaltungskompetenz

Zu den zentralen Befunden der hier vorgestellten Studien gehört zweifelsohne die hohe peerkulturelle Orientierung der SchülerInnen: Die Gleichaltrigen stehen an erster Stelle, wenn es um die positiven Seiten der Schule geht. Anerkennung in der Klasse ist vor allem durch prosoziales Verhalten den MitschülerInnen gegenüber zu erreichen und die Beziehungen der SchülerInnen in der Klasse sind im Allgemeinen durch hohen Zusammenhalt gekennzeichnet. In diesem starken Bezug zu den Gleichaltrigen können wir den gegenwärtigen Abschluss einer Entwicklung sehen, die Zinnecker als ‚Öffnung von Schule' bzw. als peerkulturelle Aufladung der SchülerInnen-Rolle bezeichnete. Mehr und mehr, so Zinneckers These, dringen in die Schule unkontrolliert, „ungeplant und keineswegs pädagogisch legitimiert" (2008, S. 532) Elemente einer eigenständigen Gleichaltrigenkultur ein, die sich neben der offiziellen Ordnung und den Wertmustern der Schule etabliert.

Unsere Befunde zeigen, dass das Ergebnis dieser ‚Aufladung' in den meisten Klassen jedoch *nicht* in eine schulische *Gegenkultur* mündet. Gegen die LehrerInnen zu arbeiten, verspricht beispielsweise kaum Anerkennung in der Klasse. Die Daten stützen also nicht das Bild einer ‚natürlichen Feindschaft' zwischen Schule bzw. schulischen RepräsentantInnen und SchülerInnen, wie es in manchen Veröffentlichungen skizziert wird (vgl. Kühn 2005; Calvert 1976). Vielmehr deutet sich eine eigenständige kulturelle *SchülerInnen-Praxis* an, die sich im Kern eben nicht *gegen* die Schule richtet, sondern die Schule als zu gestaltenden jugendlichen Lebensraum selbstbewusst für sich in Anspruch nimmt. In diese Richtung weist der Befund, sich in der Schule als Person und Kollektiv zu zeigen, die/das eine eigene Meinung vertritt und die/das sich nicht alles von den LehrerInnen gefallen lässt (Selbstbehauptungsstrategie).

Diese peerkulturelle *Inbesitznahme* der Schule durch die SchülerInnen beruht dabei auf einem eigenständigen Wertesystem, das u. a. durch zwei wesentliche Dimensionen bzw. Aspekte gekennzeichnet ist. Zum einen durch die Hinwendung zu den Gleichaltrigen, was sich in der hohen Bedeutung des gegenseitigen Unterstützungsverhaltens zwischen den SchülerInnen als Grundlage von sozialer Anerkennung in der Klasse zeigt. Zum anderen richtet sich dieses Wertesystem gegen die Leistungs- und Wettbewerbsstruktur der Schule bzw. gegen dessen negative, partikularisierende Auswirkungen auf die Gleichaltrigenbeziehungen. Mit guten Noten (als Folie der schulischen Wettbewerbsstruktur) ist Anerkennung in der Klasse kaum zu gewinnen – was im Besonderen für die älteren Jahrgangsstufen gilt (hier sind die Noten für die Stellung in der Klasse so gut wie bedeutungslos). Diese gegen die nach Leistung selektierende Struktur der Schule gerichtete Wertedimension führt im Ergebnis dazu, dass Konkurrenzverhalten in den Klassen vergleichsweise selten vorkommt und der Zusammenhalt zwischen den SchülerInnen einer Klasse alles in allem positiv ausfällt.

Das aktiv seine sozialisatorische Umwelt mitgestaltende Subjekt, wie es von der Sozialisationsforschung seit mehr als 25 Jahren immer wieder programmatisch vorgetragen wird, findet im Bild der jugendlichen Inbesitznahme von Schule einen deutlichen Beleg. Pointiert findet sich diese Perspektive im Konzept der Selbstsozialisation, wie es u. a. von Zinnecker zu Beginn der 2000er-Jahre verstärkt in die Sozialisationsforschung eingebracht wurde.

Vor dem Hintergrund einer Kontrastierung der Begriffe Fremd- und Selbstsozialisation, deren theoretische Unterscheidung Zinnecker aus der Systemtheorie Luhmanns ableitet, führt Zinnecker aus: „Kinder sind [...] nicht als Teile der Familie, Schüler nicht als Bestandteil der Schule anzusehen, wie es in den bisherigen Modellen der Sozialisation als gegeben unterstellt wurde, sondern als personale Umwelten von Familie und Schule. Sie bilden eigenständige, komplexe ‚personale Systeme' und operieren nach einer eigenen System- bzw. Psycho-Logik. Dieser Wechsel des Paradigmas hat weitreichende Folgen für unser Verständnis von Sozialisation. Ganz im Sinne der Polarisierung von Selbst- und Fremdsozialisation rücken der Begriff der Sozialisation auf die Seite der Person, der der Erziehung auf die Seite des sozialen Systems." (2000, S. 278) SchülerInnen bilden also personale Umwelten für das System Schule, die nicht einer funktionalen Systemrationalität folgen, sondern Handlungen und Wahrnehmungen an einer Logik ausrichten, die durch den peerkulturellen Kontext der Klasse bzw. der Gleichaltrigen geprägt ist.

Dem Individuum bzw. dem „individuellen Aktor" (ebd., S. 279) kommt im Rahmen der Selbstsozialisation großes Gewicht zu. „Was tue ich, wenn ich mich selbst sozialisiere?" Zinnecker führt neben der soziologischen Sozialisationstheorie und dem Symbolischen Interaktionismus weitere Handlungskonzepte aus anderen Traditionen, insbesondere aus der Psychologie, an. Selbstsozialisation wird in ethnologischer Tradition beispielsweise als Selbstinitiation gefasst. In der neueren Entwicklungspsychologie kann Selbstsozialisation als „Selbstkultivierung" gefasst werden, als „eigenständige Auseinandersetzung mit kulturellen Objekten und Umwelten" (Zinnecker 2000, S. 280). Selbstsozialisation erzeugt jedoch auch eigene Entwicklungsumwelten, aus der Logik psychologischer Modelle heraus. „Die Tätigkeit, die Selbstsozialisation hier bezeichnet, bezieht sich nicht mehr auf das eigene Selbst, sondern darauf, die Umwelt so umzugestalten, dass sie für die eigene Person und deren Entwicklung ‚paßt'." (Ebd.) Fend spricht, in Zinneckers Deutung, in diesem Zusammenhang von der Welt des Jugendlichen „als Werk seiner Selbst" (Fend, zit. n. Zinnecker 2000, S. 280).

Von besonderer Bedeutung ist in unserem Zusammenhang, ‚wie' sich das selbstgestalterische Potenzial, und zwar im Rahmen der Klasse, bilden kann. Zinnecker knüpft in seinem Konzept an das Kollektive an – an die Aktivitäten einer Gruppe oder einer Generation, das heißt mit Blick auf die Schule, an die Sozialisation der MitschülerInnen (2000, S. 282). Dies beinhaltet, dass Heranwachsende sich wechselseitig selbst sozialisieren, „auch ohne Beihilfe der älteren Generation" (ebd.). Dies entfaltet Zinnecker unter Rückgriff auf Margaret Mead (1971) und einer „kofigurativen Weitergabe von Kultur" sowie bezogen auf die Arbeiten von Corsaro zur „interpretative(n) Reproduktion (der Kultur) über lebenslange Peer-Netzwerke". Demnach werden die Stadien der „Peer Culture" von den Heranwachsenden nicht nur durchlaufen, sondern aktiv mit anderen gestaltet. Zinnecker fasst zusammen, dass es nicht schwer sei, „die These zu belegen, dass nach der Jugendforschung mittlerweile auch die Kinderforschung in ihren Forschungsdesigns und in ihren Fragestellungen zunehmend vom Paradigma der Peersozialisation beherrscht wird." (Ebd., S. 283) Zentral ist dabei, den eigenständigen Anteil der Peerkultur an der Sozialisation herauszuarbeiten.

Belege für die These der eigenständigen Gleichaltrigenkultur in der Schule und des sich daraus entwickelnden eigenständigen Gestaltungsprogramms der SchülerInnen finden sich dabei nicht nur in den Daten des quantitativen Untersuchungsteils, sondern ebenso in einigen qualitativen Analyseergebnissen. Beispielsweise zeigt sich in einigen Gruppendiskussionen, dass die SchülerInnen als *Kollektiv* ‚selbstgestalterisch' auf ihre Umwelt Schule einwirken (können), auch wenn dies in manchen Beispielen auf den ersten Blick so wirkt, als würde Schule im Sinne einer Gegenwelt nicht (mehr) akzeptiert. Im Kern zeigt sich jedoch, dass die SchülerInnen innerhalb der (Lern-)Umwelt Schule individuelleigenständige Aspekte betonen, die beispielsweise darin liegen können, dass Lernen mit Spaß verbunden wird. Damit verknüpft sich ein besonderer Wert und eine Haltung, die auch entgegen der Zuschreibungen des Lehrers (SchülerInnen „interessieren sich nicht so für Schule") hochgehalten und verfolgt werden. In einem anderen Beispiel ‚überlisten' die SchülerInnen ihre Lehrerin, ‚entmachten' sie für den Zeitraum einer Schulstunde. Die SchülerInnen nehmen also, unter bestimmten Voraussetzungen, schulische Bereiche oder Situationen eigenständig in Besitz, indem sie diese aus ihrer Perspektive neu definieren und nach ihren Vorstellungen gestalten. Insgesamt zeichnen sich damit alle SchülerInnen-Strategien, die einen offensiven Aneignungsmodus beinhalten (siehe Kapitel 9), durch selbstbestimmte Züge aus und erweitern den Möglichkeitsraum für Eigendefinitionen, aktive Handlungs- wie auch Aneignungsformen. Vor diesem Hintergrund kann eine (kollektive) Offenheit für Lern-Erfahrungen vermutet werden, die von den SchülerInnen in Eigenregie ausbuchstabiert wer-

den. Unter spezifischen Voraussetzungen kann es also den SchülerInnen tatsächlich gelingen, Zinnecker noch einmal aufgreifend: „die Umwelt so umzugestalten, dass sie für die eigene Person und deren Entwicklung ‚paßt'." (2000,
S. 280)

Eine solche Perspektive auf das selbstgestalterische Potenzial bei den SchülerInnen zieht aus unserer Sicht auf der Ebene des Individuums die Frage nach
sich, welche grundlegenden Fähigkeiten und Merkmale der Heranwachsenden
dieses Potenzial in konkrete Handlungen zu übersetzen erlauben. Der Begriff
der Selbstsozialisation greift damit über den konzeptionellen Modellgedanken
selbstreferenzieller Systeme hinaus und muss sich demzufolge hinsichtlich seiner praxisbezogenen Wirksamkeit handlungstheoretisch konkretisieren lassen.
Ein Konzept, das uns hierfür anschlussfähig erscheint ist das Konzept der Gestaltungskompetenz wie Silbereisen es formuliert (1996, S. 6).

Der Begriff der „Gestaltungskompetenz" scheint uns in besonderer Weise
geeignet, die spezifischen gestalterischen Möglichkeiten des Einzelnen wie von
Kollektiven (Schulklasse) zu kennzeichnen. Inhaltlich miteinander verknüpft
werden im Begriff der Gestaltungskompetenz verschiedene Orientierungen und
Fähigkeiten. Diese reichen von prosozialen Orientierungen den MitschülerInnen
gegenüber, dem Bemühen um Zusammenhalt in der Klasse bis hin zu selbstver-
antwortlichen Aspekten und einer offensiven, die eigene Person wie das Kollektiv behauptenden Strategie bzw. Haltung. Eine solche Kompetenz bildet die
Basis für eine Um- und Neugestaltung und Inbesitznahme von Schule durch
SchülerInnen.

Im Ausbau dieses Konzeptes sehen wir einen interessanten und fruchtbaren
Anknüpfungspunkt für die zukünftige Forschung.

# Literatur

Alanen, Leena (1988): Rethinking Childhood. In: acta sociologica, Jg. 31, H. 1, S. 53-67.

Alanen, Leena (1994): Zur Theorie der Kindheit. Die „Kinderfrage" in den Sozialwissenschaften. In: Sozialwissenschaftliche Literatur Rundschau, Jg. 28, S. 93-113.

Alanen, Leena (1996): Sociological perspectives on childhood (Vortrag gehalten auf der 2. Jahrestagung der AG Soziologie der Kindheit der DGS 16.- 18. Mai 1996 in Arnoldshain)

Alanen, Leena (1997): Soziologie der Kindheit als Projekt: Perspektiven für die Forschung. In: Zeitschrift für Sozialisationsforschung und Erziehungssoziologie, Jg. 17, H. 2, S. 162-177.

Alt, Christian/Quellenberg, Holger (2005): Daten, Design und Konstrukte. Grundlagen des DJI-Kinderpanels. In: Alt, Christian (Hg.): Kinderleben - Aufwachsen zwischen Familie, Freunden und Institutionen. Aufwachsen in der Familie. Wiesbaden: VS-Verlag für Sozialwissenschaften, S. 277-303.

Ariès, Philippe (1992): Geschichte der Kindheit. 10. Aufl. München: dtv.

Bauer, Ullrich (2002): Selbst- und/oder Fremdsozialisation: Zur Theoriedebatte in der Sozialisationsforschung. In: Zeitschrift für Soziologie der Erziehung und Sozialisation, Jg. 22, H. 2, S. 118-142.

Beck, Gertrud/Scholz, Gerold (2000): Teilnehmende Beobachtung von Grundschulkindern. In: Heinzel, Friederike (Hg.): Methoden der Kindheitsforschung. Ein Überblick über Forschungszugänge zur kindlichen Perspektive. Weinheim: Juventa, S. 147-170.

Becker, Rolf/Schubert, Frank (2006): Soziale Ungleichheit von Lesekompetenzen. In: Kölner Zeitschrift für Soziologie und Sozialpsychologie, Jg. 58, H. 2, S. 253-284.

Behnken, Imbke/Beisenkamp, Anja/Hunsmann, Margitta/Kenn, Silke/Klöckner, Christian/Kühn, Deborah et al. (2004): Lernen, Bildung, Partizipation. Die Perspektive der Kinder- und Jugendlichen. Düsseldorf: Ministerium für Schule, Jugend und Kinder des Landes Nordrhein-Westfalen.

Behnken, Imbke/Günther, Cordula/Kabat vel Job, Otmar/Keiser, Sarina/Karig, Ute/Krüger, Heinz-Hermann et al. (1991): Schüler-Studie '90. Weinheim/München: Juventa.

Bennewitz, Hedda (2009): Zeit zu Zetteln! – Eine Praxis zwischen Peer- und Schülerkultur. In: Boer, Heike de/Deckert-Peaceman, Heike (Hg.): Kinder in der Schule. Zwischen Gleichaltrigenkultur und schulischer Ordnung. 1. Aufl. Wiesbaden: VS Verlag für Sozialwissenschaften, S. 119-136.

Bennewitz, Hedda/Meier, Michael (2010): Zum Verhältnis von Jugend und Schule. Ethnographische Studien zu Peerkultur und Unterricht. In: Brake, Anna/Bremer, Helmut (Hg.): Alltagswelt Schule. Die soziale Herstellung schulischer Wirklichkeiten. Weinheim: Juventa (Bildungssoziologische Beiträge), S. 97–110.

Betz, Tanja (2008): Ungleiche Kindheiten. Theoretische und empirische Analysen zur Sozialberichterstattung über Kinder. Weinheim: Juventa.

Blömeke, Sigrid/Bohl, Thorsten/Haag, Ludwig/Lang-Wojtasik, Gregor/Sacher, Werner (Hg.) (2009): Handbuch Schule. Theorie – Organisation – Entwicklung. Bad Heilbrunn: Klinkhardt.

Boer, Heike de (2008): Bildung sozialer, emotionaler und kommunikativer Kompetenzen: ein komplexer Prozess. In: Rohlfs, Carsten/Harring, Marius/Palentien, Christian (Hg.): Kompetenz-Bildung. Soziale, emotionale und kommunikative Kompetenzen von Kindern und Jugendlichen. Wiesbaden: VS Verlag für Sozialwissenschaften, S. 19-33.

Boer, Heike de/Deckert-Peaceman, Heike (Hg.) (2009): Kinder in der Schule. Zwischen Gleichaltrigenkultur und schulischer Ordnung. 1. Aufl. Wiesbaden: VS Verlag für Sozialwissenschaften.

Bohnsack, Ralf (2001): Die dokumentarische Methode in der Bild- und Fotointerpretation. In: Bohnsack, Ralf/Nentwig-Gesemann, Iris/Nohl, Arnd-Michael (Hg.): Die dokumentarische Methode und ihre Forschungspraxis. Grundlagen qualitativer Sozialforschung. Opladen: Leske + Budrich, S. 67-89.

Bohnsack, Ralf (2003): Rekonstruktive Sozialforschung. Einführung in qualitative Methoden. 5. Aufl. Opladen: Leske + Budrich.

Bohnsack, Ralf (2009): Qualitative Bild- und Videointerpretation. Opladen/Farmington Hills, MI: Barbara Budrich.

Bohnsack, Ralf/Nentwig Gesemann, Iris/Nohl, Arnd-Michael (Hg.) (2001): Die dokumentarische Methode und ihre Forschungspraxis. Grundlagen qualitativer Sozialforschung. Opladen: Leske + Budrich.

Bois-Reymond, Manuela du (2005): Neue Lernformen – neues Generationenverhältnis. In: Hengst, Heinz/Zeiher, Helga (Hg.): Kindheit soziologisch. 1. Aufl. Wiesbaden: VS Verl. für Sozialwiss., S. 227-244.

Bois-Reymond, Manuela du (1995): Alte Kindheit im Übergang zu neuer Kindheit. Umgangsformen zwischen Kindern und Erwachsenen im Wandel dreier Generationen. In: Behnken, Imbke/ Jaumann, Olga (Hg.): Kindheit und Schule. Weinheim und München: Juventa, S. 145–158.

Bourdieu, Pierre (2001): Meditationen. Zur Kritik der scholastischen Vernunft. 1. Aufl. Frankfurt a. M.: Suhrkamp.

Brake, Anna/Bremer, Helmut (Hg.) (2010): Alltagswelt Schule. Die soziale Herstellung schulischer Wirklichkeiten. Weinheim: Juventa.

Breidenstein, Georg (2008): Peer-Interaktion und Peer-Kultur. In: Helsper, Werner/Böhme, Jeanette (Hg.): Handbuch der Schulforschung. 2., Aufl. Wiesbaden: VS Verlag für Sozialwissenschaften, S. 945-964.

Breidenstein, Georg/Kelle, Helga (1998): Geschlechteralltag in der Schulklasse. Weinheim/München: Juventa.

Brendel, Sabine (1998): Arbeitertöchter beißen sich durch. Bildungsbiographien und Sozialisationsbedingungen junger Frauen aus der Arbeiterschicht. Weinheim/München: Juventa.

Brügelmann, Hans (2001): Besserwisser und Alleskönner (unveröffentlichtes Manuskript).

Brumlik, Micha (1998): Kriminelle Sozialisation. Vorüberlegungen zu einer Entwicklungspathologie des moralischen Selbst. In: Müller, Siegfried/Peter, Hilmar (Hg.): Kinderkriminalität. Opladen: Leske + Budrich, S. 227-244.

Brunner, Ewald Johannes (2001): Lehrer-Schüler-Interaktion. In: Rost, Detlef H. (Hg.): Handwörterbuch Pädagogische Psychologie. 2. Aufl. Weinheim: Beltz, S. 381-387.

Bryk, Anthony S./Raudenbush, Stephen W. (1987): Application of Hierarchical Linear Models to Assessing Change. In: Psychological Bulletin, Jg. 101, H. 1, S. 147-158.

Bryk, Anthony S./Raudenbush, Stephen W. (1989): Toward A More Appropriate Conceptualization Of Research On School Effects: A Three-Level Hierarchical Linear Model. In: Bock, R. D. (Hg.): Multilevel Analysis of Educational Data. San Diego: Academic Press, S. 159-204.

Bryk, Anthony S./Raudenbush, Stephen W. (1992): Hierarchical Linear Models: Application and Data Analysis Methods. Newbury Park/London: Sage.

Büchner, Peter/Koch, Katja (2001): Von der Grundschule in die Sekundarstufe: Band 1. Der Übergang aus Kinder- und Elternsicht. Opladen: Leske+Budrich.

Bühler-Niederberger, Doris/Mierendorff, Johanna (2009): Ungleiche Kindheiten – eine kindheitssoziologische Annäherung. In: Diskurs Kindheits- und Jugendforschung, Jg. 4, H. 4, S. 449-456.

Calvert, Barbara (1976): Die Schülerrolle – Erwartungen und Beziehungen. Ravensburg: Otto Maier Verlag.

Clausen, Marten (2002): Unterrichtsqualität: Eine Frage der Perspektive. Münster: Waxmann.

Coleman, James S. (1961): The Adolescent Society. The Social Life of the Teenager and Its Impact on Education. 1. Aufl. New York/London: The Free Press & Collier-MacMillan Limited.

Deckert-Peaceman, Heike (2009): Zwischen Unterricht, Hausaufgaben und Freizeit. Über das Verhältnis von Peerkultur und schulischer Ordnung in der Ganztagsschule. In: Boer, Heike de/Deckert-Peaceman, Heike (Hg.): Kinder in der Schule. Zwischen Gleichaltrigenkultur und schulischer Ordnung. 1. Aufl. Wiesbaden: VS Verlag für Sozialwissenschaften, S. 85-102.

Deutsche Angestellten-Krankenkasse (DAK) (2009): DAK-Initiative „Gemeinsam gesunde Schule entwickeln". Mobbing und Gewalt an Schulen – Hintergrundinformationen zur Schülerbefragung der Leuphana Universität Lüneburg. Pressemitteilung vom 16. Juni 2009. Online verfügbar unter http://www.leuphana.de/fileadmin/user_upload/bilderpool/College/090616_Mobbing_Studie_Hintergrund_I-1-1.pdf, zuletzt geprüft am 4.12.2009.

Ditton, Hartmut (1993): Neuere Entwicklungen zur Mehrebenenanalyse erziehungswissenschaftlicher Daten – Hierarchical Linear Modeling (HLM). In: Empirische Pädagogik, Jg. 7, H. 3, S. 285-305.

Ditton, Hartmut (1998): Mehrebenenanalysen. Weinheim/München: Juventa.

Eder, Ferdinand (1985): Schulerfahrungen von Gymnasiasten. In: Erziehung und Unterricht, Jg. 135, S. 138-148.

Eder, Ferdinand (1987): Schulische Umwelt und Strategien zur Bewältigung von Schule. In: Psychologie in Erziehung und Unterricht, Jg. 34, S. 100-110.

Eder, Ferdinand (1996): Schul- und Klassenklima. Ausprägung, Determinanten und Wirkungen des Klimas an höheren Schulen. Innsbruck/Wien: Studien-Verlag (Studien zur Bildungsforschung & Bildungspolitik, 8).

Eder, Ferdinand (1998): Linzer Fragebogen zum Schul- und Klassenklima für die 8. – 13. Klasse (LSK 8-13). Göttingen: Hogrefe.

Eder, Ferdinand (2001): Schul- und Klassenklima. In: Rost, Detlef H. (Hg.): Handwörterbuch Pädagogische Psychologie. 2. Aufl. Weinheim: Beltz, S. 578-586.

Eder, Ferdinand/ Mayr J. (2000): Linzer Fragebogen zum Schul- und Klassenklima für die 4. – 8. Klasse (LFSK). Göttingen: Hogrefe.

Edlinger, Heidrun/Hascher, Tina (2008): Von der Stimmungs- zur Unterrichtsforschung: Überlegungen zur Wirkung von Emotionen auf schulisches Lernen und Leisten. In: Unterrichtswissenschaft, Jg. 36, H. 1, S. 55-70.

Engel, Uwe/Hurrelmann, Klaus (1989): Psychosoziale Belastung im Jugendalter. Berlin/New York: de Gruyter.

Engel, Uwe/Hurrelmann, Klaus (1993): Was Jugendliche wagen. Weinheim/München: Juventa.

Erpenbeck, John (2003): Modelle und Konzepte zur Erfassung non-formell und informell erworbener beruflicher Kompetenzen in Deutschland. In: Straka, Gerald A. (Hg.): Zertifizierung non-formell und informell erworbener Kompetenzen: Ergebnisse der Fachtagung „Erfassen, Beurteilen und Zertifizieren non-formell und informell erworbener beruflicher Kompetenzen". Münster, S. 27-39.

Erpenbeck, John/Heyse, Volker (1999): Die Kompetenzbiographie. Münster: Waxmann.

Fend, Helmut (1977): Schulklima: soziale Einflussprozesse in der Schule. 1. Aufl. Weinheim/Basel: Beltz.

Fend, Helmut (1990): Vom Kind zum Jugendlichen – Der Übergang und seine Risiken. Entwicklungspsychologie der Adoleszenz der Moderne. Band I. Bern/Stuttgart/Toronto: Hans Huber.

Fend, Helmut (1991a): "Soziale Erfolge" im Bildungswesen - die Bedeutung der sozialen Stellung in der Schulklasse. In: Pekrun, Reinhard/Fend, Helmut (Hg.): Schule und Persönlichkeitsentwicklung. Stuttgart: Enke, S. 217-238.

Fend, Helmut (1991b): Schule und Persönlichkeit: Eine Bilanz der Konstanzer Forschungen zur "Sozialisation in Bildungsinstitutionen". In: Pekrun, Reinhard/Fend, Helmut (Hg.): Schule und Persönlichkeitsentwicklung. Stuttgart: Enke, S. 9-32.

Fend, Helmut (1997): Der Umgang mit Schule in der Adoleszenz. Bern: Hans Huber.

Fend, Helmut (1998a): Eltern und Freunde. Bern: Hans Huber.

Fend, Helmut (1998b): Qualität im Bildungswesen. Schulforschung zu Systembedingungen, Schulprofilen und Lehrerleistung. Weinheim/München: Juventa.

Fend, Helmut (2006): Neue Theorie der Schule. Wiesbaden: VS Verlag für Sozialwissenschaften.

Freitag, Marcus (1998): Was ist eine gesunde Schule? Einflüsse des Schulklimas auf Schüler- und Lehrergesundheit. Weinheim/München: Juventa.

Fröhner, Rolf (1956): Wie stark sind die Halbstarken. Beruf und Berufsnot, politische, kulturelle und seelische Probleme der deutschen Jugend im Bundesgebiet und Westberlin. Bielefeld: Maria von Stackelberg Verlag.

Fromm, Martin (1987): Die Sicht der Schüler in der Pädagogik. Weinheim: Deutscher Studien Verlag.

Fuchs Werner/Zinnecker, Jürgen (1985): Nachkriegsjugend und Jugend heute – Werkstattbericht aus einer laufenden Studie. In: Zeitschrift für Sozialisationsforschung und Erziehungssoziologie, Jg. 5, H. 1, S. 5-28.

Fuhs, Burkhard (2006): Peers. In: Arnold, Karl-Heinz/Sandfuchs, Uwe/Wiechmann, Jürgen (Hg.): Handbuch Unterricht. Bad Heilbrunn: Justus Klinkhardt, S. 152-155.

Geulen, Dieter (2002): Subjekt, Sozialisation, „Selbstsozialisation". Einige kritische und einige versöhnliche Bemerkungen. In: Zeitschrift für Soziologie der Erziehung und Sozialisation, Jg. 22, H. 2, S. 186-196.

Gilgenmann, Klaus (1986): Autopoiesis und Selbstsozialisation. In: Zeitschrift für Sozialisationsforschung und Erziehungssoziologie, Jg. 6, H. 2, S. 71-90.

Göppel, Rolf (2005): Das Jugendalter. Entwicklungsaufgaben – Entwicklungsrisiken – Bewältigungsformen. Stuttgart: Kohlhammer.

Götz, Thomas/Frenzel, Anne C. (2006): Phänomenologie schulischer Langeweile. In: Zeitschrift für Entwicklungspsychologie und Pädagogische Psychologie, Jg. 38, H. 4, S. 149-153.

Götz, Thomas/Frenzel, Anne C./Haag, Ludwig (2006): Ursachen von Langeweile im Unterricht. In: Empirische Pädagogik, Jg. 20, H. 2, S. 113-134.

Griebel, Wilfried/Beisenkamp, Anja (2002): Kinder und Gewalt. In: LBS-Initiative Junge Familie (Hg.): Kindheit 2001 – Das LBS-Kinderbarometer. 1. Aufl. Opladen: Leske + Budrich, S. 128-150.

Gruehn, Sabine (2000): Unterricht und schulisches Lernen. Münster: Waxmann.

Haecker, Horst/Werres, Walter (1983): Schule und Unterricht im Urteil der Schüler. Frankfurt/Bern/New York: Peter Lang.

Hartig, Johannes (2008): Psychometric Models for the Assessment of Competencies. In: Hartig, Johannes et al. (Hg.): Assessment of competencies in educational contexts. Göttingen: Hogrefe, S. 69-90.

Hartig, Johannes/Klieme, Eckhard (2007): Möglichkeiten und Voraussetzungen technologiebasierter Kompetenzdiagnostik. Bonn/Berlin: Bundesministerium für Bildung und Forschung.

Hartig, Johannes et al. (Hg.) (2008): Assessment of competencies in educational contexts. Göttingen: Hogrefe.

Hascher, Tina (2010): Learning and Emotion: perspectives for theory and research. In: European Educational Research Journal, Jg. 9, H. 1, S. 13–28.

Haselbeck, Fritz (1999): Lebenswelt Schule. Der Schulalltag im Blickwinkel jugendlicher Hauptschülerinnen und Hauptschüler. Passau: Wissenschaftsverlag Richard Rothe.

Heinz, Walter R. (2000): Umrisse einer Theorie biographischen Handelns. In: Hoerning, Erika M. (Hg.): Biographische Sozialisation. 1. Aufl. Stuttgart: Lucius & Lucius, S. 165-186.

Helmke, Andreas (1997): Ergebnisse aus dem SCHOLASTIK-Projekt [zur Entwicklung lern- und leistungsbezogener Motive und Einstellungen]. In: Weinert, Franz E./Helmke, Andreas (Hg.): Entwicklung im Grundschulalter. Weinheim: Beltz, S. 59-76.

Helmke, Andreas/Helmke, Tuyet/Schrader, Friedrich-Wilhelm (2007): Unterrichtsqualität: Brennpunkte und Perspektiven der Forschung. In: Arnold, Karl-Heinz (Hg.): Unterrichtsqualität und Fachdidaktik. Bad Heilbrunn: Klinkhardt, S. 51-72.

Helmke, Andreas/Schrader, Friedrich-Wilhelm (1990): Zur Kompatibilität kognitiver, affektiver und motivationaler Zielkriterien des Schulunterrichts. In: Schneider, Wolfgang/Knopf, Monika (Hg.): Entwicklung. Allgemeine Verläufe – Individuelle Unterschiede – Pädagogische Konsequenzen. Göttingen: Hogrefe, S. 180-200.

Helsper, Werner/Böhme, Jeanette (2002): Jugend und Schule. In: Krüger, Hein-Hermann/Grunert, Cathleen (Hg.): Handbuch Kindheits- und Jugendforschung. 1. Aufl. Opladen: Leske + Budrich, S. 567–596.

Helsper, Werner/Böhme, Jeanette (Hg.) (2008): Handbuch der Schulforschung. 2. Aufl. Wiesbaden: VS Verlag für Sozialwissenschaften.

Hengst, Heinz/Zeiher, Helga (2005a): Von Kinderwissenschaften zu generationalen Analysen. In: Hengst, Heinz/Zeiher, Helga (Hg.): Kindheit soziologisch. 1. Aufl. Wiesbaden: VS Verl. für Sozialwissenschaften, S. 9-23.

Hengst, Heinz/Zeiher, Helga (Hg.) (2005b): Kindheit soziologisch. 1. Aufl. Wiesbaden: VS Verl. für Sozialwissenschaften.

Herz, Otto et al. (2000): Entwickeln statt vermessen. Lernwege zu einer guten Schule – 10 Thesen. In: Gewerkschaft Erziehung und Wissenschaft (Hg.): Was leisten Leistungsvergleiche (nicht). Frankfurt: Bildungs- und Förderungswerk der GEW, S. 137-141.

Herzog, Walter (2009): Schule und Schulklasse als soziales System. In: Becker, Rolf (Hg.): Lehrbuch der Bildungssoziologie. 1. Aufl. Wiesbaden: VS Verl. für Sozialwissenschaften, S. 155-194.

Hoferichter, Hans Ulrich (1980): Schülerrezepte – Strategien zum Umgang mit Schule und Lehrern. In: Westermanns Pädagogische Beiträge, Jg. 32, S. 416-421.

Holodynski, Manfred/Rückriem, Georg/Seeger, Dorothee (1986): Menschliche Subjektivität und Individualität als Problem der materialistischen Wissenschaft. In: Zeitschrift für Sozialisationsforschung und Erziehungssoziologie, Jg. 6, H. 1, S. 47-69.

Holtappels, Heinz Günter (2003): Soziales Schulklima aus der Schülersicht – Wohlbefinden im sozialen Kontext der Schule. In: Merkens, Hans/Zinnecker, Jürgen (Hg.): Jahrbuch Jugendforschung. Opladen: Leske + Budrich, S. 173-196.

Honig, Michael-Sebastian (1996): Kindheit als soziales Phänomen – Zum Stand der soziologischen Kindheitsforschung. In: Clausen, Lars (Hg.): Gesellschaften im Umbruch – Verhandlungen des 27. Kongresses der DGS in Halle an der Saale 1995. Frankfurt/New York: Campus, S. 806-817.

Hörner, Wolfgang/Drinck, Barbara/Jobst, Solvejg (2008): Bildung, Erziehung, Sozialisation: Grundbegriffe der Erziehungswissenschaft. Opladen: Budrich.

Hurrelmann, Klaus (1983): Das Modell des produktiv realitätverarbeitenden Subjekts in der Sozialisationsforschung. In: Zeitschrift für Soziologie der Erziehung und Sozialisation, Jg. 3, H. 1, S. 91-103.

Hurrelmann, Klaus (1990): Einführung in die Sozialisationstheorie. 2. Aufl. Weinheim/Basel: Beltz.

Hurrelmann, Klaus (2002): Selbstsozialisation oder Selbstorganisation? Ein sympathisierender, aber kritischer Kommentar. In: Zeitschrift für Soziologie der Erziehung und Sozialisation, Jg. 22, H. 2, S. 155–166.

Jerusalem, Matthias/Hopf, Diether (Hg.) (2002): Selbstwirksamkeit und Motivationsprozesse in Bildungsinstitutionen. Weinheim/Basel: Beltz.

Jerusalem, Matthias/Schwarzer, Ralf (1991): Entwicklung des Selbstkonzepts in verschiedenen Lernumwelten. In: Pekrun, Reinhard/Fend, Helmut (Hg.): Schule und Persönlichkeitsentwicklung. Stuttgart: Enke, S. 115-128.

Joos, Magdalena (2001): Die soziale Lage der Kinder. Weinheim/München: Juventa.

Kandel, Denise B. (1996): Coleman's Contributions to Understanding Youth and Adolescence. In: Clark, Jon (Hg.): James S. Coleman. London/Washington, D: Falmer Press, S. 33-45.

Kauke, Marion (1995): Kinder auf dem Pausenhof. Soziale Interaktion und soziale Normen. In: Behnken, Imbke/Jaumann, Olga (Hg.): Kindheit und Schule. Weinheim/München: Juventa, S. 51-62.

Kelle, Helga (2005): Kinder und Erwachsene. Die Differenzierung von Generationen als kulturelle Praxis. In: Hengst, Heinz/Zeiher, Helga (Hg.): Kindheit soziologisch. 1. Aufl. Wiesbaden: VS Verlag für Sozialwissenschaften, S. 83-108.

Kelle, Helga/Breidenstein, Georg (1999): Alltagspraktiken von Kindern in ethnomethodologischer Sicht. In: Honig, Michael-Sebastian/Lange, Andreas/Leu, Hans Rudolf (Hg.): Aus der Perspektive von Kindern. Zur Methodologie der Kindheitsforschung. Weinheim/München: Juventa, S. 97-111.

Klem, Adena M./Connell, James P. (2004): Relationship Matter – Linking Teacher Support to Student Engagement and Achievement. Veranstaltung vom 11.-13. März 2004. Baltimore, Maryland. Veranstalter: Tenth Bienal Meeting of the Society for Research on Adolescence. Online verfügbar unter http://www.irre.org/publications/pdfs/Klem_and_Connell%202004_SRA.pdf, zuletzt geprüft am 12.12.2009.

Klieme, Eckhard (2006): Unterrichtsqualität, Schulqualität und Leistungsentwicklung im Fach Deutsch: Befunde der DESI-Studie. Veranstaltung vom 18.9.2006. Weingarten. Veranstalter: Symposium Deutschdidaktik.

Klieme, Eckhard/Lipowsky, Frank/Rakoczy, Katrin (2006): Qualitätsdimensionen und Wirksamkeit von Mathematikunterricht. Theoretische Grundlagen und ausgewählte Ergebnisse des Projekts „Pythagoras". In: Prenzel, M./Allolio-Näcke, L. (Hg.): Untersuchungen zur Bildungsqualität von Schule. Abschlussbericht des DFG-Schwerpunktprogramms. Abschlussbericht des DFG-Schwerpunktprogramms. Münster, S. 127-146.

Klieme, Eckhard/Rakoczy, Katrin (2003): Unterrichtsqualität aus Schülerperspektive: Kulturspezifische Profile, regionale Unterschiede und Zusammenhänge mit Effekten von Unterricht. In: Baumert et al. (Hg.): PISA 2000: Ein differenzierter Blick auf die Länder der Bundesrepublik Deutschland. Opladen: Leske + Budrich, S. 333-359.

Klieme, Eckhard/Schümer, Gundel/Knoll, Steffen (2001): Mathematikunterricht in der Sekundarstufe I: „Aufgabenkultur" und Unterrichtsgestaltung. In: Bundesministerium für Bildung und Forschung (Hg.): TIMSS – Impulse für Schule und Unterricht. Forschungsbefunde, Reforminitiativen, Praxisberichte und Video-Dokumente. Bonn: BMBF, S. 43-57.

Knauf, Helen/Oechsle, Mechthild (2007): Berufsfindungsprozesse von Abiturientinnen und Abiturienten im Kontext schulischer Angebote zur Berufsorientierung. In: Kahlert, Heike/Mansel, Jürgen (Hg.): Bildung und Berufsorientierung. Der Einfluss von Schule und informellen Kontexten auf die berufliche Identitätsentwicklung. Weinheim/München: Juventa, S. 143-162.

König, Johannes (2010): Schulkarriere – erfolgreich oder schwierig. In: Ittel, Angela/Merkens, Hans/Stecher, Ludwig/Zinnecker, Jürgen (Hg.): Jahrbuch Jugendforschung 2008/09. Wiesbaden: VS Verlag für Sozialwissenschaften, S. 153-182.

Kramer, Rolf-Torsten (2002): Schulkultur und Schülerbiographien. Opladen: Leske + Budrich.

Krappmann, Lothar (2002): Warnung vor dem Begriff der Selbstsozialisation. In: Zeitschrift für Soziologie der Erziehung und Sozialisation, Jg. 22, H. 2, S. 178-185.

Krappmann, Lothar/Oswald, Hans (1995): Alltag der Schulkinder. Weinheim/München: Juventa.

Krumm, Volker/Weiß, Susanne (2002): Ungerechte Lehrer. Zu einem Defizit in der Forschung über Gewalt an Schulen. Online verfügbar unter http://www.learnline.de/angebote/schulberatung/main/downloads/krumm_ungerechte_lehrer.pdf, zuletzt geprüft am 17.12.2009.

Kühn, Lotte (2005): Das Lehrerhasser-Buch. München: Knaur.

Kunter, Mareike/Schümer, Gundel/Artelt, Codula/Baumert, Jürgen/Klieme, Eckhard/Neubrand, Michael et al. (2002): PISA 2000: Dokumentation der Erhebungsinstrumente. Berlin: Max-Planck-Institut für Bildungsforschung.

Lang, Sabine (1985): Lebensbedingungen und Lebensqualität von Kindern. Frankfurt/New York: Campus.

Lehmann, Rainer H./Naumann Astrid (2002): Zum Verhältnis von lerngruppenspezifischen Anforderungen, Schulfreude und mathematischer Fachleistung in der Sekundarstufe I. In: Merkens, Hans/Zinnecker, Jürgen (Hg.): Jahrbuch Jugendforschung. Opladen: Leske + Budrich, S. 221-240.

Leu, Hans Rudolf (1999): Prozesse der Selbst-Bildung bei Kindern – eine Herausforderung an Forschung und Pädagogik. In: Deutsches Jugendinstitut (Hg.): Das Forschungsjahr 1998. München: DJI, S. 168-185.

Leu, Hans Rudolf (Hg.) (2002): Sozialberichterstattung zu Lebenslagen von Kindern. Opladen: Leske + Budrich.

Lohmann, Gert (2009): Fach- und Klassenlehrer. In: Blömeke, Sigrid/Bohl, Thorsten/Haag, Ludwig/Lang-Wojtasik, Gregor/Sacher, Werner (Hg.): Handbuch Schule. Theorie - Organisation - Entwicklung. Bad Heilbrunn: Klinkhardt, S. 334–339.

Loos, Peter/Schäffer, Burkhard (2001): Das Gruppendiskussionsverfahren. Opladen: Leske + Budrich.

Lösel, Friedrich/Bliesener, Thomas (1999): Germany. In: Smith, Peter K. (Hg.): The nature of school bullying. A cross-national perspective. London: Routledge, S. 224-249.

Lüders, Christian/Mack, Wolfgang (2001): Jugendliche als Akteure ihrer selbst. In: Merkens, Hans/Zinnecker, Jürgen (Hg.): Jahrbuch Jugendforschung. Opladen: Leske + Budrich, S. 121-134.

Lüders, Manfred/Rauin, Udo (2008): Unterrichts- und Lehr-Lern-Forschung. In: Helsper, Werner/Böhme, Jeanette (Hg.): Handbuch der Schulforschung. 2. Aufl. Wiesbaden: VS Verlag für Sozialwissenschaften, S. 717-745.

Luhmann, Niklas (1988): Soziale Systeme. 2. Aufl. Frankfurt: Suhrkamp.

Malinowski, Bronislaw (1979): Argonauten des westlichen Pazifik. Frankfurt a. M.: Syndikat.

Mannheim, Karl (1964/1921): Beiträge zur Theorie der Weltanschauungsinterpretation. In: Jahrbuch für Kunstgeschichte, Jg. 1, H. 1, S. 236-274.

Marotzki, Winfried (1990): Entwurf einer strukturalen Bildungstheorie. Biographietheoretische Auslegung von Bildungsprozessen in hochkomplexen Gesellschaften. Weinheim: Deutscher Studien Verlag.

Maschke, Sabine/Schittenhelm, Karin (2005): Integratives qualitatives Forschungshandeln. Kombinierte Anwendungsformen der dokumentarischen Methode in den Sozial- und Erziehungswissenschaften. In: Zeitschrift für Soziologie der Erziehung und Sozialisation, Jg. 25, H. 3, S. 325-335.

Maschke, Sabine/Stecher, Ludwig (2006): SchülerInnenstrategien – oder, wie kommt man gut durch die Schule. In: Diskurs Kindheits- und Jugendforschung, Jg. 1, H. 4, S. 497-516.

Maschke, Sabine/Stecher, Ludwig (2009): Schule von innen: SchülerInnen-Strategien zwischen Anpassung und Selbstbehauptung. In: Boer, Heike de/Deckert-Peaceman, Heike (Hg.): Kinder in der Schule. Zwischen Gleichaltrigenkultur und schulischer Ordnung. 1. Aufl. Wiesbaden: VS Verlag für Sozialwissenschaften, S. 283-296.

Mead, Margarete (1971): Der Konflikt der Generationen. Olten/Freiburg: Walter-Verlag.

Meulemann, Heiner/Zinnecker, Jürgen (2003): Die Rolle des Schülers: Lebenschancen, Lebenswelten und Lebensverläufe. In: Merkens, Hans/Zinnecker, Jürgen (Hg.): Jahrbuch Jugendforschung. Opladen: Leske + Budrich, S. 111-153.

Mikos, Lothar (2004): Medien als Sozialisationsinstanz und die Rolle der Medienkompetenz. In: Hoffmann, Dagmar/Merkens, Hans (Hg.): Jugendsoziologische Sozialisationstheorie. Impulse für die Jugendforschung. Weinheim: Juventa, S. 157-171.

Mischo, Christoph (2009): Schulische Einflussgrößen auf die Schüler. In: Blömeke, Sigrid/Bohl, Thorsten/Haag, Ludwig/Lang-Wojtasik, Gregor/Sacher, Werner (Hg.): Handbuch Schule. Theorie – Organisation – Entwicklung. Bad Heilbrunn: Klinkhardt, S. 433-440.

Moos, Rudolf H. (1979a): Messung und Wirkung sozialer Settings. In: Walter, Heinz/Oerter, Rolf (Hg.): Ökologie und Entwicklung. Donauwörth: Ludwig Auer, S. 173-184.

Moos, Rudolf H. (1979b): Evaluation educational environments. Measures, precedures, findings and policy implications. San Francisco: Jossey-Bass.

Moos, Rudolf H./Trickett, Edison J. (1974): Classroom Environment Scale Manual. Palo Alto: Consulting Psychologists Press.

Muthén, Linda K./Muthén, Bengt O. (1998): Mplus User's Guide. Los Angeles: Muthén & Muthén.

Nauck, Bernhard (1995): Kinder als Gegenstand der Sozialberichterstattung – Konzepte, Methoden und Befunde im Überblick. In: Nauck, Bernhard/Bertram, Hans (Hg.): Kinder in Deutschland. Opladen: Leske + Budrich, S. 11-87.

Nauck, Bernhard/Meyer, Wolfgang/Joos, Magdalena (1996): Sozialberichterstattung über Kinder in der BRD. In: Aus Politik und Zeitgeschichte, H. B 11, S. 11-20.

Nieke, Wolfgang (2008): Kompetenzen. In: Coelen, Thomas/Otto, Hans-Uwe (Hg.): Grundbegriffe Ganztagsbildung. Das Handbuch. Wiesbaden: VS Verlag für Sozialwissenschaften, S. 205-212.

Nittel, Dieter (1992): Gymnasiale Schullaufbahn und Identitätsentwicklung. Weinheim: Deutscher Studien Verlag.

Noll, Heinz-Herbert (Hg.) (1997): Sozialberichterstattung in Deutschland. Weinheim/München: Juventa.

Olweus, Dan (1991): Bully/Victim Problems Among School Children: Basic Facts and Effects of a School Based Intervention Program. In: Pepler, Debra J./Rubin, Kenneth H. (Hg.): The development and treatment of childhood aggression. [Earlscourt Symposium on Childhood Aggression held in Toronto in June 1988]. Hillsdale/N.J.: Erlbaum, S. 411-448.

Oswald, Hans/Krappmann, Lothar/Uhlendorff, Hans/Weiss, Karin (1994): Social Relationships and Support Among Peers During Middle Childhood. In: Nestmann, Frank/Hurrelmann, Klaus (Hg.): Social networks and social support in childhood and adolescence. Berlin/New York: de Gruyter, S. 171-189.

Pekrun, Reinhard (1991): Schulleistung, Entwicklungsumwelten und Prüfungsangst. In: Pekrun, Reinhard/Fend, Helmut (Hg.): Schule und Persönlichkeitsentwicklung. Stuttgart: Enke, S. 164-180.

Pekrun, Reinhard (1999): Sozialisation von Leistungsemotionen: Eine kritische Literaturübersicht und ein sozialkognitives Entwicklungsmodell. In: Zeitschrift für Soziologie der Erziehung und Sozialisation, Jg. 19, H. 1, S. 20-34.

Pekrun, Reinhard/Fend, Helmut (Hg.) (1991): Schule und Persönlichkeitsentwicklung. Stuttgart: Enke.

Pekrun, Reinhard/Schiefele, Ulrich (1996): Emotions- und motivationspsychologische Bedingungen der Lernleistung. In: Weinert, Franz E. (Hg.): Psychologie des Lernens und der Instruktion. Göttingen: Hogrefe, S. 153-180.

Petillon, Hanns (1978): Der unbeliebte Schüler. Theoretische Grundlagen, empirische Untersuchungen, pädagogische Möglichkeiten. 1. Aufl. Braunschweig: Westermann.

Petillon, Hanns (1980): Soziale Beziehungen in Schulklassen. Weinheim: Beltz.

Petillon, Hanns (1987): Der Schüler. Rekonstruktion der Schule aus der Perspektive von Kindern und Jugendlichen. Darmstadt: Wissenschaftliche Buchgesellschaft.

Popp, Ulrike (2007): Widersprüche zwischen schulischer Sozialisation und jugendlichen Identitätskonstruktionen. Zur „Identitätskrise" der Schule. In: Kahlert, Heike/Mansel, Jürgen (Hg.): Bildung und Berufsorientierung. Der Einfluss von Schule und informellen Kontexten auf die berufliche Identitätsentwicklung. Weinheim/München: Juventa, S. 19-35.

Preiß, Christine (2004): Leben und Lernen mit Musik. In: Wahler, Peter/Tully, Claus J./Preiß, Christine (Hg.): Jugendliche in neuen Lernwelten. Selbstorganisierte Bildung jenseits institutioneller Qualifizierung. 1. Aufl. Wiesbaden: VS Verlag für Sozialwissenschaften, S. 131-151.

Projektgruppe Jugendbüro und Hauptschülerarbeit (1977): Die Lebenswelt von Hauptschülern. München: Juventa.

Przyborski, Aglaja (2004): Gesprächsanalyse und dokumentarische Methode. Qualitative Auswertung von Gesprächen, Gruppendiskussionen und anderen Diskursen. 1. Aufl. Wiesbaden: VS Verlag für Sozialwissenschaften.

Qvortrup, J. (1993): Childhood as a Social Phenomenon: Lessons from an International Project. In: Eurosocial 47/1993.

Radisch, Falk/Stecher, Ludwig/Klieme, Eckhard/Kühnbach, Olga (2008): Unterrichts- und Angebotsqualität aus Schülersicht. In: Holtappels, Heinz Günter/Klieme, Eckhard/Rauschenbach, Thomas/Stecher, Ludwig (Hg.): Ganztagsschule in Deutschland. Ergebnisse der Ausgangserhebung der „Studie zur Entwicklung von Ganztagsschulen" (StEG). 2. Aufl. Weinheim/München: Juventa, S. 227-260.

Raufelder, Diana (2010): Soziale Beziehungen in der Schule – Luxus oder Notwendigkeit. In: Ittel, Angela/Merkens, Hans/Stecher, Ludwig/Zinnecker, Jürgen (Hg.): Jahrbuch Jugendforschung 2008/09. Wiesbaden: VS Verlag für Sozialwissenschaften, S. 183-199

Reichenbach, Roland (2008): Soft skills: destruktive Potentiale des Kompetenzdenkens. In: Rohlfs, Carsten/Harring, Marius/Palentien, Christian (Hg.): Kompetenz-Bildung. Soziale, emotionale und kommunikative Kompetenzen von Kindern und Jugendlichen. Wiesbaden: VS Verlag für Sozialwissenschaften, S. 35-52.

Reinders, Heinz/Butz, Petra (2001): Entwicklungswege Jugendlicher zwischen Transition und Moratorium. In: Zeitschrift für Pädagogik, Jg. 47, H. 6, S. 913-928.

Reinert, Gerd-Bodo/Heyder, Sabine (1983): Lebensort: Schule. Weinheim/Basel: Beltz.

Reinert, Gerd-Bodo/Zinnecker, Jürgen (Hg.) (1978): Schüler im Schulbetrieb. Reinbek bei Hamburg: Rowohlt.

Rhein, Stefanie/Müller, Renate (2009): Zur Verwobenheit soziologischer und pädagogischer Perspektiven. Musikpädagogische Jugendsoziologie als Beispiel. In: Diskurs Kindheits- und Jugendforschung, Jg. 4, H. 3.

Rohlfs, Carsten (2008): Kompetenzentwicklung – zur Förderung sozialer, emotionaler und kommunikativer Kompetenzen von Kindern und Jugendlichen durch Mentoring. In: Rohlfs, Carsten/Harring, Marius/Palentien, Christian (Hg.): Kompetenz-Bildung. Soziale, emotionale und kommunikative Kompetenzen von Kindern und Jugendlichen. Wiesbaden: VS Verlag für Sozialwissenschaften, S. 289-306.

Roth, Heinrich (1971): Pädagogische Anthropologie. Band II – Entwicklung und Erziehung. Hannover: Hermann Schroedel.

Saldern, Matthias von (1987): Sozialklima von Schulklassen. Frankfurt a. M.: Lang.

Saldern, Matthias von/Littig, K. E. (1987): Landauer Skalen zum Sozialklima. Weinheim: Beltz.

Salmivalli, Christina/Lappalainen, Miia/Lagerspetz, Kirsti M. J. (1998): Stability and Change of Behavior in Connection With Bullying in Schools. In: Aggressive Behavior, Jg. 24, S. 205-218.

Sardei-Biermann, Sabine/Kanalas, Ildiko (2006): Lebensverhältnisse von Jugendlichen und Jungen Erwachsenen. In: Gille, Martina (Hg.): Jugendliche und junge Erwachsene in Deutschland. Lebensverhältnisse, Werte und gesellschaftliche Beteiligung 12- bis 29-Jähriger. 1. Aufl. Wiesbaden: VS Verlag für Sozialwissenschaften, S. 23-86.

Satow, Lars (1999): Zur Bedeutung des Unterrichtsklimas für die Entwicklung schulbezogener Selbstwirksamkeitserwartungen – Eine Mehrebenenanalyse mit latenten Variablen. In: Zeitschrift für Entwicklungspsychologie und Pädagogische Psychologie, Jg. 31, H. 4, S. 171-179.

Schäfer, Mechthild/Korn, Stefan (2004): Bullying als Gruppenphänomen: Eine Adaption des „Participant Role"-Ansatzes. In: Zeitschrift für Entwicklungspsychologie und Pädagogische Psychologie, Jg. 36, H. 1, S. 19-29.

Schmitz, Bernhard/Wiese, Bettina S. (1999): Eine Prozeßstudie selbstregulierten Lernverhaltens im Kontext aktueller affektiver und motivationaler Faktoren. In: Zeitschrift für Entwicklungspsychologie und Pädagogische Psychologie, Jg. 31, H. 4, S. 157-170.

Schneider, Susanne (2005): Lernfreude und Schulangst. Wie es 8- bis 9-jährigen Kindern in der Grundschule geht. In: Alt, Christian (Hg.): Kinderleben – Aufwachsen zwischen Familie, Freunden und Institutionen. Aufwachsen zwischen Freunden und Institutionen. Wiesbaden: VS-Verlag für Sozialwissenschaften.

Schorb, Bernd (1998): Stichwort: Medienpädagogik. In: Zeitschrift für Erziehungswissenschaft, Jg. 1, H. 1, S. 7-22.

Schwetz, Herbert (2003): Die Klasse macht den Unterschied. Mehrebenenanalytische Untersuchung der Effekte von Unterricht. Landau: Verlag Empirische Pädagogik.

Silbereisen, Rainer K. (1996): Jugendliche als Gestalter ihrer Entwicklung: Konzepte und Forschungsbeispiele. In: Schumann-Hengsteler, R./Trautner, H. M. (Hg.): Entwicklung im Jugendalter. Göttingen u.a.: Hogrefe, S. 1–18.

Stecher, Ludwig (2001): Die Wirkung sozialer Beziehungen. Empirische Ergebnisse zur Bedeutung sozialen Kapitals für die Entwicklung von Kindern und Jugendlichen. Weinheim/München: Juventa.

Stecher, Ludwig (2003): Jugend als Bildungsmoratorium – die Sicht der Jugendlichen. In: Reinders, Heinz/Wild, Elke (Hg.): Jugendzeit – Time Out? Zur Ausgestaltung des Jugendalters als Moratorium. Opladen: Leske + Budrich, S. 201-218.

Stecher, Ludwig (2005): Schule als Familienproblem. Wie Eltern und Kinder die Grundschule sehen. In: Alt, Christian (Hg.): Kinderleben – Aufwachsen zwischen Familie, Freunden und Institutionen. Aufwachsen zwischen Freunden und Institutionen. Wiesbaden: VS-Verlag für Sozialwissenschaften.

Stecher, Ludwig (2006a): Schulleistungen als Familienthema. Grundschülerinnen und Grundschüler in deutschen Familien und in Migrantenfamilien im Vergleich. In: Diskurs Kindheits- und Jugendforschung, Jg. 1, H. 2, S. 217-228.

Stecher, Ludwig (2006b): Subjektbezogene Bildungsprozesse und soziale Ungleichheit. Sozialisatorische Aspekte des Bildungserwerbs und deren Bedeutung für die Reproduktion sozialer Ungleichheit. Habilitationsschrift. Siegen. Universität Siegen, Fachbereich Erziehungswissenschaft und Psychologie.

Stecher, Ludwig/Maschke, Sabine (2008): Schule, wie sie von Eltern und Kindern gesehen wird. Eine Längsschnittanalyse von der Grundschule in die ersten Jahre der Sekundarstufe. In: Alt, Christian (Hg.): Persönlichkeitsstrukturen und ihre Folgen. 1. Aufl. Wiesbaden: VS Verlag für Sozialwissenschaften, S. 239-257.

Stöckli, Georg (2005): Beliebtheit jenseits der Geschlechtergrenze. Ein Vergleich zwischen ausschließlich gleichgeschlechtlich beliebten und gleich- und andersgeschlechtlich beliebten zehnjährigen Kindern. In: Zeitschrift für Soziologie der Erziehung und Sozialisation, Jg. 25, H. 3, S. 297-314.

Stoessinger, Michael/Streck, Michael (2009): Klassenkampf. Mobbing in der Schule. In: Stern, Ausgabe 38, 10.9.2009, S. 56-68.

Tillmann, Klaus-Jürgen/Holler-Nowitzki, Birgit/Holtappels, Heinz G./Meier, Ulrich/Popp, Ulrike (2000): Schülergewalt als Schulproblem. 2. Aufl. Weinheim/München: Juventa.

Tippelt, Rudolf/Schmidt, Bernhard (Hg.) (2009): Handbuch Bildungsforschung. 2. Aufl. Wiesbaden: VS Verlag für Sozialwissenschaften.

Tschira, Antje (2005): Wie Kinder lernen – und warum sie es manchmal nicht tun. Über die Spielregeln zwischen Mensch und Umwelt im Lernprozess. Heidelberg: Carl-Auer-Verlag.

Ulich, Dieter (1977): Gruppendynamik in der Schulklasse. München: Ehrenwirth Verlag.

Ulich, Dieter/Volland, Cordelia/Kienbaum, Jutta (1999): Sozialisation der Emotionen: Erklärungskonzepte. In: Zeitschrift für Soziologie der Erziehung und Sozialisation, Jg. 19, H. 1, S. 7-19.

Ulich, Klaus (1991): Schulische Sozialisation. In: Hurrelmann, Klaus/Ulich, Dieter (Hg.): Neues Handbuch der Sozialisationsforschung. 4. Aufl. Weinheim/Basel: Beltz, S. 377-396.

Voigt, Jana (2009): Berufsorientierung als Einstieg in den beruflichen Aufstieg. In: Pädagogische Rundschau, Jg. 63, H. 2, S. 193-204.

Vrugt, A. (1994): Perceived self-efficacy, social comparison, affective reactions and academic performance. In: British Journal of Educational Psychology, Jg. 64, S. 465-472.

Weber, Christoph/Winklhofer, Ursula/Bacher, Johann (2008): Partizipation von Kindern in der Grund- und Sekundarschule. In: Alt, Christian (Hg.): Persönlichkeitsstrukturen und ihre Folgen. 1. Aufl. Wiesbaden: VS Verlag für Sozialwissenschaften, S. 317-343.

Wenz-Gross, Melodie/Siperstein, Gary N./Untch, Andrew S./Widaman, Keith F. (1997): Stress, Social Support, and Adjustment of Adolescents in Middle School. In: Journal of Early Adolescence, Jg. 17, H. 2, S. 129-151.

Wienke Totura, Christine M./MacKinnon-Lewis, Carol/Gesten, Ellis L./Gadd, Ray/Divine, Katherine P./Dunham, Sherri/Kamboukos, Dimitra (2009): Bullying and Victimization Among Boys and Girls in Middle School: The Influence of Perceived Family and School Contexts. In: Journal of Early Adolescence, Jg. 29, H. 4, S. 571-609.

Wiezorek, Christine (2007): Bildungsentscheidungen und biographische Hintergründe von Hauptschülern. In: Kahlert, Heike/Mansel, Jürgen (Hg.): Bildung und Berufsorientierung. Der Einfluss von Schule und informellen Kontexten auf die berufliche Identitätsentwicklung. Weinheim/München: Juventa, S. 101-118.

Wilk, Lieselotte (1996): Die Studie „Kindsein in Österreich". Kinder und ihre Lebenswelten als Gegenstand empirischer Sozialforschung – Chancen und Grenzen einer Surveyerhebung. In: Honig, Michael-Sebastian/Leu, Hans Rudolf/Nissen, Ursula (Hg.): Kinder und Kindheit. Soziokulturelle Muster – sozialisationstheoretische Perspektiven. Weinheim/München: Juventa, S. 55-76.

Willis, Paul (1979): Spaß am Widerstand. Gegenkultur in der Arbeiterschule. Frankfurt a. M.: Syndikat.

Wintersberger, Helmut (1994): Kinderpolitik in Österreich: Prinzipien, Prioritäten und Probleme. In: Filler, Ewald/Kern, Augustin/Kölbl, Doris/Trnka, Sylvia/Wintersberger, Helmut (Hg.): Kinder, Kinderrechte und Kinderpolitik. Enquête Wien, Österreich 2. – 4. Mai 1994. Vienna: Eurosocial, S. 107-124.

Witkow, Melissa R./Fuligni, Andrew J. (2007): Achievement Goals and Daily School Experiences Among Adolescents With Asian, Latino, and European American Backgrounds. In: Journal of Educational Psychology, Jg. 99, H. 3, S. 584-596.

Youniss, James (1980): Parents and Peers in Social Development. A Sullivan-Piaget Perspective. 1. Aufl. Chicago: University of Chicago Press.

Youniss, James (1994): Soziale Konstruktion und psychische Entwicklung. Frankfurt a. M.: Suhrkamp.

Youniss, James/Smollar, J. (1985): Adolescent Relations with Mothers, Fathers, and Friends. Chicago/London: University of Chicago Press.

Zeiher, Helga (1996a): Kinder in der Gesellschaft und Kindheit in der Soziologie. In: Zeitschrift für Soziologie der Erziehung und Sozialisation, Jg. 16, H. 1, S. 26-46.

Zeiher, Helga (1996b): Die Entdeckung der Kindheit in der Soziologie. In: Clausen, Lars (Hg.): Gesellschaften im Umbruch – Verhandlungen des 27. Kongresses der DGS in Halle an der Saale 1995. Frankfurt/New York: Campus, S. 795-805.

Zeiher, Helga (1996c): Kindern eine Stimme geben. In: Sozialwissenschaftliche Literatur Rundschau, H. 31/32, S. 48-54.

Ziegler, Kathrin (1996): Psychosoziale Bewältigung von Streß im Kindesalter. In: Mansel, Jürgen (Hg.): Glückliche Kindheit – Schwierige Zeit. Opladen: Leske + Budrich, S. 40-83.

Ziehe, Thomas (1996): Vom Preis des selbstbezüglichen Wissens. Entzauberungseffekte in Pädagogik, Schule und Identitätsbildung. In: Combe, Arno/Helsper, Werner (Hg.): Pädagogische Professionalität. Frankfurt a. M.: Suhrkamp, S. 924-942.

Zinnecker, Jürgen (1975): Der heimliche Lehrplan. Weinheim/Basel: Beltz.

Zinnecker, Jürgen (1991): Jugend als Bildungsmoratorium. Zur Theorie des Wandels der Jugendphase in west- und osteuropäischen Gesellschaften. In: Melzer, W./Heitmeyer, Wilhelm/Liegle, Ludwig/Zinnecker, Jürgen (Hg.): Osteuropäische Jugend im Wandel. Weinheim/München: Juventa, S. 9-25.

Zinnecker, Jürgen (1994a): Projekt Bildungsmoratorium. Zielsetzung und Untersuchungsdesign. (Projektbroschüre Nr. 5). Siegen: Universitätsdruck.

Zinnecker, Jürgen (1994b): Kindheit als kulturelles Moratorium. Thesen und Belege zur Modernisierung von Kindheit. (Unveröffentlichtes Manuskript.).

Zinnecker, Jürgen (1995): Kindheitsort Schule – Kindheitsort Straße. In: Reiß, Gunter (Hg.): Schule und Stadt. Weinheim/München: Juventa, S. 47-68.

Zinnecker, Jürgen (1996): Soziologie der Kindheit oder Sozialisation des Kindes? Überlegungen zu einem aktuellen Paradigmenstreit. In: Honig, Michael-Sebastian/Leu, Hans Rudolf/Nissen, Ursula (Hg.): Kinder und Kindheit. Soziokulturelle Muster - sozialisationstheoretische Perspektiven. Weinheim/München: Juventa, S. 31-54.

Zinnecker, Jürgen (1999): Forschen für Kinder – Forschen mit Kindern – Kinderforschung. In: Honig, Michael-Sebastian/Lange, Andreas/Leu, Hans Rudolf (Hg.): Aus der Perspektive von Kindern. Zur Methodologie der Kindheitsforschung. Weinheim/München: Juventa, S. 69-80.

Zinnecker, Jürgen (2000): Selbstsozialisation - Essay über ein aktuelles Konzept. In: Zeitschrift für Soziologie der Erziehung und Sozialisation, Jg. 20, H. 3, S. 272-290.

Zinnecker, Jürgen (2001): Stadtkids. Kinderleben zwischen Straße und Schule. Weinheim/München: Juventa.

Zinnecker, Jürgen (2008): Schul- und Freizeitkultur der Schüler. In: Helsper, Werner/Böhme, Jeanette (Hg.): Handbuch der Schulforschung. 2. Aufl. Wiesbaden: VS Verlag für Sozialwissenschaften, S. 531-554.

Zinnecker, Jürgen/Behnken, Imbke/Maschke, Sabine/Stecher, Ludwig (2003): null zoff & voll busy. Die erste Jugendgeneration des neuen Jahrhunderts. 2. Aufl. Opladen: Leske + Budrich.

Zinnecker, Jürgen/Schwarz, Beate (1996): Hänseln in der Schule. Täter und Opfer von Schülergewalt. In: Zinnecker, Jürgen/Silbereisen, Rainer K. (Hg.): Kindheit in Deutschland. 1. Aufl. Weinheim/München: Juventa, S. 315-328.

Zumhasch, Clemens (2006): Das Unterrichtsklima. In: Arnold, Karl-Heinz/Sandfuchs, Uwe/Wiechmann, Jürgen (Hg.): Handbuch Unterricht. Bad Heilbrunn: Justus Klinkhardt, S. 144-147.

# Thema Ganztagsbildung

Thomas Coelen / Hans-Uwe Otto (Hrsg.)
## Grundbegriffe Ganztagsbildung
Das Handbuch
2008. 992 S. Geb. EUR 59,90
ISBN 978-3-531-15367-4

Ganztagsbildung ist zu einem Schlüssel-
begriff in der gegenwärtigen Bildungsde-
batte geworden, der neue Perspektiven
auf ein umfassendes Bildungsverständnis
in der Wissensgesellschaft eröffnet.
Er kennzeichnet innovative Kooperations-
formen zwischen Schule, Jugendhilfe und
anderen soziokulturellen Einrichtungen,
mit dem Ziel, allen Kindern und Jugendlichen eine ganzheitliche Erziehung und
Bildung zu ermöglichen. Die Grundbegriffe
bieten als Handbuch erstmalig einen
umfassenden Gesamtüberblick, in dem
das Handlungsfeld terminologisch geklärt
und systematisch erörtert wird. In ihrer bil-
dungstheoretischen Fundierung und empirischen Verankerung werden Entwicklungen der Ganztagsbildung mit neuen Strukturen einer Politik des gerechten Aufwachsens verbunden und in bildungs- und sozi-
alpolitischen Forderungen konkretisiert.

Peter Bleckmann / Anja Durdel (Hrsg.)
## Lokale Bildungslandschaften
Perspektiven für Ganztagsschulen und
Kommunen
2009. 276 S. Br. EUR 24,90
ISBN 978-3-531-16354-3

Helmut Fend
## Schule gestalten
Systemsteuerung, Schulentwicklung
und Unterrichtsqualität
2008. 395 S. Br. EUR 24,90
ISBN 978-3-531-15597-5

Angelika Henschel / Rolf Krüger /
Christof Schmitt /
Waldemar Stange (Hrsg.)
## Jugendhilfe und Schule
Handbuch für eine gelingende
Kooperation
2. Aufl. 2009. 780 S. Br. EUR 59,90
ISBN 978-3-531-16373-4

Hans-Uwe Otto /
Thomas Rauschenbach (Hrsg.)
## Die andere Seite der Bildung
Zum Verhältnis von formellen
und informellen Bildungsprozessen
2., erw. Aufl. 2008. 257 S. Br. EUR 24,90
ISBN 978-3-531-15799-3

Anke Spies / Nicole Pötter
## Soziale Arbeit an Schulen
Eine Einführung in das Handlungsfeld
Schulsozialarbeit
2010. ca. 200 S. (Beiträge zur Sozialen
Arbeit an Schulen Bd. 1) Br. ca. EUR 16,95
ISBN 978-3-531-16346-8

Erhältlich im Buchhandel oder beim Verlag.
Änderungen vorbehalten. Stand: Januar 2010.

**www.vs-verlag.de**

**VS VERLAG** FÜR SOZIALWISSENSCHAFTEN

Abraham-Lincoln-Straße 46
65189 Wiesbaden
Tel. 0611.7878-722
Fax 0611.7878-400

# Educational Governance

Herbert Altrichter / Thomas Brüsemeister / Jochen Wissinger (Hrsg.)

**Educational Governance**

Handlungskoordination und Steuerung
im Bildungssystem
2007. 261 S. (Educational Governance
Bd. 1) Br. EUR 29,90
ISBN 978-3-531-15279-0

Jürgen Kussau / Thomas Brüsemeister

**Governance, Schule und Politik**

Zwischen Antagonismus und Kooperation
2007. 337 S. (Educational Governance
Bd. 2) Br. EUR 39,90
ISBN 978-3-531-15278-3

Martin Heinrich

**Governance in der
Schulentwicklung**

Von der Autonomie zur evaluations-
basierten Steuerung
2007. 350 S. (Educational Governance
Bd. 3) Br. EUR 39,90
ISBN 978-3-531-15339-1

Matthias Rürup

**Innovationswege im
deutschen Bildungssystem**

Die Verbreitung der Idee „Schulauto-
nomie" im Ländervergleich
2007. 417 S. (Educational Governance
Bd. 4) Br. EUR 39,90
ISBN 978-3-531-15596-8

Thomas Brüsemeister /
Klaus-Dieter Eubel (Hrsg.)

**Evaluation, Wissen und
Nichtwissen**

2008. 314 S. (Educational Governance
Bd. 5) Br. EUR 34,90
ISBN 978-3-531-15586-9

Roman Langer (Hrsg.)

**‚Warum tun die das?'**

Governanceanalysen zum Steuerungs-
handeln in der Schulentwicklung
2008. 250 S. (Educational Governance
Bd. 6) Br. EUR 29,90
ISBN 978-3-531-15807-5

Herbert Altrichter /
Katharina Maag-Merki (Hrsg.)

**Handbuch Neue Steuerung
im Schulsystem**

2010. 467 S. (Educational Governance
Bd. 7) Br. ca. EUR 39,95
ISBN 978-3-531-16312-3

Herbert Altrichter / Martin Heinrich /
Katharina Soukup-Altrichter (Hrsg.)

**Schulentwicklung durch
Schulprofilierung?**

Zur Veränderung von Koordinations-
mechanismen im Schulsystem
2010. ca. 220 S. (Educational Governance
Bd. 8) Br. ca. EUR 29,95
ISBN 978-3-531-16671-1

Erhältlich im Buchhandel oder beim Verlag.
Änderungen vorbehalten. Stand: Januar 2010.

**www.vs-verlag.de**

**VS VERLAG** FÜR SOZIALWISSENSCHAFTEN

Abraham-Lincoln-Straße 46
65189 Wiesbaden
Tel. 0611.7878-722
Fax 0611.7878-400